U0505139

江苏省教育厅省高校哲学社会科学研究一般项目“中国语境中的分配正义问题研究”（2019SJA0145）

道德权利的契约主义辩护

Contractarian Justification of Moral Rights

李广博／著

人民出版社

目　录

导　言

一、问题的缘起

随着公民社会的日渐成熟，在日常公共交往过程中，当个人或团体的利益受到侵犯，决策或行为受到质疑时，当支持或反对某项社会政策和制度时，当事人往往被要求在道德上对自己所提出的观点或要求进行辩护，即证明自己的观点或要求的道德正当性。而道德辩护所采用的理由往往各不相同，比如，在捍卫某种医疗保险制度时，人们往往诉诸人的基本需求的满足；在批评政府官员腐化堕落时，人们往往强调担任公职应具有起码的美德；在谴责外国公司拍卖圆明园流失文物时，人们往往将民族情感作为道德辩护的理由；遵守公共秩序是每一个公民的义务，因此，作为一个公民的成年人，就没有理由在小区或其他公共场所乱停车。而更多的情况下，当不同的个人或团体的利益、行为、价值观发生冲突时，人们为证明自身利益、行为、价值观的正当性和优先性，往往会诉诸权利作为最有力的辩护理由，因为“与单纯的迫切需要（desiderata）、审慎权衡、对模糊理念的诉求或者其他类似因素不同，权利与义务（不论它们是道德的还是法律的）代表着人类决断中的关节点。在适当的情况下它们可以被限定，但它们也可以作为抵制限定的因素”①；同时，也会将其他理由转化为相应的某项“权利”予以辩护。比如，对医疗保健的基本需求可以转化为某种“健康权”；政府官员应具备的起码的美德可以转化为一般公民的“问责权”；对民族情感的维护可以转化为对本国文物的“所有权”；遵守公共秩序的义务也可以被认作是以每一个公民对公共空间的“使用权”为前提的。这样做的原因只有一个，即“权利”比其他任何

① ［美］富勒：《法律的道德性》，郑戈译，商务印书馆 2009 年版，第 36 页。

一类理由都能更有力、更充分地辩护诉求者的观点或要求的道德正当性。“一项权利就是一项已经被证明为正当的有效的要求。”①谨以“功利”和“权利”做比。功利(utility),对于人们来说,是有益的、值得追求的、值得促进的。但是,对于某个个体的功利并不能使任何其他个体有义务去追求和促进它,即行动者A没有理由要求其他行动者有义务促进对行动者A有益的功利。然而,某些权利却具有将其他行动者置于满足行动者A的权利的义务中的属性,即“大致上,我们可以说,就我所说的拥有道德权利这件事而言,对某事拥有道德权利意味着他人(在客观意义上)受到道德约束以某种方式去做或去制止某事,如果我想要他去的话”②。这种道德约束甚至可以是“权利载体在要求得不到满足的情况下可以追索权利的应答者或责任者相应的义务。”③因此,在医疗、公共政策、国际关系等领域的道德论争过程中,论争双方都积极地援用“权利”来辩护各自的观点或要求。“权利的本质就是要说明强迫他人按照与他自己的利益相反的方式行动的正当理由。”④我们可以认为,诉诸“道德权利”作为支持/反对当事人观点和行为的正当性/不正当性的辩护理由在诸种道德辩护方式中是最为有效的,或者退一步说,是最具有说服力的。

对于“诉诸‘道德权利’作为支持/反对当事人观点和行为的正当性/不正当性的最佳辩护理由”的观点,质疑与反驳的声音同样不绝于耳。“作为人类,他们几乎总是在说自己享有权利,无论他们是什么人;而权利将会促进符合他们自己的社团利益的现实分配。提出‘权利诉求’的修辞是挑起阶级斗争与内战的秘诀。在追求权利的过程中,人们给全体社会成员包括他们自己造成了几乎一切形式的伤害,因为他们确信这是正义的诉求。”⑤持质疑与反驳的观点的人们的理由主要有三个。

第一,道德权利是虚无的(nihilistic)。

---

① Feinberg, Joel, "The Nature and Value of Rights", in *Rights*, ed. David Lyons, Belmont, California: Wadsworth, 1979, p.91.

② Brandt, R.B., *Ethical Theory: The Problems of Normative and Critical Ethics*, Englewood Cliffs, NJ: Prentice-Hall, 1959, p.436.

③ 甘绍平:《人权伦理学》,中国发展出版社2009年版,第3页。

④ Flathman, Richard E., *The Practice of Rights*, Cambridge: Cambridge University Press, 1976, p.159.

⑤ Hare, R.M., "Justice and Equality", in *Justice and Economic Distribution*, ed. Arthur, John, and William H.Shaw, Englewood Cliffs, N.J.: Prentice-Hall, 1978, p.130.

如果“道德权利是虚无的”的观点是正确的，那么，“道德权利”概念要么是谬误的（fallacious），要么是冗余的（redundant）。说“权利”概念是谬误的，即“权利”仅就其自身而言，并不具有适真性，即没有内在的对错之分，因此，在道德论争中诉诸“权利”概念根本“得不出”任何可靠的道德辩护。比如“人人有权工作……并享受免于失业的保障”（《世界人权宣言》，第 23 条），通常情况下，人们诉诸这一理由辩护自己应该得到一份工作的要求时，往往都是在经济萧条、就业压力紧张的情况下。2008 年全球金融风暴中，中国的失业人口增加了 4100 万（中国社会科学院《2009 年中国人口与劳动绿皮书》）。显然，这 4100 万人没有享受到“免于失业的保障”，也就是说，“人人有权工作”的想法，在这种情况下，是无法实现的。因此，“人人有权工作……并享受免于失业的保障”在现实中是不可能的，而仅仅是一种主观愿望而已，“如果某件事是不可能做到的，却仍然将它视为权利，那么，这是不合理的”[①]，而且，“导致中国的失业人口增加了 4100 万”的事实也很难确定为是不道德的，因为金融市场本身就是具有极大风险的，所以，诉诸“工作权”为“行动者 A 有权拥有一份工作”辩护显然是不合理的。换句话说，我们不能仅因为“人人有权工作……并享受免于失业的保障”，就承认“行动者 A 有权拥有一份工作”的诉求是正当的。“我拥有权利 r”仅仅表达了说话者的欲求、愿望或态度，其本身并没有蕴涵任何的道德正当性。在道德辩护中所诉诸的道德权利，是不想费心辩护就达到目的的工具，它只该留给那些政客和新闻发言人使用，任何严肃的作品都该为使用它感到羞耻。[②]

说“权利”概念是冗余的，即“权利”概念在道德辩护中是无效的，无法为某个行动的正当性提供辩护，也无助于理解为什么行为 a 优越于行为 b，即使有时在现实的道德论争中作为辩护理由在使用，也是可以被其他概念（比如价值、利益、义务等）替代或消除。比如“……儿童有权享受特别照顾和协助”（《世界人权宣言》，第 25 条），由于儿童处在道德心理发展的“前习俗水平”（对道德原则尚未形成认知与内化），所以，儿童不具备进行道德论争的资格，即儿童的“权利”不能由其本人提出和辩护。但是，这并不等于，相应的“义务”承担者出现空

---

① Cranston, Maurice, “Human Rights: Real and Supposed”, in *Political Theory and the Rights of Man*, ed. D.D.Raphael, Bloomington: Indiana University Press, 1967, p.50.

② Ritchie, D.G., “Natural Rights”, in *Animal Rights and Human Obligation*, ed. Tom Regan and Peter Singer, Englewood Cliffs, N.J.: Prentice-Hall, 1976, p.182.

缺——儿童的父母或者其他行动者有“义务”对儿童提供“特别照顾和协助”。那么,问题就在于,父母有“照顾”的义务是不是必须以儿童有“受照顾”的权利作为前提呢？在儿童没有“受照顾”的权利下,照顾儿童的义务是否仍然可以通过其他途径指派给相应的义务承担者呢？“父母有抚养教育未成年子女的义务……禁止虐待……儿童”(《中华人民共和国宪法》,第49条),由于儿童应该获得什么样的“特别照顾”不是儿童自己提出的,而是由所在社群中的成年成员提出的,诉诸“社群的共同利益”或者诸如“恻隐之心”的“美德”作为辩护理由,仍然能够有效地辩护照顾儿童的行为的正当性,所以,照顾儿童的义务不一定非要以儿童“受照顾”的权利作为前提才能予以有效说明。由此可见,“权利”概念在道德辩护中的作用至少并不总是至关重要的,是可以被替代或取消的。不仅如此,如果假定儿童“受照顾”的权利是成立的,接下来的推论将更加繁琐与混乱。比如,婴儿、动物是不是也有“权利”受到照顾呢？那些“堕落”的人群(如性工作者)是否可以因“判断能力低下”而有“权利”要求受到照顾呢？谁又有“资格”、有“义务”照顾他们呢？

第二,道德权利是相对的(relativistic)。

说“权利”概念是相对的,即“权利”概念的有效性仅限于产生该权利的理论框架内部,因为不同的理论框架所决定的有效性是无法在客观上作出比较的,即不同的“权利”概念是无法公度的,或者都是同样有效的。需要注意的是,“产生不同‘权利’概念的理论框架的有效性是无法客观比较的”与“不同的‘权利’概念本身是同等有效的”并无矛盾。如果这一相对主义的观点是成立的,那么,当行动者A说“行动者A有权利r”时,行动者A是在表明“根据行动者A的标准,行动者A有权利r”;当行动者B说“行动者A没有权利r”时,行动者B是在表明“根据行动者B的标准,行动者A没有权利r”。上述两个判断并不矛盾,它们可以同时成立,因此,将产生两个“不可能”推论:(1)权利诉求不可能是不正当的;(2)权利冲突是不可能的。推论(1)导致权利话语只能增加;推论(2)导致权利话语不能减少。有人坚持重点考虑“人人有权享有主张和发表意见的自由;此项权利包括持有主张而不受干涉的自由,和通过任何媒介和不论国界寻求、接受和传递消息和思想的自由。”(《世界人权宣言》,第19条)有人坚持优先考虑“人人有权享受为维持他本人和家属的健康和福利所需的生活水准,包括食物、衣着、住房、医疗和必要的社会服务;在遭到失业、疾病、残废、守寡、衰老或在其他不能控制的情况下丧失谋生能力时,有权享受保障。"(《世界人权宣言》,第 25 条)各自有各自的根据,不同的权利诉求都应该获得满足,既不能消减,也不能排序。权利话语膨胀的代价就是权利在道德论争中日渐失效,甚至无效。"一个能论证所有问题的理论事实上什么都论证不了。当权利要求出现在所有公共问题的所有方面时,权利就不会再受到认真的对待,就不会再被当做解决问题的手段。……这就像通货膨胀时纸币贬值一样,权利话语的滥用只能削弱权利的辩护力度。"①

笔者在本书中对《世界人权宣言》的"引述",并不像萨姆纳(Sumner,L.)、杜兹纳(Douzinas,C.)等哲学家那样对其揶揄讽刺,而仅仅想指出,该宣言是国际间不同的政治势力,甚至是敌对的政治势力妥协的产物,制订者在草拟该宣言时,就希望制订出一部适用于不同社会制度的文件,他们试图找到一种能克服各种现实阻力的话语。这不可避免地在道德辩护的有效性上将会大打折扣,每一个政府都会根据自己的现实考虑去强调其中某一项权利,给予优先考虑。当被指责侵犯公民权利时,它便会以"我们有我们自己的权利观"来回应。② 但是,这并不能掩盖其作为"全人类的宪法"③的历史的、现实的伟大意义。它的出现,至少为全球各国拥有共同发展的方向与目标提供了可能性;《世界人权宣言》虽然不是具有约束力的国际公约,但其基于习惯法,同样拥有约束国家行为的司法地位,没有它,当前世界的人权状况可能会更加恶劣。④

第三,道德权利是绝对冲突的(ultimate conflictive)。

说道德权利是冲突的,或者至少有一部分道德权利是冲突的,即在某些情境中,不同的道德权利作为辩护性理由发生冲突,或者同样作为辩护性理由的道德权利与其他价值发生冲突,且无法辨明哪一个理由具有明显的优先性;也就是说,即使人们在相关的权利冲突的全部非道德事实方面的意见完全相同,该权利冲突仍然有可能无法获得合理解决。道德权利的冲突属于道德冲突的一部分,或者说是道德冲突中最为激烈的一部分。

---

① Sumner,L.W.,*The Moral Foundation of Rights*,Oxford:Oxford University Press,1987,p.9.

② 雷福(Claude Lefort):"人权在今天",引自戴大为(M.C.Davis)编:《从法律、哲学和政治观点看人权与中国价值观》,邓文正译,牛津大学出版社 1997 年版,第 31—32 页。

③ Cassese,Antonio,*Human Rights in a Changing World*,Cambridge:Polity Press,1994,p.46.

④ 刘文彬:《西洋人权史——从英国大宪章到联合国科索沃决议案》,(台湾)五南图书出版股份有限公司 2005 年版,第 214—215 页。

道德冲突通常有两种形式:(1)就行动 a 而言,理由 r_1 表明其具有道德正当性,而理由 r_2 却表明其不具有道德正当性,并且理由 r_1 与理由 r_2 都不是辩护行动 a 的决定性理由(conclusive reason);(2)就行动者 A 而言,根据理由 r_1 应当采取行动 a,根据理由 r_2 应当采取行动~a,并且理由 r_1 与理由 r_2 都不具有压倒性(overriding)。就道德辩护而言,道德冲突意味着如下状况:行动者 A 无论是否采取行动 a,其所依据的理由 r 总也不是无可辩驳的(compelling)。就辩护理由的价值类型而言,道德冲突通常可以分为五个类别:义务冲突(忠孝不能两全)、权利冲突(生命权与自主权)、利益冲突(哈丁的"救生艇"情境)、内在价值冲突(航天工业发展与 80%的贫困人口)及个人责任冲突("言既出"与"行必果"),当然,这五个类别间也会发生冲突,情况也将更加复杂。[①] 就"事实—价值"的区分而言,"权利冲突"可以分为三个类别:(1)事实层面论争双方是不一致的,但道德层面论争双方是一致的,比如性骚扰,论争双方没有任何一方认为性骚扰是正当的,但究竟怎样的行为属于性骚扰,意见就很难一致了;(2)事实层面论争双方是一致的,但道德层面论争双方是不一致的,比如,行动者 A 身患残疾,需要作为医生的行动者 B 的医治与帮助。如果行动者 A 有权享受行动者 B 提供的"医疗和必要的社会服务"(《世界人权宣言》,第 25 条),而行动者 B 也"享有休息和闲暇的权利,包括工作时间有合理限制和定期给薪休假的权利"(《世界人权宣言》,第 24 条),那么,在这一权利冲突中,究竟应该实现谁的权利呢;(3)事实层面论争双方是不一致的,且道德层面论争双方也是不一致的,比如安乐死,在事实层面,论争双方都很难将助死行为与谋杀行为做出清晰的界定,在道德层面,在什么样的条件下,一个行动者能够拥有"杀死"另一个行动者的道德权利呢?

基于上述三个理由,我们似乎又有理由怀疑"诉诸'道德权利'作为支持/反对当事人观点和行为的正当性/不正当性的最佳辩护理由"的观点;当然,虚无主义、相对主义、"绝对性分歧"(ultimate disagreements)自身的理论缺陷也不少,在克服这些理论缺陷方面,上述三个观点至今也都没有什么有效的解决思路。但是,这并不意味着,其反驳的观点,即"诉诸'道德权利'作为支持/反对当事人

① Nagel, Thomas, "The Fragmentation of Value", in *Mortal Questions*, Cambridge: Cambridge University Press, 1979, pp.128-130.

观点和行为的正当性/不正当性的最佳辩护理由”，就一定是成立的；我们仍然需要给出进一步的辩护。因此，如果说，道德权利 r 是辩护行为 a 的正当性的好理由（good reason），那么，满足上述要求的道德权利 r 的内在必要条件以及外在适用条件是什么呢？这是笔者在本书中试图澄清和解决的第一个问题。

现代意义的“权利”的确认起初往往与缔结成文契约有关，比如人类历史上第一部确认国民“权利”（拥有自由贸易、免于囚禁等权利）的 1215 年英国《大宪章》。这主要是因为捍卫“民权”必遏制“王权”，限制代表上帝、获得上帝神圣授权的国王的无上权力仅仅诉诸“口头”承诺或者惯例是无法想象的。随着“人文主义”、宗教改革的深入与发展，欧洲各国人民的“权利”意识日渐觉醒，保障国民基本权利的条约、法令陆续被各国统治者批准。1258 年英国《牛津条约》（*Provisions of Oxford*）确认国民的参政权利；1555 年神圣罗马帝国《奥格斯堡宗教和平条约》（*The Religious Peace of Augsburg*）确认国民有权利信仰路德新教；1629 年法国《阿莱恩典诏令》（*I' Édict de grâce d' Alès*）确认保障新教徒的宗教与公民权；1648 年欧洲《威斯特伐利亚条约》（*Treaties of Westphalia*）确认新教徒信仰的自由、平等权利……但是，这也留下了疑问：“权利”必须经由成文契约加以确认吗？未被成文契约确认的“权利”难道就不该获得保障吗？1651 年，英国道德哲学家托马斯·霍布斯（Thomas Hobbes，1588-1679）的巨著《利维坦》（*Leviathan*）出版，他回应了上述问题，认为“自然权利”的确认不必经由成文契约，而仅通过“自然法”加以确认。所谓“自然权利”，即“每一个人按照自己所愿意的方式运用自己的力量保全自己的天性——也就是保全自己的生命——的自由”。所谓“自然法”，即“理性所发现的诫条或一般法则。这种诫条或一般法则禁止人们去做损毁自己的生命或剥夺保全自己生命的手段的事情，并禁止人们不去做自己认为最有利于生命保全的事情”。[①] 也就是说，如果自我保全的欲求作为“自然权利”是道德的唯一源泉，那么，作为“自然法”的所有道德义务就都是从根本的、不可放弃的自我保全的权利中推演出来的。因此，“并不存在绝对的或无条件的义务；义务只在其施行不致危及到我们的自我保全时，才具有约束力”[②]。“权利”的正当性不再来自成文法，恰恰相反，即便高于成文法的“自然

① ［英］托马斯·霍布斯：《利维坦》，黎思复、黎廷弼译，商务印书馆 1985 年版，第 97 页。

② ［美］列奥·施特劳斯：《自然权利与历史》，彭刚译，三联书店 2006 年版，第 185 页。

法”的正当性也都是来自“自然权利”的。那么,接下来的问题就是,“自然权利”的正当性来自何处呢? 霍布斯认为,“自然权利”的正当性来自人们为避免“自然状态”而缔结的“社会契约”。在没有“社会契约”慑服的情况下,人们处于“每一个人对一切人的战争”状态,即“自然状态”。“在这种状况下,产业是无法存在的,因为其成果不稳定。这样一来,举凡土地的栽培、航海、外洋进口商品的运用、舒适的建筑、移动与卸除须费巨大力量的物体的工具、地貌的知识、时间的记载、文艺、文学、社会等等都将不存在。最糟糕的是人们不断处于暴力死亡的恐惧和危险中,人的生活孤独、贫困、卑污、残忍而短寿。”①人们出于对“自然状态”以及撕毁“社会契约”后的有害后果的恐惧,签订并遵从“社会契约”,即奠定“自然权利”的内涵并如何让渡“自然权利”。1690 年,英国另一位道德哲学家约翰·洛克(John Locke,1632 – 1704)在其不朽名著《政府论》(*The Second Treatise of Government*)中,将“自然权利”的内涵从“自我保全的自由”扩展至“生命、健康、所有物的自由”,并且将其设定为“不可让渡的权利”;但是,“自然法”不再是“自然权利”的衍生物,相反,“自然法”却成了“自然权利”之所以不可让渡的理论源泉,即“自然法教导有意遵从理性的全人类:人们既然都是平等和独立的,任何人就不得侵害他人的生命、健康、自由或所有物”。② 而人们缔结“社会契约”仅仅是“针对自然状态的种种不方便情况而设置的正当救济办法”。③笔者在此评述现代“权利”观念出现的社会背景以及两位先哲的“自然权利/社会契约”理论旨在表明,“道德权利”与“契约论”在理论初创阶段是息息相关的;“道德权利”的辩护总是需要进一步的道德理论作为基础的,或者说,“道德权利”的有效性总是受到进一步的道德理论的约制。当然,这并不妨碍越来越多的“道德权利”获得人们的认可。需要注意的是,权利的现实增加与前文提到的权利话语的膨胀是截然不同的。其根本的区别就在于,膨胀的权利话语是得不到道德理论提供的道德原则的支持的,因而作为辩护理由是无效的;而现实增加的权利是能够得到道德理论提供的道德原则的支持的,因而作为辩护理由是有效的。

还需要说明的是,18 世纪以后,“社会契约论”日渐趋微,并不是其作为道德

---

① [英]托马斯·霍布斯:《利维坦》,黎思复、黎廷弼译,商务印书馆 1985 年版,第 94—95 页。
② [英]约翰·洛克:《政府论》(下篇),叶启芳、瞿菊农译,商务印书馆 1964 年版,第 4 页。
③ [英]约翰·洛克:《政府论》(下篇),叶启芳、瞿菊农译,商务印书馆 1964 年版,第 8 页。

权利的理论基础出现了问题,而是其作为国家建构的政治理论的解释力受到了挑战:"既然政治义务可以直接建立在道德义务的基础上,那么就没有必要安插一个契约了①";政府的合法性来自于人们自由、自愿的同意的推理是荒谬的,人们的共同利益才是建立政府的原始动机及服从政府的原因②;国家"根本就不是一个契约",国家的成员身份是不可选择的,契约的本质并"不在于无条件地保障公众个人的生命和财产"③。当然,作为道德理论的契约主义重新获得人们的重视是 20 世纪 70 年代美国道德哲学家约翰·罗尔斯的不朽著作《正义论》(*A theory of Justice*)问世以后的事(虽然严格意义上讲,罗尔斯的契约主义是一种政治哲学理论,而不是道德理论)。自 20 世纪初以来,道德原则的正当性基础就不断受到挑战和削弱,以上帝的意志为基础的神旨论道德体系日渐崩溃,构建新的道德形而上学基础也颇受质疑,渴望从"自然事实"中推演"道德事实"的努力步履维艰,论证人的自然动机中先天孕育利他因素的思路也受到重重阻碍。为挽救这一思想危机,作为道德理论的契约主义提出,道德既不依赖内在的形而上学预设,也不取决于外在的任何事物,相反,道德仅在于人们管理自己行为的规范体系,在其他人愿意接受这一规范体系的条件下,理性的人也愿意接受它们。需要注意的是,也是所有的道德—契约主义者都承认的,即契约主义,作为一种道德理论,与其他道德理论(功利主义、义务论)的不同之一,在于该道德理论从不承诺涵盖被称作"道德领域"的所有问题;其仅承诺涵盖"道德领域的核心部分"(a central part of territory called morality)。如果对前文提到的第一个问题的回应是肯定的,那么,作为辩护道德行为 a 的正当性的好理由的道德权利 r 也一定处于"道德领域的核心部分"。接下来的问题就是,如果道德权利 r 与契约主义道德理论 T 就某一道德命题 p 的辩护是一致的,二者之间的关系是怎样的呢?如果道德权利 r 与契约主义道德理论 T 就某一道德命题 p 的辩护是不一致的,二者之间的关系又是怎样的呢?

鉴于上述原因,笔者在本书中试图澄清和解决的第二个问题就是,如果道德原则 p 是一个有效的道德原则,那么,该原则与道德权利 r 的逻辑关系是怎样的呢?满足上述要求的道德原则 p 是如何通过契约主义道德理论 T 的确认呢?

---

① Gough, J.W., *The Social Contract*, Oxford: Clarendon Press, 1957, p.181.

② [英]大卫·休谟:《人性论》,关文运译,商务印书馆 2009 年版,第 586—587 页。

③ [德]黑格尔:《法哲学原理》,范扬、张企泰译,商务印书馆 1961 年版,第 255 页。

接下来,笔者在本书中试图澄清和解决的第三个问题便应运而生了,那就是我们还必须考虑的第三种情况,即如果契约主义道德理论 T 确认的道德原则 p 与作为辩护行为 a 的正当性的好理由的道德权利 r 是不相关的,那么,这是否会影响契约主义道德理论 T 与道德权利 r 各自的理论有效性呢? 比如说,凡是与契约主义道德理论 T 不相关的道德权利 r 作为辩护行为 a 的正当性的好理由的有效性都会减弱,或者,都不会受到影响?

二、文献综述与概念界定

围绕第一个核心问题,即"如果道德权利 r 是辩护行为 a 的正当性的好理由,那么,满足上述要求的道德权利 r 的内在必要条件以及外在适用条件是什么呢",有两个概念需要加以澄清和界定。

第一个概念是"道德权利"(moral rights)。通常认为,"道德权利"是对"自然权利"的基础的扩展,即人不仅有理性,还有脆弱性、完整性等诸多属性。"自然权利"具备两个必要特征:(1)非超验性(排除了自然权利是从诸如灵魂、上帝等神秘观念中推导出来的可能性);(2)非世俗性(排除了自然权利是通过经验概括、事实观察以及人际间的妥协、承诺、共识中推导出来的可能性)。"自然权利"的正当性通常被认为是不证自明的,即便做出进一步的理论追问,往往也仅仅诉诸某种"自然事实",比如"人性是存在的,并且这种人性在所有人那里都相同,……他们所具有的这种本性是以特定的有限形式构成的。人们很明显是有目的的,这种目的与自然结构相符合并对所有人来说都是相同的"①。但是,这种"自然事实"的内容却是无法确定的,"人们并不是都有一种固定不变的本性。因而,也不存在任何为了实现这种本性而必须去追求的目的。不存在关于'人'的定义。有的是或多或少模糊的属性,这些属性可以用不同程度、不同比例加以描述,这些就是可称之为人的生物。……不存在通过抽象的所谓'人性'而为人类设置的目的,存在的只是个人选择的目的,或由环境所迫不得不接受的目的。"②因

① MacDonald, Margaret., "Natural Rights", in *Theories of Rights*. ed. Jeremy Waldron, Oxford: Oxford University Press, 1989, p.29.

② MacDonald, Margaret., "Natural Rights", in *Theories of Rights*. ed. Jeremy Waldron, Oxford: Oxford University Press, 1989, pp.39-40.

此，笔者试图通过对“道德权利”与其他类别的“权利”概念相比较的方式，考虑使用它们的不同社会情境，以澄清其理论内涵。人们使用“权利”概念的情境往往出现在以下三个领域：社团领域、法律领域、道德领域；相应地，在这三个领域使用的权利粗略地可以分别称为社团权利、法律权利、道德权利。法律权利、社团权利由于在人们的现实生活中经常被使用，通常人们说“我有权……”的时候，多半就是在捍卫自身的社团权利或法律权利，所以，相较于道德权利，更容易说清楚。

在社团领域使用，得到所在社团认可的权利，我们称为“社团权利”(associational rights)。日常生活中，人们会参加某些自己感兴趣的团体或俱乐部，比如训练羽毛球的体育协会、交流出国考试经验的网络论坛、居住地接近的拼车族等。在参加这些社团时，在拥有这些社团的成员资格的同时，人们会拥有在这些社团中活动的相应“权利”，比如每月可以得到知名羽毛球教练的亲自指导，定期获得德福、雅思考试的相关信息，随时变更自己拼车的对象、方式和路径。在法律领域使用，经法律认可，具有法律实体和效果的权利，我们称为“法律权利”(legal rights)。《中华人民共和国宪法》第二章赋予我国公民的权利皆属于法律权利，比如选举权与被选举权、休息权、受教育权等。法律权利与社团权利，相较于道德权利而言，最重要的特征在于，二者均属于“世俗权利”(conventional rights)。世俗权利是以产生(1)世俗权利的现实规则得到广泛的遵从和(2)普遍地接受的社会现实为前提的。也就是说，世俗权利的规约性力量完全来自人们对那些规则体系的现实的服从和接受，以及对这种服从和接受的现实的维护。

“世俗权利之所以在各自的领域内受到尊重，是因为它们受到了普遍的尊重；如果消除了其被广泛拥护和承认的基础，它们的力量将会蒸发得一干二净。”[①]然而，这仅当人们同意所有权利经由法律认可或者其他社会成员非议的程序可以被正当地取消时，才是成立的，即否认一切非世俗权利的有效性；如果有人对取消他们的世俗权利表示反对，他们往往会辩称“那些权利是不可剥夺、不可让渡的”或者“那些权利属于道德权利”。“即使既定社会没有承认道德权利，或者不能或不愿意确信它们存在于实践中，我们也能要求有自己的道德权利。”[②]这表

① Sumner, L.W., *The Moral Foundation of Rights*, Oxford University Press, 1987, p.90.

② Held, Virginia, *Rights and Goods: Justifying Social Action*, New York: The Free Press, 1984, p.15.

明，通常情况下，道德权利是被动的，人们并不主动地宣示他们拥有某一项道德权利，而仅当他们的某一项世俗权利遭到质疑或侵犯时，相关的道德权利才作为该项世俗权利的辩护理由被加以援引。“对普遍原则的认可使得人们要依据自然的或理性的秩序，来评判现存的秩序或者是此时此地现有的一切；而此时此地现有的一切大都是不符合那普遍而永恒不变的规范的。”①也就是说，如果某一项道德权利是成立的，那么，该项道德权利所辩护的世俗权利就一定是成立的；如果某一项道德权利是不成立的，那么，该项道德权利所辩护的世俗权利不一定是不成立的，因此，道德权利是世俗权利的充分且不必要条件。

因此，作为世俗权利的辩护理由的道德权利如果是成立的，那么它的规约性力量，就不会取决于（1）对任何世俗的规则体系的权利的认可（如法律权利），也不会取决于（2）任何机构或者组织成员的同意（如社团权利）②，并且（3）仅当世俗权利的规约性力量受到挑战时，道德权利的规约性力量才会显现。如果人们同意某一项道德权利的约制是正当的，那么，他们也会同意该项道德权利所辩护的世俗权利的约制也是正当的。道德权利与其所辩护的世俗权利的相似之处在于，道德权利的成立同样也需要对某些规则的承认与遵从，但这些规则需要进一步的道德理论的支持。

不可否认，法律权利与道德权利的内容存在着实质性重叠，比如私有财产权既可以得到道德辩护，被视作一项道德权利；同时，该权利也得到《中华人民共和国宪法》的认可，也被视为一项法律权利。需要注意的是，此处的“道德权利”不同于因社会风俗、历史传统、行为惯例而形成的现实意义上的“道德权利”，比如在婚姻关系中，妻子关于丈夫行踪的“知情权”，为便于区分，笔者将后者称为“伦理权利”（ethical rights）。就西方的伦理学研究传统而言，ethics 与 morality 是两个可以相互替代的概念，前者来自古希腊文 *ethos*，后者来自拉丁文 *mōrālis*，均有“风俗”、“习惯”的意涵；但在英文中，ethics 偏重“社会的道德准则”；morality 偏重“个人的行为标准”，依据康德对“道德理论”的理解，“个人的”比“社会的”在理论上更具有普适性。伦理权利的成立同样需要满足对世俗的规则体系的认可，或者机构与组织成员的同意，因此也属于世俗权利中的一种。如

---

① ［美］列奥·施特劳斯：《自然权利与历史》，彭刚译，三联书店 2003 年版，第 15 页。

② Hoekema, David A., *Rights and Wrongs: Coercion, Punishment, and the State*, *Selinsgrove*, Pennsylvania: Susquehanna University Press, 1986, p.89.

果某一项法律权利遭到质疑或侵犯时，伦理权利通常是不能为其提供有力的辩护。混淆“道德权利”与“伦理权利”两个概念的后果就是，否认一切非世俗权利的有效性，认为“道德权利”与“伦理权利”一样也仅与社会风俗、历史传统、行为惯例相关，对“道德权利”的冒犯与对“伦理权利”的冒犯一样也仅应受到舆论的谴责，而不是法律的制裁。这一点是很难成立的，因为奴隶制在古罗马是一种标准的社会实践，蓄奴行为符合当时的风俗习惯所形成的伦理规范；但我们仍然能够证明奴隶在道德上拥有自由的权利。

在此，谨对社团权利、法律权利以及伦理权利三种“世俗权利”做一个简要的区分。三者的区别在于，(1)法律权利是建立在制度规则体系之上的，因而触犯法律规则将受到制裁，而社团权利虽然也依托于相应的社团规则，但当某些成员触犯社团规则时，其他成员可以随时退出社团，这对于那些触犯社团规则的那些成员来说，并不是一种制裁，反之亦然；(2)社团权利是建立在成员的共同目标之上的，无论是羽毛球协会、“寄托天下”，还是“拼车族”，如果无法实现提高羽毛球技术、顺利出国求学、便宜地到达目的地等所有成员加入社团的共同目标，成员所具备的社团权利也就没有任何意义了。但是，如果将国家、社会理解为一个“社团”，其共同目标却不是法律权利成立的必要条件；(3)伦理权利相对比较复杂，它是建立在传统的规则、惯例基础上的，但触犯伦理规则并不会受到制裁，至多是谴责或蔑视，但这对于人们来说，依然具有一定的强制性。同时，伦理权利也总是与一定的社会共同目的相关，比如美好的生活憧憬、崇高的人格培养、和谐的人际关系等，但这些社会共同目的并不像社团的共同目的完全统摄社团权利一样，完全统摄伦理权利，即在缺乏社会共同目的的条件下，某些伦理权利也是成立的，这一点与法律权利非常相似。

第二个概念是“辩护性理由”(justificatory reasons)。人们通常在采取或试图采取某一行动时，或者在采取或试图采取某一行动时被阻止或反对时，会为自己所采取的或试图采取的这一行动提供若干理由加以辩护。在这些理由中，可以为行动者所采取或试图采取的行动的正当性提供辩护的理由，通常称作“辩护性理由”；与此相对的是，可以解释行动者采取某项行动的原因的理由，通常称作“解释性理由”(explanatory reasons)。在一般情况下，“辩护性理由”也意指行动者在某情境下依据规范行动的理由，因而也称作“规范性理由”(normative reasons)；“解释性理由”在描述促使行动者采取某行动的心理动机的可能性意义上,也被称作“动机性理由”(motivational reasons)。区分“规范性理由”与“动机性理由”的意义在于,在促进行动者采取某一行动的理由中,某些辩护该行动的正当性的理由,可以具有解释行动者如此行动的原因的功能。“解释性理由”与“辩护性理由”的区别则是针对不同性质的命题而言的:前者针对的是“为什么行动者 A 采取行动 a”,旨在解释行动者 A 采取行动 a 是合理的,后者针对的是“行动者 A 应该采取行动 a”,旨在辩护行动者 A 采取行动 a 是正当的。

有关“权利”的逻辑分析莫不从美国法学家霍菲尔德(Wesley Newcomb Hohfeld,1879-1918)的不朽名篇“应用在司法推理中的若干基本法律概念”(*Some Fundamental Legal Conceptions as Applied in Judicial Reasoning*)开始,而对道德权利作为有效的辩护理由的最早进行细致分析的则是美国道德哲学家乔·费因伯格(Joel Feinberg,1926-2004),代表作“权利的本质与价值”(*The Nature and Value of Rights*)。对乔·费因伯格的观点(道德权利即有效要求)持批评意见的学者中最为著名的是澳大利亚道德哲学家麦克洛斯基(H.J.McCloskey),代表作“诸种权利”(*Rights*),他认为“道德权利即资格”。对“自我所有权”作为辩护性理由的有效性的详尽分析的是由美国道德哲学家罗伯特·诺齐克(Robert Nozick,1938-2002)在其经典名作《无政府、国家与乌托邦》(*Anarchy*, *State*, *and Utopia*)中作出的;诺齐克还在其论文集《苏格拉底的困惑》(*Socratic Puzzles*)中对“道德约束”进行了分析。加拿大道德哲学家萨姆纳(L.W.Sumner)在其代表作《权利的道德基础》(*The Moral Foundation of Rights*)将道德权利的有效性奠基在功利主义道德理论之上,并且认为功利主义道德理论是辩护道德权利的最有力的模式。

中国大陆学界关注“道德权利”是从 1995 年米尔恩(A.J.M.Milne)的《人权与人的多样性》(*Human Rights and Human Diversity*)被译介到中国大陆开始的。“人权,作为一种道德权利”的观念第一次出现在大陆学术界,但并没有引起更多的关注。2001 年,余涌的专著《道德权利研究》出版,是中国伦理学界第一次系统解析“道德权利”概念,并明确提出“道德权利的论证”的研究思路。2009 年,甘绍平的专著《人权伦理学》出版,书中第一次提出“对于人权原则而言,最有效、最令人信服的论证方式来自于契约主义”的观点。

围绕第二个核心问题,即“如果道德原则 p 是一个有效的道德原则,那么,该原则与道德权利 r 的逻辑关系是怎样的呢?满足上述要求的道德原则 p 是如何通过契约主义道德理论T的确认的呢”，我们需要知道“一个有效的契约主义道德理论”意味着什么？

正如前文所述，契约主义道德理论起初并没有应用在道德领域，而是应用在社会、政治领域。在社会领域，契约理论被用来解释公平交换和分配收入和财富是来自理性的、利己的人们为各自的利益而作出的理性选择或协议；在政治领域，契约理论被用来辩护被统治者为什么有义务服从政府，政府统治人们的权力的合法性（legitimacy）是什么，公民的同意及所达成的协议被契约主义者认为是唯一合理的答案；而在道德领域，契约理论是被用来辩护理性的行动者相互间达成的协议和共识是道德原则是否正当的基础，而其基本的权利也应得到该理论的支持。严格地说，就道德理论而言，在道德哲学中并没有所谓“契约主义”传统。当前，针对道德原则的正当性的辩护，存在着两种契约主义思路。

第一种思路，即霍布斯-哥梯尔的思路，预设行动者“自我关切最大化”的自利动机，并以审慎理性（deliberative rationality）为前提，在各方博弈过程中形成约束各方行动的协议或契约，并以此奠定道德原则正当性的基础。一般认为，该研究思路的开创者是英国道德哲学家托马斯·霍布斯，代表作《利维坦》（*Leviathan*）；当代最杰出的代表人物是美国道德哲学家大卫·哥梯尔（David Gauthier），代表作《通过协议达成的道德》（*Morals by Agreement*）。在此，对这一思路的核心概念“审慎理性”加以说明。“审慎理性”，即解释个人有目的的行动与其所可能达到的结果的联系的工具理性，包括以下特征：（1）个体行动者是自身最大利益的关切者与追求者；（2）在特定情境中有不同的行动策略以供行动者选择；（3）行动者相信不同的选择会导致不同的结果是理性的；（4）人在主观上对不同的选择结果有不同的偏好序列。可以简单地将审慎理性归纳为“目的最优化”或“功利最大化”，即审慎理性的行动策略趋向于选择以最小代价获取最大收益的方式行动。这一思路的研究者们往往通过运用博弈论这一现代思维工具来阐明道德原则的正当性基础是如何奠定的。

假设两个人因涉嫌抢劫被捕入狱。地方检察官分别告诉他们，她因缺少足够的证据而不能判他们为强盗罪，但她可以很容易地判他们非法进入他人住宅罪，有期徒刑1年。她分别给每人提出一个交易的条件：如果他们中一人坦白认罪，而同伙拒绝认罪，则认罪者无罪释放，同伙将判有期徒刑20年。如果两人都认罪，则各判有期徒刑5年。假定每个人所在乎的仅仅只是尽可能少的有期徒刑，那么这一情景就会有如下的结构：如果行动者 A 认罪而行动者 B 拒不认罪，则行动者 A 会得到最佳结果（无罪释放），而行动者 B 则会得到最差结果（入狱 20 年）。反之亦然，如果行动者 B 认罪而行动者 A 不认罪，则行动者 A 得到最差结果（入狱 20 年），而行动者 B 得到最佳结果（无罪释放）。如果两人都认罪，则他们都获得次差结果（入狱 5 年）。如果两人都不认罪，两人则都获得次佳结果（入狱 1 年）。每个行动者究竟应该采取怎样的行动才是合理的呢？从行动者 A 的立场开始进行推理，行动者 B 的行动不依赖于行动者 A，他或者认罪或者不认罪。因此，行动者 A 应该认罪，因为无论行动者 B 是否认罪，行动者 A 如果认罪，行动者 A 的情况都会相对更佳。如果行动者 B 认罪，行动者 A 通过认罪可以得到次差结果（入狱 5 年），而不是最差结果（入狱 20 年）。如果行动者 B 不认罪，则行动者 A 通过认罪将得到最佳结果（无罪释放），而不是次佳结果（入狱 1 年）。因此，行动者 A 应该认罪。不管行动者 B 做什么，行动者 A 通过认罪其情况都会更佳。但是，行动者 B 的情景和行动者 A 的情景一模一样。因而任何支持行动者 A 认罪的理由也同样适用于行动者 B。因此，如果行动者 A 认罪其处境最好，那么对行动者 B 来说情况也同样如此。当行动者 A 和行动者 B 单独采取个人行动的时候，行动者都最有可能获得最佳结果，然而将他们的行动放在一起，其结果对每个人来说都更差。给定另一个行动者的行动，如果行动者 A 和行动者 B 都采取对自己最有利的行动，则两个行动者都会认罪。但其结果是每个行动者都获得次差结果（入狱 5 年），而如果两个行动者都不认罪，他们原本可以取得次佳结果（入狱 1 年）。如果行动者 A 和行动者 B 能够为了相互的利益而合作，即接受“规范性约束”，他们就不会认罪，从而获得次佳结果（入狱 1 年），而不是他们分别追求自己利益所获得的次差结果（入狱 5 年）。①

上述情境被称作“囚徒困境”，为应对该情境的困扰，有学者提出以无限次博弈的方式使行动者的选择不断接近“相互合作获得次佳结果”的策略。那么，在无限次博弈中人们所采取的策略原则是什么呢？美国行为分析与博弈论专家罗伯特·阿克塞尔罗德（Robert Axelrod）在 20 世纪 80 年代曾经组织过三场“重复囚徒困境博弈计算机程序奥林匹克竞赛”，在三场竞赛中加拿大博弈论专家

① Darwall, Stephen, “Introduction to Contractarianism/Contractualism”, in *Contractarianism/Contractualism*, ed. Stephen Darwall, Oxford: Blackwell, 2003, pp.2-3.

阿纳托尔·拉波波特(Anatol Rapoport)的参赛程序——“一报还一报”(tit for tat)策略(即“第一次合作,以后各次根据对方的对策选择自己的策略”)都获得了胜出。该策略与我们日常所说的“人不利我,我不利人;人若利我,我必利人”非常相似,“人不利我,我不利人”,表明自利是其行为动机;“人若利我,我必利人”,表明行动者间的互惠与利他行为的可能性。正是这种“一报还一报”针锋相对式的策略,引导自利的行动个体不再追求在某一次博弈中的预期收益最大化,而是在不限次博弈中预期收益的总和最大化。(比如“囚徒困境”中行动者A两次都选择合作则总共入狱2年,而两次都选择不合作,虽然第一次无罪释放,但第二次则入狱5年,收益总和远远小于前者)。当博弈的次数不断增多时,效果将更加显著。在罗伯特·阿克塞尔罗德的第三场“重复囚徒困境博弈计算机程序奥林匹克竞赛”中,他将第二场竞赛中的63套参赛程序输入电脑,作为演化博弈的“第一代”。经过对抗与博弈后,不同的第一代参赛程序产生了或多或少的不同的“第二代”。如此类推,产生“第三代”……结果显示,几乎所有的“急功近利”、“精明狡诈”等策略都在200代前后消失;并且,当这些策略消失后,“一报还一报”策略与其他“好心”策略几乎无法被区别开来。虽然,无限次博弈在现实中是不可能的,但只要足够多,合作就会在没有外部约制的“自利的理性人”间产生。① “‘一报还一报’的程序取得成功正是因为该程序将与人为善、以牙还牙、宽恕原谅和清楚明白结合起来。‘与人为善’使其避免了不必要的麻烦;‘以牙还牙’使其他参与者不敢轻易背信弃义;‘宽恕原谅’有助于恢复相互合作;‘清楚明白’使其他参与者能够明白其态度,从而有助于建立长期的合作。②”这样,行动者个人的审慎理性便转化为道德共识,“自利的理性人”就变成了“道德人”,各方所遵守的道德原则便因此而获得正当性。

第二种思路,即卢梭—斯坎伦思路,预设行动者的行动动机并非总是自利的,并以合情理性(reasonableness)为前提,基于对所有行动者同等的道德考虑,而形成被所有行动者合理接受或无法合理拒斥的协议或契约,并以此奠定道德原则正当性的基础。一般认为,该研究思路的开创者是法国道德哲学家让·雅克·卢梭(Jean-Jacques Rousseau,1712-1778),代表作《社会契约论》(*The Social*

---

① Axelrod, Robert, *The Evolution of Cooperation*, New York: Basic Books, 1984, p.10.

② Ridley, Matt, *The Origins of Virtue*, New York: Viking Penguin, 1997, pp.60-61.

Contract, or Principles of Political Right),任何人对其同类都没有与生俱来的权威,也不能凭借暴力获得丝毫道德权利,除了自愿、相互地缔结"契约",人类别无他法①;当代最杰出的代表人物是美国道德哲学家托马斯·斯坎伦(Thomas Scanlon),代表作《我们相互间的责任》(*What We Owe to Each Other*)。在此,对这一思路的核心概念"合情理性"与"审慎理性"的差异作出解释。"审慎理性",即行动者在信念的选择上是可靠、准确的(理性),并且在行为的选择上选择有效手段以达到行动者的目的,同时权衡与修正行动者的目的以使冲突最小化和完全不合实际的预期最小化(审慎)。比如说,行动者 A 和行动者 B 想要合作一项生意,他们正在讨论有关协作的条款。如果行动者 B 仅在审慎的意义上是合理的,那么,即使他们每个人投入相同的资金,行动者 B 也可能设法诱使行动者 A 接受尽量少的利润。或者,行动者 A 维持自身生活的能力有赖于与行动者 B 的合作,而行动者 B 却有许多其他的谋生手段;或者,行动者 B 可以以暴力威胁行动者 A。随便哪一种情况,行动者 B 都能充分利用行动者 A 的处境迫使行动者 A 妥协,并且,即使在工作及其他方面的贡献相同的情况下,行动者 B 也可以要求更多的利润。因为行动者 A 什么都得听从行动者 B 的,所以行动者 A 可能勉强地屈服于行动者 B。然而,行动者 A 仍然可以抱怨行动者 B 是不合情理的,因为行动者 B 拒绝接受利润的平均分配,而利润却恰好产生于每一个人都作出同样贡献的共同努力。② 行动者 B 是合"审慎理性"的,但是不合"合情理性";同样,在日常生活的对话中,我们也可以注意到"行动 a 是'合情理性'的,但却不合'审慎理性'"的情况,比如新闻报道中常说,某国谈判代表的立场非常强硬,他的提议虽然是合情合理的("合情理性"),但却缺乏策略性,表现蛮横,非常不理性("审慎理性")。"合情理性",即根据每个涉及其中的人都可接受的条款,在其余的人都愿意同样做的条件下,自愿地与他人结合。为了达到那个目的,明理的人与他人进入一场对话,在对话中,所有的参与者都以一种合作的方式平等地发言、建议与讨论合作条款。③ 如果明理的人继续充分地商讨,并对相关的道德上中立的事实——比如统计学、心理学方面的信息——有一个准确把握,或许他们就会在彼此合作的适当条款上达成一致,即他们所议定的原则

---

① [法]让·雅克·卢梭:《社会契约论》,何兆武译,商务印书馆 2003 年版,第 10 页。

② Rawls, John, *Political liberalism*, New York: Columbia University Press, 1993, p.48.

③ Rawls, John, *Political liberalism*, New York: Columbia University Press, 1993, pp.48-54.

就构成了道德真理。根据这一观点，真正的道德原则就是那些会被明理的人当做适当的合作条款所接受的原则。这些原则确定要做的正确的事，就是道德事实。如果他们留下个别道德难题没有解决，我们一定会断定该问题没有正确的解决方法。发现“约束性”的道德真理的人是明理的人，而那是因为明理的人易对道德事实作出反应；由于明理的人想要一种明确的解决冲突的方法，而真正的道德原则就是他们所寻找的解决方法。除非我们对解决道德冲突持有上述态度，否则我们就不是合情理的。行动者形成“行动 a 是正当的”的道德判断，如果该道德判断是理性的，即该道德判断为充分的理由所辩护，那么，该道德判断就是真的。卢梭-斯坎伦研究思路的契约主义者根据合情理性（reasonableness）来界定道德判断的客观性，而不是像霍布斯—哥梯尔研究思路的契约主义者根据审慎理性（prudential rationality）来界定道德判断的客观性。其中的重要原因在于，前者认为后者试图从自利的行为动机中推导出内在的接受道德约束的行为动机是不可能的，但是前者同样认为，接受道德约束的行为动机完全是被迫的也是不可能的，预设行动者的行为动机并不总是自利的，即在某些适当条件下，道德上的考虑会压倒行动者自我收益的考虑，才是合情合理的。比如，行驶在大海上的“泰坦尼克号”触礁，船体很快就要沉没，乘客 A 偷盗陌生的乘客 B 的救生衣以保全自己的生命；相信大多数人会认为乘客 A 这样做是理性的，但是他们也不会认为乘客 A 不偷盗乘客 B 的救生衣就是不理性的。因此，卢梭-斯坎伦的契约主义研究思路被称作“非自利契约论”（Contractualism），而霍布斯-哥梯尔的契约主义研究思路被称作“自利契约论”（Contractarianism）①。

除哥梯尔、斯坎伦外，布坎南（James McGill Buchanan）、哈桑伊（John Harsanyi，1920-2000）、罗尔斯（John Rawls，1921-2002）、纳维森（Jan Narveson）等哲学家一般也被认为是当代契约主义的代表人物，但是这几位的研究方向或为政治哲学、或为经济学、或为社会理论，已经超出道德哲学的研究范围，比如，布坎南的契约主义旨在将普遍一致的同意，视作某一社会选择相较于其他社会选择是否构成帕累托最优的唯一检验手段；哈桑伊的契约主义则旨在确定，在诸种社会选择中，哪一种社会选择能够保证总体功利（overall utility）最大化，等等。

① 关于“自利契约论”（Contractarianism）与“非自利契约论”（Contractualism）的译法，请参考陈真：《当代西方规范伦理学》，南京师范大学出版社 2006 年版，第 154 页注释①。

因此，在本书中仅涉及笔者讨论的问题时才援引并评述其观点，在此不再赘述。

相较“道德权利”而言，中国大陆学者更早关注“社会契约论”的思想，开始于 1988 年何怀宏、何包钢、廖申白等学者翻译罗尔斯的《正义论》(*A Theory of Justice*)，何怀宏的博士论文即《契约伦理与社会正义——罗尔斯正义论中的历史和理性》，该书于 1993 年由中国人民大学出版社出版。随后，罗尔斯的其他著作被陆续译介到大陆，引起了众多学者的关注与思考，但多停留在政治哲学领域。2000 年以来，詹姆斯·布坎南的《同意的计算》(*The Calculus of Consent*)和《原则政治，而非利益政治：通向非歧视性民主》(*Politics by Principle, Not Interest: Towards Nondiscriminatory Democracy*)等著作被译介到中国大陆，同样成为了研究热点，但关注的学者多来自于经济学界。真正从道德哲学的视角关注契约论，是从陈真自 2004 年起陆续发表《哥梯尔的“协议道德”理论评析》、《论道德与精明理性的不可通约性》、《斯坎伦的非自利契约论评述》等介绍契约论的文章开始的，并陆续翻译了斯蒂芬·达沃尔(Stephen Darwall)的《自利契约论与非自利契约论》(*Contractarianism and Contractualism*)、托马斯·斯坎伦的《何为道德：道德的动机和道德的多样性》等文章，并于 2006 年出版专著《当代西方规范伦理学》，在其中对契约论的两种范式(自利契约论和非自利契约论)给予充分的介绍。2007 年，包利民将当代欧美道德哲学界研究社会契约论的重要论文编译结集，题为《当代社会契约论》出版。2010 年，甘绍平在其专文《论契约主义伦理学》和龚群在其专著《现代伦理学》中都将“契约论”作为继美德伦理、义务论、功利主义之后的第四种规范道德理论予以详细、系统的述评。

围绕第三个问题，即“如果契约主义道德理论 T 确认的道德原则 p 与作为辩护行为 a 的正当性的好理由的道德权利 r 是不相关的，那么，这是否会影响契约主义道德理论 T 与道德权利 r 各自的理论有效性呢”，我们需要进一步澄清对“道德领域”的理解。

我们必须承认，人们对于“道德领域”的界限的理解如果说不是相对的，那也至少是多元的。“道德”与个人的工作、生活习惯相关，比如做事没有规划、丢三落四；“道德”与个人的品性、嗜好相关，比如嗜酒、懒惰通常会让他人产生反感；“道德”与血缘、情感交流相关，比如兄弟姐妹要相亲相爱、和女友分手不久便另觅新欢；“道德”与工作、生活的现实场域相关，比如和同事不团结、对邻居家的事漠不关心；“道德”与传统风俗习惯相关，比如和父母住在一起、同性恋是可耻的;“道德”与社会公共秩序相关,比如排队买票、不随地吐痰;“道德”与共同利益相关,比如人民的利益高于一切、毫不利己专门利人;“道德”与国家、民族的荣誉相关,比如爱国主义、民族主义……

但是,在诸多关于“道德领域”的理解中,笔者仅关心具有如下特征的“道德领域”:(1)该“道德领域”中的任一观念 c 或行为 a 可以合理地被视为正当的/不正当的,比如,做事有条理是值得赞赏的,但很难说是正当的;(2)该“道德领域”中的任一观念 c 或行为 a 的正当性,如果必要,都能够得到合理的道德辩护,比如“同性恋是可耻的”的观念就不能得到合理的道德辩护,此外,“与父母同住”也很难得到合理的道德辩护,但并不意味着是不正当的,而是与道德正当性不相关的,因为我们也很难说,“不与父母同住”就是不正当的;(3)该“道德领域”中的任一观念 c 或行为 a 的实施者 A 总是具体的行动个体,比如“人民”、“国家”、“民族”这类概念由于缺乏明确的行动者指向,也就被排除出笔者所关心的“道德领域”。唯有如此,道德义务与道德辩护的责任的指派才是清晰、明确的。

三、研究思路与研究方法

通常,人们辩护一个行为的道德正当性的思路是:

(1)行动者 A 采取行动 a(事实);

(2)行动者 A 有理由 x 采取行动 a(说明);

(3)理由 x 对于“行动者 A 采取行动 a”是无可辩驳的(辩护);

因此,“行动者 A 采取行动 a”是正当的。

如果理由 x 是一个辩护性理由,且理由 x 足以确保上述论证是一个有效论证,那么,理由 x 的最有力的承担者,即道德权利 r;如果道德权利 r 的最有力的辩护者,即道德原则 p,那么,确认道德原则 p 有效性的最佳方式,即契约主义道德理论 T。

如果上述辩护规范是成立的,那么其必须满足哪些条件呢?本书试图就“道德权利与契约主义原则的辩护规范”,即道德辩护中作为辩护性理由的道德权利与作为道德理论的契约主义的有效性与逻辑关系,回答导言第一目中提到的三个核心问题:

问题一：如果说，道德权利 r 是辩护行为 a 的正当性的好理由（good reason），那么，满足上述要求的道德权利 r 的内在必要条件以及外在适用条件是什么呢？

问题二：如果道德原则 p 是一个有效的道德原则，那么，该原则与道德权利 r 的逻辑关系是怎样的呢？满足上述要求的道德原则 p 是如何通过契约主义道德理论 T 的确认呢？

问题三：如果契约主义道德理论 T 确认的道德原则 p 与作为辩护行为 a 的正当性的好理由的道德权利 r 是不相关的，那么，这是否会影响契约主义道德理论 T 与道德权利 r 各自的理论有效性呢？

全文共分 8 个部分。

“导言”，阐明本书的核心问题、相关概念、理论背景及当前的研究状况。

第一章“道德权利的逻辑结构与辩护责任”，以霍菲尔德的权利分析框架为基础，探讨道德权利的逻辑结构，论述作为“特权或自由权”的道德权利与作为“要求权”的道德权利间的逻辑关系，并且表明，“道德约束”与“消极权利与积极权利的区分”都对权利拥有者与义务承担者的辩护责任产生关键性作用。

第二章“道德权利作为辩护性理由的有效限度”，就道德权利的辩护对象与内容，将作为辩护性理由的道德权利区分为三种辩护模式（利益模式、基本善模式、选择模式），并比较三者作为辩护性理由的优势与局限。由于道德权利很难被证明是“绝对的”，所以道德权利需要进一步的道德理论的支持；而契约主义，作为一种道德理论，因在辩护对象、边际约束、价值谓词方面与道德权利的一致性，具备最有效地辩护道德权利的可能性。

第三章“契约主义道德理论确认道德原则的模式”，就契约主义道德理论的内部结构而言，对“建构”主义与“契约”主义（作为道德哲学的两种抽象化方法）的不同运用，形成了两种“道德原则的契约主义确认模式”：“讨价还价”模式与“合理拒斥”模式；以“洛克限制条款”与“相互尊重”原则为例，评析“讨价还价”模式与“合理拒斥”模式对上述两个道德原则的各自的确认过程。

第四章“契约主义原则对道德权利的辩护”，以“自由至上主义原则”（“洛克限制条款”的蕴涵原则）与“相互尊重”原则为例，分析契约主义所确认的道德原则与作为辩护性理由的道德权利的 5 种逻辑关系，并运用案例分析的方法，阐明其中两种“有解”方案：当针对某一行动的赞成与反对都诉诸“道德权利”作为辩护性理由时，产生权利冲突。(1)契约主义确认的道德原则通过支持"赞成与反对该行动的辩护性理由的任意一方"的方式，使得它所支持的一方成为权利冲突的最终解决方案；(2)契约主义确认的道德原则通过否定"赞成与反对该行动的辩护性理由的任意一方"的方式，或者使得它所否定的一方的对立一方成为权利冲突的最终解决方案，或者替代它所否定的一方而作为辩护性理由成为权利冲突的最终解决方案。

第五章"契约主义道德理论与'道德领域的核心部分'"，评析功利主义、义务论、美德论等道德理论在应对道德基础危机的困境，而契约主义以其独特的理论竞争方式，不再像上述道德理论一样诉求理论的完备性，并通过"涵盖'道德领域的核心部分'"与"诉求'次阶性质'"的方式弥补缺乏理论完备性的不足。以"婚前性行为是否无关道德"这一问题为切入口，重新审视"现代社会"引发的道德观念变迁，并对人类性欲望自身及其实现方式进行契约主义式的理性反思。同时，深入考察"底线伦理"的理论内容(必要条件、理论实质、逻辑预设及实现策略)；反思"底线伦理"与"终极价值"的关系问题；论证道德权利、契约主义道德理论对"底线伦理"所面临的困境的有效规避。以"动物权利"为例，表明有一部分道德权利的确处于契约主义道德理论的有效范围之外，但这并不影响其作为道德理论的有效性。而那些处于契约主义道德理论的有效范围之外的道德权利，如"动物权利"，作为辩护性理由的有效性，也并不因此受到影响，除非其辩护性理由的资格被契约主义确认的道德原则所否定。

第六章"道德权利及契约主义道德理论的社会哲学推衍"，讨论道德权利、契约主义道德理论在社会哲学层面推衍、运用的境况。首先，围绕美国社会哲学家托马斯·博格的"免于贫困的人权"，尝试厘清其构建思路，并就其持续援助全球极端贫困人群的责任指派的困境，辨析"免于贫困的人权"作为一项道德权利的内在逻辑与适用界限。其次，从契约主义道德理论"合理拒斥"道德原则的角度，厘清罗尔斯与全球正义支持者的真正分歧所在，论证从面向全球的"初始状态"中推衍不出"全球性平等主义的分配正义原则"的；将"持续援助、改善全球最贫困人口的生活福祉的财富分配制度"建构在富裕国家对全球极端贫困状况应负有的义务上，既不正当，也无必要；罗尔斯基于"不同'人民'之间的正义原则"，将"援助责任"限定在"良序社会"的转型上，相较于前者，更加合理、务实，前景也更为清晰。最后，考察罗尔斯主义、马克思主义、社群主义、功利主义、自由至上主义等诸多分配正义原则在应对环境正义难题的现实情境中遭遇到的挑战，指出除反思、权衡正义原则在具体的环境议题中的适用性以外，更应该结合契约主义道德理论积极、理性地构建符合生态文明发展目标要求的环境制度与评价体系。

“结论”，就本书的三个核心问题予以集中回应，并指出本书的研究思路与研究结论可能遭遇到的诘难与挑战。

本书所采取的研究方法如下。

（1）文献分析的研究方法：任何学术研究都是站在巨人的肩膀上，运用前人或他人提供的材料，吸收其中对本书核心问题有价值的思想，并不断进行深入研究。本书将通过对道德权利与契约主义道德理论的相关论著采取文献分析的研究方法，充分利用纸质媒介和电子媒介的学术资源，从中汲取营养材料，以增强全书的理论深度和说服力。不论文献具有怎样的性质，都不能仅从字面意义上来理解这些文献，必须根据研究的目的对其进行批判性评价。

（2）语言逻辑分析的研究方法：通过弄清楚与研究问题有关的概念及概念的运用，我们就能检验有关的论点，并进而检验这些论点所支持的有关理论。理解一个概念就是理解它的逻辑性质，这样才能知道如何使用这一个概念达到推理的成立。

语言逻辑分析的基本原则

a.惯常用法原则：除非有正当的理由支持我们违反语言的惯常用法，否则我们要按照惯常用法去使用语言。这一原则被称为“惯常用法原则”。

b.同情理解原则：该原则认为，除非有特殊理由做出相反的假设，否则我们在从事分析时要坚持这一“合理性预设”，即假定在正常情况下，哲学研究者和其他人一样，都是理性的，他们有些人在提出理论时可能不自觉地违反了惯常用法原则，但他们之所以提出该理论，并不是无中生有，而往往是因为其有某些真实的问题或洞见，有某些平时被人们忽略的观点要指陈出来。

c.脉络辨义原则：该原则认为，在许多情况下，一个语词在某一脉络（当时的环境或所在的上下文）中有清楚的意义，但在另一脉络中却没有清楚的意义甚或根本没有意义。

语言逻辑分析的概念工具

a.家族相似性：即如果某类概念只有家族相似性而没有共同的本质，那么我们就无法凭借其本质定义界定该类概念。这种情况下,若要厘清此类概念,我们就需要通过其他方式进行,如通过考察有关概念所涵涉的家族相似性,通过考察其实际用法去厘清此类概念。

b.范畴错误:即设 E 是这样的一个语词:依据 E 的用法,E 可以有意义地用来陈述 H 类的事物而不能有意义地用来陈述 K 类的事物。在此情况下,如果我们用 E 来陈述 K 类的事物,那就犯了范畴错误。

c.概念问题:有意义的问题通常可分为三类:概念问题、事实问题(经验问题)、价值问题(包括规范问题)。概念问题,包括 c.1 意蕴问题和 c.2 语约问题。设 Q 是一个问题,S 是一个或一组陈述句。如果原则上我们只要知道 Q 与 S 的意义(用法)就能断定 S 是不是 Q 的正确答案,那么,Q 是一个意蕴问题。简言之,意蕴问题,即原则上仅凭分析有关语词的意蕴或用法便可得到答案的问题;而设 Q 是如下所述的一个问题——Q 是没有确定答案的,其所以没有确定答案,既不是因为我们没有进行有关的观察或实验,也不是因为我们未能分析清楚有关语词的意义或用法,而是因为 Q 包含了一些对解答 Q 来说根本没有确定意义或确定用法的语词。换言之,Q 含有这样的语词 E:在 Q 所构成的脉络中,E 并没有确定的用法能使得 Q 有确定的答案(虽然在其他脉络中 E 可能有确定的用法)。据此,若要 Q 成为一个有确定答案的问题,就必须首先建立某种关于 E 的语言约定 K,使得 E 在 K 的约定下具有确定的用法,从而令 Q 有确定的答案。我们把具有上述性质的问题 Q 称作“语言约定的问题”,简称“语约问题”。

d.通过情境故事(circumstantial story)来厘清概念。

(3)哲学论证的一般方法:包括演绎论证(deductive argument)、归纳论证(inductive argument)、假说论证(hypothetical argument)。假说论证,即“观察现象 P;假说 H 蕴涵 P;因此,H”。从这个论证的前提中,我们只能判定结论 H 可能为真。另外,还包括援引事例(instantiation)、通则化(generalization)、援引反例(counterexample)、反向援引事例(counter-instantiation)、引用事实(citing facts)及区分概念(drawing conceptual distinctions)等论证方式。

第一章　道德权利的逻辑结构与辩护责任

通常，人们提出某一道德主张(moral claim)，包括(1)对道德命题的陈述与(2)对道德命题的辩护两个部分。对道德命题的陈述包括：对相关事实的描述、分析，以及对相关道德概念、道德原则的澄清、确认，比如安乐死是否正当的问题，我们需要知道具体情境中要求实施安乐死的病人是自愿的，还是非自愿的，安乐死的方式是主动的，还是被动的，以及对病人的尊重、病人的最大利益等概念或原则；对道德命题的辩护，即在对上述情况的综合考察的基础上证明所提出的道德主张是正当的/不正当的，或者允许的/不允许的。这通常包括：(1)对某一道德主张的支持与反对所进行的道德辩护必须符合道德辩护的相关规则，比如演绎论证、归纳论证的相关形式规则，以及避免陷入“稻草人”、“虚假两难”、“熏鲱”、“滑坡”等非形式谬误；(2)对某一道德主张的支持与反对两方面还都要承担对各自观点的辩护责任，比如关于“被动安乐死”是否正当，支持这一观点的辩护是，凡符合患者的最大利益，并与患者意愿一致的安乐死行为都是正当的；反对这一观点的辩护是，上述理由并不能改变实施安乐死是对一个人的谋杀的事实。但是，当支持与反对双方在援引“道德权利”作为辩护理由时，辩护责任会出现“次序”性变化，即支持与反对的某一方有责任优先进行道德辩护，“在大多数情况下，当我们说某人有权利做某件事的时候，我们的含义是，如果别人干预他做这件事，那么这种干预是错误的，或者至少表明，如果为了证明干涉的合理性，你必须提出一些特别的理由。”①如果优先辩护的一方的辩护理由不足以支持己方观点，那么，我们就可以将另一方的观点视为至少在道德上是不被禁

① ［美］罗纳德·德沃金：《认真对待权利》，信春鹰、吴玉章译，中国大百科全书出版社1998年版，第249页。

止的。在以“利益”、“价值”、“义务”、“美德”等作为辩护理由时，都不具有上述辩护优势。在本章中，笔者试图通过对道德权利的内部逻辑结构，“道德约束”、“消极权利”与“积极权利”等与辩护责任转变相关的因素的考察，探究道德权利作为辩护理由转嫁己方辩护责任的适用条件。

第一节　“特权或自由权”与“要求权”是道德权利的核心

一、道德权利的逻辑结构

当前，几乎所有对权利的逻辑结构的分析，都是从霍菲尔德在其经典论文《应用在司法推理中的若干基本法律概念》中所做的开创性研究起始的。霍菲尔德将权利的构成区分为四个基本要素：特权或自由权（privilege or liberty）、要求权（claim）、权力（power）、豁免权（immunity）①。这四个基本要素的内涵与关系如下：

权利	定义	关联	举例
特权或自由权（privilege or liberty）	行动者 A 对 φ 拥有特权或自由权，当且仅当，行动者 A 对 φ 没有不做的义务	行动者 B 无权利（no-right）阻止行动者 A 对 φ 拥有特权或自由	我有权在海滩上拾起我发现的贝壳。
要求权（claim）	行动者 A 对 φ 拥有要求，当且仅当，行动者 B 对行动者 A 对 φ 提出要求负有义务	行动者 B 有义务（duty）让行动者 A 对 φ 拥有要求	雇员与雇主的合同授予雇员有权获得工作报酬。
权力（power）	行动者 A 拥有权力，当且仅当，行动者有能力依据一系列规则变更行动者 A 或行动者 B 的特权或自由权、要求权、权力、豁免权	行动者 B 有责任（liability）尊重行动者 A 的权力	班主任有权命令学生清扫教室，班主任权力的实施变更了学生的通常状态：它将一项新的义务强加在学生身上，并且取消了学生的（不清扫教室的）特权或自由权。

① Hohfeld, W.N., “Some Fundamental Legal Conceptions as Applied in Judicial Reasoning”, *The Yale Law Journal*, Vol.23, No.1, Nov., 1913, pp.28-30.

续表

权利	定义	关联	举例
豁免权（immunity）	行动者A拥有豁免，当且仅当，行动者B缺乏依据一系列规则变更行动者A的特权或自由权、要求权、权力、豁免权的能力	行动者B对行动者A拥有豁免无能为力（disability）	全国人大常委会没有能力依据《中华人民共和国宪法》将只信奉一种宗教信仰的义务强加给每一个中华人民共和国公民。

道德权利的分析通常与上述权利要素中的“特权或自由权”和“要求权”密切相关，因为二者表明了行动者可以“避免”什么、可以“获得”什么，什么样的现实行为在道德上是被允许的、被要求的，或者被禁止的。“无论我们是谈论要求权还是特权或自由权……我们都必须注意：它们似乎都有‘正向’和‘反向’两个维度。……一切权利似乎都融合了去做、具有或不做的资格，或成为针对他人的以某种方式去行动或不行动的某种要求。”①一般而言，“特权或自由权”是某人愿意做什么和不愿意做什么的权利，因此其核心是“自由”；“要求权”是要求他人做某事的权利，因此其核心是“要求”。从逻辑上将“要求权”与“特权或自由权”加以区分，并不意味着在实践上总是能够严格地加以区别运用。同时，要求权与特权或自由权相比，只有作为“要求权”（right）的权利与义务（duty）是相互关联的；作为特权或自由权（privilege or liberty）的权利与义务（duty）并不存在相互关联。特权或自由权，即行动者A有权利采取她没有义务不采取的行动x，且行动者A有权利不采取她没有义务采取的行动x。而“权力”与“豁免权”作为“特权或自由权”与“要求权”的外部条件仅仅表明，行动者可以使用或变更“特权或自由权”和“要求权”的实践条件。

二、特权或自由权与要求权彼此并不以对方作为自身成立的必要条件

关于“特权或自由权”与“要求权”作为道德权利的核心的逻辑关系，我们可以通过考虑如下情形加以考察：行动者A非常爱吃油炸豆腐干，如果行动者A能

① Feinberg, Joel, “The Nature and Value of Rights”, in *Rights*, ed. David Lyons, Belmont, California: Wadsworth, 1979, p.91.

够付得起钱，法律就会保护行动者 A 的这一偏好；因此，吃行动者 A 已经付款的油炸豆腐干就是行动者 A 的一项权利，尽管行动者 A 知道它会让自己胃痛和变胖。

这一情形蕴含了如下两种权利关系：(1)对于行动者 B 来说，吃行动者 A 已经付款的油炸豆腐干是行动者 A 的一项特权或自由权，相应地，行动者 B 没有权力阻止行动者 A 吃已经付款的油炸豆腐干；(2)吃行动者 A 已经付款的油炸豆腐干作为行动者 A 的一项要求权，即行动者 A 有权要求行动者 B 不干涉行动者 A 吃已经付款的油炸豆腐干的权利，相应地，行动者 B 具有不干涉行动者 A 吃已经付款的油炸豆腐干的义务。

如果行动者 B 是卖油炸豆腐干的商贩，他可以对行动者 A 说："如果你愿意，你尽可以吃已经付款的油炸豆腐干，但是，我仅仅允许你吃，并不表示我不可以干预你。"因此，行动者 A 吃已经付款的油炸豆腐干仅仅是行动者 A 的一项特权或自由权，而不是行动者 A 的一项要求权。也就是说，如果行动者 A 成功地吃到油炸豆腐干，行动者 A 没有侵犯到行动者 B 的任何权利；同样，如果行动者 B 故意不提供餐具致使行动者 A 吃不到油炸豆腐干，行动者 B 也没有侵犯行动者 A 的任何权利。由此可见，在某些情境中，即使不存在权利与义务相关联的要求权，特权或自由权仍然能够存在。相反，假设行动者 A 已经买到油炸豆腐干，行动者 A 和行动者 B 约定：行动者 A 不再吃油炸豆腐干；但并没有和行动者 C 这样约定。因此，对于行动者 B 来说，行动者 A 没有吃油炸豆腐干的特权或自由权；但对于行动者 C 来说，行动者 A 仍然拥有吃这份油炸豆腐干的特权或自由权。同时，行动者 A 对于行动者 B 的不吃油炸豆腐干的要求权，即便在行动者 A 自身吃油炸豆腐干的特权或自由权消失的情况下，也仍然存在。由此可见，在某些情境中，即使不存在特权或自由权，要求权也仍然存在。①

三、特权或自由权在逻辑上优先于要求权

在现代社会里，人们不再被嵌定在以往由身份关系决定的社会义务体系结构中②，也就是说，个人的道德行为不再取决于既有的社会身份的相互关系，而是

① Hohfeld, W.N., "Some Fundamental Legal Conceptions as Applied in Judicial Reasoning", *The Yale Law Journal*, Vol.23, No.1, Nov., 1913, pp.34–36.

② 甘绍平："论道德义务的人权基础"，《哲学动态》2010 年第 6 期，第 6 页。

取决于该行为的实施者的意愿,取决于其根据自身利益需求独立做出的价值选择。“权利仅属于独立的个人,而不属于处于相互关系中的个人。这一观点与个人的利己动机有关。以自由权的模式审视所有权利,就会发现,所有权利都完全不包含对个人行动的任何干涉,权利具有不相干的含义,即权利并不包含别人保障我们权利的义务。”①也就是说,“权利”首先针对的是作为行动者的权利持有者,他或她愿意做什么,即有权利做没有义务不去做的事,有权利不做没有义务去做的事;而不是针对权利持有者与义务持有者的关系,不是针对义务持有者被要求做什么,即有义务做(权利持有者)要求做的事,有义务不做(权利持有者)要求不做的事。“一项权利并不是针对某个潜在的或可能的妨碍者组成的不确定的集团的权利……我的生存权并不是针对任何人的权利。它是我的权利,借助于它,通常使我在遭到妨碍时得以维系我的生存……我的生存权产生一项针对他人的权利,其含义是他人有或也许继承有不杀死我的义务,然而,它本质上是我的一项权利,而不是一种针对无数现实的、可能的,甚至现在尚不存在的人的无限的、假设的或实际的要求。”②因此,就道德权利而言,特权或自由权在逻辑上优先于要求权。

有学者反对上述观点,他们认为,“权利”应该优先理解为一种“关系”,即要求权在逻辑上优先于特权或自由权。“权利是由相互承认而构成的……人们与他人有关于共同客体的意识,即意识到他或他们的权利作为完整的存在物是彼此共有的。他的权利是作为他们的权利而存在的,他们的权利是作为他的权利而存在的。这一事实只不过表明,权利是他和他们共同承认有这一客体——并将其描述为‘要求’。”③必须加以说明的是,上述观点仅适用于世俗权利,正如前文所述,产生世俗权利的现实规则得到广泛地遵从和普遍地接受的社会现实是世俗权利成立的必要前提。而道德权利属于非世俗权利,并不受上述条件的限制。也就是说,作为世俗权利,要求权在逻辑上优先于特权或自由权;作为非世俗权利(道德权利),特权或自由权在逻辑上优先于要求权。

---

① Henchman, Lewis.P., “The Origins of Human Rights: A Hegelian Perspective”, *Western Political Quarterly* 37, March 1984, pp.11-12.

② McCloskey, H.J., Rights, *Philosophical Quarterly* 15, 1965, p.118.

③ Green, Thomas Hill., *Lectures on the Principles of Political Obligation and Other Writings*, ed.Harris, Paul, and John Morrow, Cambridge: Cambridge University Press, 1968, p.144.

四、要求权在辩护强度上优先于特权或自由权

要求权与特权或自由权分别作为道德争议对立双方的辩护理由时,要求权的辩护强度优越于特权或自由权的辩护强度。我们可以通过考虑如下"晨练"情境对这一问题加以考察:在校园中的一个角落,每天清晨,行动者 A 都到那里练习英语,某一天,她到那里以后发现行动者 B 在练习弹吉他。行动者 A 和行动者 B 对校园中的这个角落都拥有特权或自由权,即他们都有权到那里练习英语或弹吉他,如果他们彼此不妨碍对方的话;如果他们彼此会妨碍到对方,那么,每一天先到那个角落的行动者就优先拥有使用该角落的特权或自由权。但是,如果行动者 A 向学校申请某一天的清晨在那个角落举办"英语角",获得校方批准,那么,即便行动者 B 先到那个角落,行动者 A 仍然有权利要求行动者 B 离开。可见,行动者 A 拥有不被妨碍的要求权凌驾于行动者 B 不被妨碍的特权或自由权。

要求权与特权或自由权同时作为支持或反对某一行动的辩护理由时,要求权的辩护强度优越于特权或自由权的辩护强度。仍然以"油炸豆腐干"情境为例,行动者 A 作为买方,行动者 B 作为卖方,就油炸豆腐干达成交易。吃行动者 A 已经付款的油炸豆腐干既是行动者 A 的特权或自由权,又是行动者 A 的要求权。行动者 B 仍然故意不提供餐具致使行动者 A 吃不到油炸豆腐干,但是,行动者 B 没有侵犯行动者 A 的任何权利的情况不会再次发生。行动者 A 有权利要求行动者 B 不得妨碍行动者 A 吃油炸豆腐干,即行动者 B 有义务不妨碍行动者 A 吃油炸豆腐干。作为辩护性理由,行动者 A 针对行动者 B 所拥有的要求权的辩护强度优于特权或自由权的辩护强度。

五、要求权派生的义务在辩护强度上优越于其他义务

"无论是何种形式的义务,义务这一概念总是包含着,我们可以正当地强迫一个人去履行它。义务这种东西是可以强行索要的,就像债务可以强行索要一样。任何事情,除非我们认可可以强制他履行,否则就不能称为他的义务。"①不

① ［英］约翰・穆勒:《功利主义》,徐大建译,上海人民出版社 2008 年版,第 49 页。

同的义务的辩护强度是通过比较一旦不履行该义务所引起的道德谴责的强度来加以确定的。让我们通过对"今人乍见孺子将入于井，皆有怵惕恻隐之心"①的考察来说明，要求权派生的义务在辩护强度上是优越于其他义务的。所谓"恻隐之心"，就是对某人遭受到痛苦的怜悯或同情，我们一般认为，这一心理状态是人类共有的；与之相反的是以他人痛苦为乐的残忍，及对他人痛苦无动于衷的冷漠的心理状态。现在，我们假设行动者 A 处于某种困境中，她急需其他陌生的行动者的援助，她向行动者 B 发出援助要求，行动者 B 基于内心对行动者 A 遭受到的痛苦的怜悯或同情产生援助行动者 A 的义务 d_1，或者行动者 B 基于行动者 A 要求其他行动者援助她的权利产生援助行动者 A 的义务 d_2，假若行动者 B 不履行义务 d_1，只要行动者 B 内心并没有以他人痛苦为乐的残忍，及对他人痛苦无动于衷的冷漠，我们就不能谴责行动者 B 未援助行动者 A 的行为，因为"对道德行为活动来说，恻隐只是一种最初的动力，并且这种最初的动力并不一定是道德行为最主要的动力"②；假若行动者 B 不履行义务 d_2，如果行动者 A 要求其他行动者援助她的权利是正当的，那么，行动者 B 未援助行动者 A 的行为则是不正当的，应当遭到道德谴责。由此可见，基于"道德权利"的义务的辩护强度超过基于怜悯或同情的义务的辩护强度。需要进一步说明的是，"行动者 A 要求其他行动者援助她的权利"与"对行动者 A 遭受到的痛苦的怜悯或同情"并不相关，前者并不以后者为条件，即便行动者 B 缺乏对行动者 A 遭受到的痛苦的怜悯或同情，行动者 B 仍然会基于行动者 A 要求其他行动者援助她的权利采取援助行动者 A 的行动。

第二节　"道德约束"与道德权利的辩护责任

一、道德约束情境下的辩护责任

基于行动者的权利的义务是一种"完全强制性义务"③，即满足(1)行动者 B

① 《孟子·公孙丑》，引自杨伯峻：《孟子译注(上)》，中华书局 1960 年版，第 79 页。

② 何怀宏：《良心与正义的探求》，黑龙江人民出版社 2004 年版，第 92 页。

③ ［英］约翰·穆勒：《功利主义》，徐大建译，上海人民出版社 2008 年版，第 50 页。

应当采取某一行动 b,(2)行动者 B 有义务 d 采取行动 b,(3)存在与义务 d 相对应的道德权利 r。如果行动者 A 向行动者 B 施以“完全强制性义务”,即行动者 B 受到道德约束(moral constraints),行动者 B 不得不采取行动 b,是正当的,那么行动者 A 对行动者 B 的要求必须同时满足上述三个条件。比如,2011 年 5 月 10 日,某位著名的性学研究者在某高校进行性学讲座时,因坚持认为“遭遇性侵犯时,女性应主动递上避孕套”,与某位听讲座的男学生发生激烈争辩,该男生坚持认为,“女性在遭遇性侵犯时应该以死相拼”①。女孩子在面对歹徒强暴的威胁时,选择用死来捍卫自己的尊严的行为,被以这位性学研究者为代表的一些人认为是愚蠢的,他们认为应该选择顺从以保全性命。其理由是,最大限度地保存生命比捍卫人的尊严重要,因此,任何人都没有权利要求或者鼓励女孩子选择以死相拼,那位慷慨激昂的男学生的主张显然是站不住脚的。但问题是,他们没有注意到其实他们也处于同样的尴尬境地,即也没有任何人有权利要求或鼓励女孩子选择顺从,选择被侮辱,这位性学研究者的立场同样是不牢靠的。女孩子应当最大限度地保存生命,满足条件(1);女孩子有义务捍卫人的尊严,满足条件(2);但是,无论最大限度地保存生命,还是捍卫人的尊严,都不存在与这两项义务相对应的道德权利,因此,没有满足条件(3)。在无法满足“完全强制性义务”的三个条件的情况下,“道德约束”情境就转变为“胁迫”情境,即无论“递上安全套”,还是“以死相拼”,女孩子所做出的所谓“选择”都可以视为被“胁迫”做出的。在“胁迫”情境下,行动者所做出的行为并非出自行动者自愿,无论行动者基于何种理由,行动者所做出的行为都已经超出道德正当性的辩护范围,即无论女孩子怎样选择,她的行动都与“道德正当性”无关,她无须对其行为做出任何道德辩护:选择“递上安全套”,她是受害人,理应得到包容和保护;选择“以死相拼”,用生命捍卫自己的尊严,更应该得到关爱与感佩。

在“道德约束”情境下,权利拥有者 A 有权利对义务承担者 B 施以义务 d,因此有责任对其权利提供道德辩护;同时,义务承担者 B 有(1)接受权利拥有者 A 对其施以义务 d,或者(2)拒绝权利拥有者 A 对其施以义务 d 两种选择。因为只有在“胁迫”情境下,行动者的行动才与“道德正当性”无关,才免于对其行为做出任何道德辩护,所以,为避免“胁迫”情境,行动者无论做出接受义务,还是

---

① http://news.sina.com.cn/s/2011-05-12/040522448646.shtml,浏览时间:2011 年 5 月 17 日。

解除义务的选择，都有责任对其选择做出道德辩护。结合本章第二节中作为道德权利的核心的“特权或自由权”与“要求权”，笔者试图根据道义逻辑矩阵（matrixes of deontic logic）构建这两类道德权利在道德辩护过程中的指派辩护责任的模式。

二、“特权或自由权”在道德辩护过程中的辩护责任

权利 r 作为一项特权或自由权，即［行动者 A 有权利 r 要求行动者 B 做 x］等价于［行动者 B 没有权利 r′要求行动者 A 做 x，并且，行动者 A 没有义务 d 为行动者 B 做 x］

（1）行动者 A 和行动者 B 观点一致的情况：

行动者 A 认为，［行动者 A 有权利 r 要求行动者 B 做 x］；

行动者 B 认为，［行动者 A 有权利 r 要求行动者 B 做 x］，即［行动者 B 没有权利 r′要求行动者 A 做 x，并且，行动者 A 没有义务 d 为行动者 B 做 x］；

行动者 A 没有责任对［行动者 A 有权利 r 要求行动者 B 做 x］做出道德辩护，且行动者 B 没有责任对［行动者 B 没有权利 r′要求行动者 A 做 x，并且，行动者 A 没有义务 d 为行动者 B 做 x］做出道德辩护。因为特权或自由权的提出双方都没有对任何其他行动者施加“道德约束”，因而，没有责任对其观点做出道德辩护。

（2）行动者 A 和行动者 B 观点不一致的情况：

行动者 A 认为，［行动者 A 有权利 r 要求行动者 B 做 x］；

行动者 B 认为，并非［行动者 A 有权利 r 要求行动者 B 做 x］；这等价于［并非“行动者 B 没有权利 r′要求行动者 A 做 x，并且，行动者 A 没有义务 d 为行动者 B 做 x”］，即［行动者 B 有权利 r′要求行动者 A 不做 x，或者，行动者 A 有义务 d 为行动者 B 不做 x］；

行动者 A 没有责任对［行动者 A 有权利 r 要求行动者 B 做 x］做出道德辩护，且行动者 B 有责任对［行动者 B 有权利 r′要求行动者 A 不做 x，或者，行动者 A 有义务 d 为行动者 B 不做 x］做出道德辩护。特权或自由权的提出一方，没有对任何其他行动者施加“道德约束”，因而，没有责任对其观点做出道德辩护；特权或自由权的否定一方，对其他行动者施加了“道德约束”，因而，有责任对其行为做出道德辩护。由此可见，对特权或自由权的任何形式的干涉，都必须出具正

当理由加以辩护。

三、“要求权”在道德辩护过程中的辩护责任

权利 r 作为一项要求权，即［行动者 A 有权利 r 要求行动者 B 做 x］等价于［行动者 B 有义务 d 为行动者 A 做 x］

（1）行动者 A 和行动者 B 观点一致的情况：

行动者 A 认为，［行动者 A 有权利 r 要求行动者 B 做 x］；

行动者 B 认为，［行动者 A 有权利 r 要求行动者 B 做 x］，即［行动者 B 有义务 d 为行动者 A 做 x］；

行动者 A 有责任对［行动者 A 有权利 r 要求行动者 B 做 x］进行道德辩护，且行动者 B 没有责任对［行动者 B 有义务 d 为行动者 A 做 x］进行道德辩护。要求权的提出一方，无论该要求权的应答一方是否接受要求权提出一方的观点，都有责任对其观点进行道德辩护，因为要求权的提出一方对该要求权的应答一方施加了“道德约束”。要求权的应答一方接受施加在自身的“道德约束”，同时没有向其他任何行动者施加“道德约束”，因而，没有责任对其观点进行道德辩护。

（2）行动者 A 和行动者 B 观点不一致的情况：

行动者 A 认为，［行动者 A 有权利 r 要求行动者 B 做 x］；

行动者 B 认为，并非［行动者 A 有权利 r 要求行动者 B 做 x］；这等价于［并非“行动者 B 有义务 d 为行动者 A 做 x”］，即［行动者 B 没有义务 d 为行动者 A 做 x］；

行动者 A 有责任对［行动者 A 有权利 r 要求行动者 B 做 x］做出道德辩护，且行动者 B 有责任对［行动者 B 没有义务 d 为行动者 A 做 x］做出道德辩护。要求权的提出一方，无论该要求权的应答一方是否接受要求权提出一方的观点，都有责任对其观点进行道德辩护，因为要求权的提出一方对该要求权的应答一方施加了“道德约束”。要求权的否定一方，虽然没有对任何其他行动者施加“道德约束”，但其解除了施加在自身的“道德约束”，因而，有责任对其观点进行道德辩护。但是，施加“道德约束”的一方与解除“道德约束”的一方相比，前者必须优先对其观点做出道德辩护。

通过比较特权或自由权与要求权的逻辑结构与辩护责任，我们可以判断，当

人们在诉求权利 r 时,权利 r 究竟是特权或自由权,还是要求权。比如,如果"自杀"是一项权利,那么,"自杀"一定不是一项要求权。因为如果"自杀"是要求权,那么,要么其他行动者有义务不妨碍自杀者,援救自杀者的行为将被认定对其权利的侵犯,要么其他行动者有义务协助自杀者杀死自己,甚至有义务亲手杀死谋求死亡的行动者。因此,"自杀"作为一项权利,只能是"特权或自由权",协助自杀的行为如果是正当的,那么其只能"是出于爱的理由,是一种完全不得已的宁可违法也必须下的决断"。①

第三节 "消极权利"与"积极权利"的区分与道德权利的辩护责任

一、"消极权利"与"积极权利"的区分

作为要求权的道德权利根据权利应答一方是否采取积极行动为标准,被区分为积极权利与消极权利:消极权利,即仅仅要求他人不采取阻碍性行动或克制,比如不伤害、不威胁、不干涉、不打扰消极权利的拥有者的行动;积极权利,即要求其他行动者采取积极的行动,比如援助积极权利的拥有者的行动,或者为共同的利益、需求、偏好、兴趣与其合作。后者由于要求更加积极、主动的行为,所以除满足前者所需的"规范性条件",还要满足相应的"事实性条件"。"权利的持有者有权利做某事,即意味着权利的应答者有义务避免干涉权利的持有者做某事,并且应当在一定条件下帮助权利的持有者做某事。"②

也正是因为这"一定的事实性条件",有学者反对就"消极权利"与"积极权利"进行区分,他们认为"所有的权利都是积极权利"③。如果道德权利最终没有通过法律权利的形式加以实现,就不算真正意义上的权利。"只有当个人遭

---

① 甘绍平:《应用伦理学前沿问题研究》,江西人民出版社 2002 年版,第 96 页。

② Gewirth, Alan, *Human Rights: Essays on Justification and Applications*, Chicago: The University of Chicago Press, 1982, p.49.

③ Holmes, S and C.R.Sunstein, *The Cost of Rights: Why Liberty Depends on Taxes*, New York: Norton & Company, 1999, p.43.

受侵权时能够被政府公平而可预期地矫正，个人才能在法律上而不是在道德上享受权利。这一点有助于揭露消极权利/积极权利划分的缺陷。它表明所有在法律上实施的权利必然是积极权利。”“权利是昂贵的，因为补救是昂贵的。实施权利是费钱的，特别是统一而公平地实施；如果相应的法律权利还没被实施，那该权利就是空有其名的。简而言之，几乎每一项权利都蕴涵着相应的政府义务，而只有当公共权力调用公共资金对玩忽职守施以惩罚时，义务才能被认真地对待……也就是说，个人自由不能仅仅通过限制政府干预行动和结社自由得到保护……所有权利都要求政府的积极回应。”①

从选择理论的观点看，人类的选择行为总是有成本的，比如，有两个选项：a和b，选项a比选项b更优，选择选项a就意味着放弃选项b，那么，选项b就是选择选项a的成本。权利也是一样，选择实施某一项权利，就意味着放弃某一项权利，但有时候选择实施某一项权利，可这一项权利事实上根本无法实施，那么，人们出于利益的考虑就应该选择能够实施的权利。实施一项权利总是有成本的，因此，每一项能够实施的权利都是有成本的。于是，“免于伤害的消极权利”就与“受到保护的积极权利”画等号了。即，如果行动者A有免于行动者B伤害的消极权利，那么，行动者B有义务不伤害行动者A。反之，除非行动者B有义务不伤害行动者A，否则行动者A没有免于行动者B伤害的消极权利。为保证行动者B有义务不伤害行动者A，行动者A有受到行动者C保护的积极权利。而行动者C保护行动者A免于行动者B伤害的行为是需要付出成本的。因此，“行动者A免于行动者B伤害的消极权利”与“行动者A受到行动者C保护的积极权利”的实现都是需要成本的，且所需成本是一致的。也就是说，就实现成本的一致性而言，“所有的权利都是积极权利”。但是，问题在于，如何保证行动者C保护行动者A免于行动者B的伤害呢？即，行动者A有要求行动者D监督行动者C保护行动者A免于行动者B伤害的权利，这同样也是需要付出成本吧？如果我们继续追问，如何保证行动者D监督行动者C保护行动者A免于行动者B的伤害呢？可想而知，追问会无限进行下去……所以，“实施一项权利总是有成本的，因此，每一项能够实施的权利都是有成本的”的观点是不成立的。

---

① Holmes, S and C.R.Sunstein, *The Cost of Rights*: *Why Liberty Depends on Taxes*, New York: Norton & Company, 1999, pp.43-44.

同样,“所有的权利都是积极权利”的观点也就不攻自破了。

二、消极自由、消极权利、积极自由、积极权利的区别

在讨论“消极权利”与“积极权利”的区分时,人们经常将这两个概念与另外两个字面上近似的概念相混淆,即“消极自由”与“积极自由”。在此,笔者谨对这两组概念做一下澄清。

“消极自由”与“积极自由”的区分,是由英国道德哲学家以赛亚·伯林(Isaiah Berlin,1909-1997)在其1958年所做的著名演说“两种自由概念”中提出的。“消极自由”回应的问题是,“主体(一个人或人的群体)被允许或必须被允许不受别人干涉地做他有能力做的事、成为他愿意成为的人的那个领域是什么?”“积极自由”回应的问题是,“什么东西或什么人,是决定某人做这个、成为这样而不是做那个、成为那样的那种控制或干涉的根源?”所谓“消极自由”,即免于他人阻止行动者做本来能够做的事,或者行动领域不被他人干涉与挤压,也就是不被强制、不被奴役的自由。[①] 所谓“积极自由”,即“‘自由’这个词的‘积极’含义源于个体成为他自己的主人的愿望。我希望我的生活与决定取决于我自己,而不是取决于随便哪种外在的强制力。我希望成为我自己的而不是他人的意志活动的工具。我希望成为一个主体,而不是一个客体;希望被理性、有意识的目的推动,而不是被外在的、影响我的原因推动。我希望是个人物,而不希望什么也不是;希望是一个行动者,也就是说是决定的而不是被决定的,是自我导向的,而不是如一个事物、一个动物、一个无力起到人的作用的奴隶那样,只受外在自然或他人的作用,也就是说,我是能够领会我自己的目标与策略且能够实现它们的人。当我说我是理性的,而且正是我的理性使我作为人类的一员与自然的其他部分相区别时,我所表达的至少部分就是上述意思。此外,我希望意识到自己是一个有思想、有意志、主动的存在,是对自己的选择负有责任并能够依据我自己的观念与意图对这些选择做出解释的。只要我相信这是真实的,我就感到我是自由的;如果我意识到这并不是真实的,我就是受奴役的。”[②]

---

① [英]以赛亚·伯林:《自由论》(修订版),胡传胜译,译林出版社2011年版,第170页。

② [英]以赛亚·伯林:《自由论》(修订版),胡传胜译,译林出版社2011年版,第179—180页。

行动者总是从诸多备选项中做出抉择，根据这些抉择行动者有意图地实现自身的愿景、偏好、欲求。通过关注行动者自身的因素在哪些方式上可以减少备选项，以缩小行动者的意向、行动的范围。这些因素通常分为如下四类：(1)内在的消极约束，即行动者缺乏相关的知识、信息与技能；(2)内在的积极约束，即行动者的不良习惯、意志薄弱、冲动暴躁、执迷不悟；(3)外在的消极约束，即行动者缺乏相关的资源，比如资金、福利、人力等；(4)外在的积极约束，即对行动者行动的暴力性、强制性、胁迫性遏止①。根据上述四类“约束”，结合“消极自由”与“积极自由”、“消极权利”与“积极权利”两组概念的内涵，我们可以发现，“消极自由”与“消极权利”对应的都是免于“外在的积极约束”，基本保持一致；而“积极自由”对应的是免于“内在的积极约束”，“积极权利”对应的是免于“外在的消极约束”，完全不同。

三、“消极权利”与“积极权利”对辩护责任的影响

权利 r 作为一项要求权，且权利 r 作为一项消极权利，即[行动者 A 有权利 r 要求行动者 B 做 x，且权利 r 是消极权利]等价于[行动者 B 有义务 d 为行动者 A 做 x，且义务 d 是消极义务]

(1)行动者 A 和行动者 B 观点一致的情况：

行动者 A 认为，[行动者 A 有权利 r 要求行动者 B 做 x，且权利 r 是消极权利]，即[行动者 B 有义务 d 为行动者 A 做 x，且义务 d 是消极义务]；

行动者 B 认为，[行动者 A 有权利 r 要求行动者 B 做 x，且权利 r 是消极权利]，即[行动者 B 有义务 d 为行动者 A 做 x，且义务 d 是消极义务]；

行动者 A 有责任对[行动者 A 有权利 r 要求行动者 B 做 x，且权利 r 是消极权利]进行道德辩护，且行动者 B 没有责任对[行动者 B 有义务 d 做 x，且义务 d 是消极义务]进行道德辩护。要求权的提出一方，无论该要求权的应答一方是否接受要求权提出一方的观点，都有责任对其观点进行道德辩护，因为要求权的提出一方对该要求权的应答一方施加了“道德约束”。要求权的应答一方接受施加在自身的“道德约束”，同时没有向其他任何行动者施加“道德约束”，因而，

① Feinberg, Joel, *Social Philosophy*, Englewood Cliffs, NJ: Prentice Hall, 1973, p.13.

没有责任对其观点进行道德辩护。

（2）行动者 A 和行动者 B 观点不一致的情况：

行动者 A 认为，[行动者 A 有权利 r 要求行动者 B 做 x，且权利 r 是消极权利]，即[行动者 B 有义务 d 为行动者 A 做 x，且义务 d 是消极义务]；

行动者 B 认为，并非[行动者 A 有权利 r 要求行动者 B 做 x，且权利 r 是消极权利]；这等价于[并非“行动者 B 有义务 d 为行动者 A 做 x，且义务 d 是消极义务”]，即[行动者 B 没有义务 d 为行动者 A 做 x，且义务 d 是消极义务]；

行动者 A 有责任对[行动者 B 有义务 d 为行动者 A 做 x，且义务 d 是消极义务]做出道德辩护，且行动者 B 有责任对[行动者 B 没有义务 d 为行动者 A 做 x，且义务 d 是消极义务]做出道德辩护。要求权的提出一方，无论该要求权的应答一方是否接受要求权提出一方的观点，都有责任对其观点进行道德辩护，因为要求权的提出一方对该要求权的应答一方施加了“道德约束”。要求权的否定一方，虽然没有对任何其他行动者施加“道德约束”，但其解除了施加在自身的“道德约束”，因而，有责任对其观点进行道德辩护。但是，由于施加和解除的“道德约束”是消极的，所以，解除“道德约束”的一方与施加“道德约束”的一方相比，必须优先对其观点做出道德辩护。

由于“消极权利”的作用，在行动者 A 和行动者 B 观点不一致的情况下，行动者 A 与行动者 B 的辩护责任的顺序发生变化，相较于未对“消极权利”与“积极权利”做出区分时，行动者 B 反而必须相较于行动者 A 优先对其观点做出道德辩护。2007 年 6 月 9 日，凤凰卫视节目“一虎一席谈”就“17 岁女孩寻求包养有没有错?”邀请相关学者展开讨论，引发了社会的热烈关注。① “寻求包养”显然是出于事件中的 17 岁女孩的自主意愿，没有强迫与威逼；同时，假设有人符合这位女孩的包养条件并愿意包养她，整个过程中，双方均属自愿，不存在损害或妨碍双方或任何第三方权益的情况，因此，17 岁女孩寻求包养的行为仅仅诉诸消极的要求权，即要求其他人不要干涉她寻求包养的行为。但是，这一行为显然是和中国的公序良俗、民众的一般道德直觉是相抵触的。如果有人反对 17 岁女孩的做法，那么，根据“消极权利”观点不一致条件下的辩护责任指派，反对者有

① http://v.ifeng.com/society/200902/3cd61357-75f8-4d51-b624-4fca430fa308.shtml，浏览时间：2009 年 9 月 5 日。

责任优先于17岁女孩对其反对意见做出道德辩护。个人自由地选择自己的生活方式是每一个人不可剥夺的权利；但不是每一种生活方式都是值得追求的。吸毒显然是一种错误的生活方式，而我们对吸毒者进行强制戒毒，很难说是对其权利的侵犯，在道德上是错误的行为。吸毒严重损害了吸毒者的生理、心理机能，这是对吸毒者进行强制戒毒的理由；包养关系剔除了人际间的人格平等，损害了当事人的基本尊严，并且，一个人自由地选择不自由的生活方式（这与工作、家庭关系完全不同），本身就是一个悖谬，因此，“17岁女孩要求其他人不要干涉她寻求包养的消极要求权”是不成立的。当然，这并不意味着，在现实意义上，对待17岁女孩的方式就此可以是任意的，比如众人因此可以用石头将她砸死。这一案例向我们表明，即便是消极权利的诉求，也并不总是正当的；更为重要的是，在“消极权利”观点不一致条件下，反对者有责任优先于支持者对其观点做出道德辩护，人们因此而享受到更多的自由。

权利r是一项要求权，且权利r是一项积极权利，即[行动者A有权利r要求行动者B做x，且权利r是积极权利]等同于[行动者B有义务d为行动者A做x，且义务d是积极义务]

(1)行动者A和行动者B观点一致的情况：

行动者A认为，[行动者A有权利r要求行动者B做x，且权利r是积极权利]，即[行动者B有义务d为行动者A做x，且义务d是积极义务]；

行动者B认为，[行动者A有权利r要求行动者B做x，且权利r是积极权利]，即[行动者B有义务d为行动者A做x，且义务d是积极义务]；

行动者A有责任对[行动者A有权利r要求行动者B做x，且权利r是积极权利]做出道德辩护，且行动者B有责任对[行动者B有义务d为行动者A做x，且义务d是积极义务]做出道德辩护。要求权的提出一方，无论该要求权的应答一方是否接受要求权提出一方的观点，都有责任对其观点进行道德辩护，因为要求权的提出一方对该要求权的应答一方施加了“道德约束”。而要求权的应答一方接受施加在自身的“道德约束”，同时没有向其他任何行动者施加“道德约束”，原本是没有责任对其观点进行道德辩护；但是，由于施加和接受的“道德约束”是积极的，所以，接受“道德约束”的一方不仅有责任对其观点做出道德辩护，而且，与施加“道德约束”的一方相比，还必须优先对其观点做出道德辩护。

(2)行动者A和行动者B观点不一致的情况：

行动者 A 认为,[行动者 A 有权利 r 要求行动者 B 做 x,且权利 r 是积极权利],即[行动者 B 有义务 d 为行动者 A 做 x,且义务 d 是积极义务];

行动者 B 认为,并非[行动者 A 有权利 r 要求行动者 B 做 x,且权利 r 是积极权利];这等价于[并非“行动者 B 有义务 d 为行动者 A 做 x,且义务 d 是积极义务”],即[行动者 B 没有义务 d 为行动者 A 做 x,且义务 d 是积极义务];

行动者 A 有责任对[行动者 B 有义务 d 为行动者 A 做 x,且义务 d 是积极义务]做出道德辩护,且行动者 B 有责任对[行动者 B 没有义务 d 为行动者 A 做 x,且义务 d 是积极义务]做出道德辩护。要求权的提出一方,无论该要求权的应答一方是否接受要求权提出一方的观点,都有责任对其观点进行道德辩护,因为要求权的提出一方对该要求权的应答一方施加了“道德约束”。要求权的否定一方,虽然没有对任何其他行动者施加“道德约束”,但其解除了施加在自身的“道德约束”,因而,有责任对其观点进行道德辩护。但是,由于施加和解除的“道德约束”是积极的,所以,施加“道德约束”的一方与解除“道德约束”的一方相比,必须优先对其观点做出道德辩护。

由于“积极权利”的作用,在行动者 A 和行动者 B 观点一致的情况下,行动者 A 与行动者 B 的辩护责任的顺序发生变化,相较于未对“消极权利”与“积极权利”做出区分时,行动者 B 反而必须相较于行动者 A 优先对其观点做出道德辩护。2008 年年初,我国南方遭遇到五十年罕遇的特大冰雪灾害。1 月 26 日凌晨,一辆由广东开往湖北的长途大巴客车,行至京珠高速公路衡东段,因路面冰冻打滑而侧倒在高速公路旁的排水沟中。车上 44 名乘客(其中除 7 名男士外全是妇女和儿童)站在风雪交加、寒气逼人的高速公路旁孤立无援。居住在附近(湖南省衡阳市衡东县)的农民刘吉桂组织村民将倒在排水沟中的大巴客车拖出扶正,还将受伤司机送往附近医院救治,并将 44 名乘客接到自己家中热情招待,四天后,所有乘客才离开。但是,刘吉桂的“善举”并不是免费的:44 名乘客,住宿五个人一张床,每人每天 20 元;每天两餐,每人 20 元,鸡蛋钱另算。刘吉桂组织村民拖出大巴客车,并用千斤顶扶正,收费 4000 元。将受伤司机送往附近医院的五个村民每人的劳务费不低于 150 元。另外,乘客和司机为表示感谢,额外赠予刘吉桂人民币近 2000 元。①

---

① http://news.qq.com/a/20080411/014984. htm,浏览时间:2008 年 10 月 10 日。

这一案例给我们留下的疑问就是，刘吉桂救人收费的行为是道德的吗？第一类观点是，向处于危难中的人收钱以换取救助，是乘人之危，是不道德的行为；第二类观点是，乘客对刘吉桂收取相应费用是认同的，双方达成互惠，无所谓道德不道德（仅仅是道德上容许的）；第三类观点是，即便刘吉桂收取相应的费用，他向处于危难中的44名乘客伸出援手的行为仍然是值得赞许的道德的行为。面对不同的观点，我们该如何确定一个行为是否道德呢？或者说，如果我们认为，"行动者A采取行动a"是正当的/不正当的，那么我们该如何辩护我们的观点呢？就刘吉桂而言，如果你是他，你会采取什么样的行动，你的理由是什么，你怎么知道你的决定是正确的呢？让我们运用"演绎三段论"简单分析一下上述三个观点：第一类观点的论证是，"乘人之危"是不道德的（前提一）；刘吉桂向需要救助的人收取费用是"乘人之危"（前提二）；因此，刘吉桂向需要救助的人收取费用是不道德的（结论）。第二类观点的论证是，成年公民间相互同意的行为是无关道德的（前提一）；刘吉桂为乘客提供救助，乘客回馈刘吉桂酬劳属于成年公民间相互同意的行为（前提二）；因此，刘吉桂向乘客收取救助的酬劳是无关道德的（结论）。第三类观点的论证是，即便刘吉桂为乘客提供救助，乘客回馈刘吉桂酬劳属于成年公民间相互同意的行为，但是，为乘客提供食宿和救助并不是刘吉桂的义务，他不一定非要为乘客提供食宿和救助（前提一），比如他可以联络紧急救援中心，至于救援人员何时赶到，那就不关他的事了，而他还是选择及时帮助乘客脱离险境（前提二），他的行为是值得赞许的，甚至是高尚的（结论）。经过初步分析，我们也许会认为，第三类观点的论证最具说服力，尤其是对第一个观点给予了有力的反驳。持第三类观点的人们认为，问题的关键是，为乘客提供及时救助不是刘吉桂的义务。持第一类观点的人们显然不能认同这一看法。如果行动者A发现行动者B处于险境，并且，对行动者B施救的行为不会对行动者A造成直接危险，或者行动者A有能力对行动者B施救，那么，行动者A对使行动者B及时摆脱险境是负有义务的。震惊中国的"小悦悦事件"便是典型事例①。2011年10月13日，广东佛山年仅两岁的女童小悦悦在路旁被两辆汽车先后碾过三次。令人震惊的是，在7分钟内先后有18个路人在小悦悦身边经过，对此竟然不闻不问。最后，一位捡垃圾的阿姨把小悦悦抱起并找到她

---

① http://news.163.com/special/fsnt/，浏览时间：2011年10月23日。

的妈妈。八天后，小悦悦因抢救无效死在广州的某家医院。如果那 18 个路人中有一个人将小悦悦及时送往医院，也许悲剧就不会发生。谁能说，这 18 个路人对小悦悦的死是没有责任的？“这 18 个路人未采取行动使小悦悦及时脱离险境，他们的行为是不道德的，甚至是可耻的。”谁会认为，对他们的上述道德谴责是过分的？因此，刘吉桂发现站在风雪交加中的乘客和受伤的司机，仅仅联络紧急救援中心，而不采取直接、及时的救助，同样是不道德的行为。换句话说，为乘客提供及时救助就是作为发现者的刘吉桂的道德义务。如果我们承认这一点，那么，问题的关键就不是“为乘客提供及时救助是不是刘吉桂的义务”，而是“刘吉桂在为乘客提供及时救助的同时，收取费用是否正当”。让刘吉桂个人承担 44 名乘客四天的食宿以及营救受伤司机、拖出扶正大巴客车的费用，显然是不合理的；但是，如果说刘吉桂在救助过程中完全没有获利，显然也是不符合事实的。如果刘吉桂所收的费用仅仅抵消了他的开销，那么，他救人收费是否就是正当的呢？持第二类观点的人们显然对此表示赞同，当然，即使不以此为前提，他们也认为，刘吉桂救人收费是正当的。如此，虽然解决了刘吉桂救人收费问题，但代价却是刘吉桂的行为在道德上并不是值得赞许的。因为刘吉桂为乘客提供救助，乘客回馈刘吉桂酬劳，被视作人际间的互惠行为。可是，这又与我们的直觉相冲突，我们的确觉得刘吉桂是干了一件好事，干了一件值得赞美的事。为解决这一问题，请容许我们逆向思考上述三类观点，即谁有资格要求刘吉桂在救人的同时不收费，无论刘吉桂是否获利？谁有资格要求他人损己利人？答案是否定的。也就是说，除非刘吉桂自愿，否则没有任何人有资格要求他损己利人，要求他在救人的同时不收费，即救人的同时是否收费，是刘吉桂的一项“积极权利”。根据“积极权利”观点一致条件下的辩护责任指派，刘吉桂提出救人的同时收取费用的积极要求，被救助的乘客们自愿接受了他的要求，因此，乘客们有责任优先于刘吉桂对其接受收取费用的行为作出道德辩护。乘客们事后不断地感谢与馈赠就是对他们的行为的正当性的最有力的辩护，这至少可以抵消所有针对“刘吉桂救人收费”的道德谴责。问题的关键点由此被清晰地呈现出来，即救人的同时不收费，之所以是道德的行为，不是因为不收费，而是因为救人。因此，无论刘吉桂救人的同时是否收费，无论刘吉桂是损己利人，还是利己利人，刘吉桂救人的行为都是道德的行为，都是值得赞许的行为。这一案例向我们表明，在“积极权利”观点一致条件下，义务承担者反而有责任优先于权利诉求者对其接受权利诉求做出道德辩护，将这一辩护责任指派应用到更加广泛的政治、社会领域，人们会因此少了多少冤屈，政府会因此少干多少蠢事与恶事。

第二章　道德权利作为辩护性理由的适用界限

笔者在第一章中探讨了道德权利作为辩护性理由的逻辑结构与辩护责任之间的关系；在这一章，笔者将探讨道德权利作为辩护性理由的适用界限，即道德权利可以用来辩护什么，辩护谁，以及这种适用界限背后的更进一步的理论依据是什么。

第一节　道德权利的诸种辩护模式的优势与局限

根据道德权利辩护内容，即道德权利可以辩护什么、辩护谁的问题，我们可以将道德权利分为三种模式：利益模式、基本善模式与选择模式。

一、道德权利的辩护模式Ⅰ：利益模式

道德权利的利益—辩护模式，即道德权利的拥有者被视作有权利要求其他行动者有义务保护（不损害/实现）其利益的获益者，道德权利作为辩护性理由对其拥有者的“利益”要求的正当性提供道德辩护。以“利益”概念构建道德权利的辩护内容的特点在于，（1）道德权利的拥有者资格是通过对拥有者利益增加/减损的“事实”加以确认的，比如以往人们总是认为“手淫”是不道德的，过于频繁会造成精神失常或身体耗损，甚至导致其他罪恶（通奸）的滋生，传统社会对这一行为是予以严厉谴责的，但是，现代医学已经证明，“手淫”在生理上、心理上都是完全正常的行为，不会导致任何不良后果。更重要的是，“手淫”是个

人的私密行为，根本不会对其他人造成任何伤害。正是基于上述“事实”，“手淫”不应当受到道德谴责，更不允许任何人对这一私密行为做出任何侵犯。(2)“利益”概念不仅可以通过利益的多少、增损来规定道德权利的适用界限，还可以通过利益的重要程度来规定道德权利的适用界限，即不同的以“利益”为核心的道德权利对于道德权利的拥有者而言，是可以排序的。比如，基于衣、食、住、行的“利益”的“生存权”较基于休闲、娱乐的“利益”的“休息权”更加重要；医疗、健康得到保障的权利优先于教育、工作得到保障的权利。(3)道德权利的拥有者仅仅作为相关利益的获得者即可，而不必作为相关利益的辩护者，比如胎儿、婴儿、动物、智障患者，甚至未来的一代，他们都没有能力或者没有机会对其“缺席”情境下的相关利益进行道德辩护，但这并不影响其道德权利的拥有者资格①，除非他们不具备相关利益的获得者的资格。

以“利益”概念构建道德权利的辩护内容的模式也存在着一些弊病。首先，利益的增损是经验事实，具有较强的客观性；我们完全可以通过对利益增损的事实观察来界定道德权利拥有者的资格，也就是说，如果行动者 A 是道德权利 r 的拥有者，行动者 B 是行动者 A 该项道德权利的相关义务 d 的承担者，那么，行动者 B 的义务就是最大程度地实现行动者 A 该项道德权利 r 所涉及的相关利益，无论行动者 A 是否对行动者 B 行使道德权利 r；如果以行动者 A 对行动者 B 行使道德权利 r 为前提，那就证明以“利益”概念构建道德权利的辩护内容仍然需要进一步的前提。比如，在某个人迹罕至的山路旁发生交通事故后，车里燃起熊熊烈火，司机唯一的同伴——他的医生刚刚从车中爬出，很幸运，医生基本没有受伤。此时，医生发现，司机虽然是清醒的，但是被卡在车中根本无法救出，只能被活活烧死；而他手中恰好有无痛致死的注射液，可以立即给司机注射，让司机没有痛苦地迅速死去。② 司机有权利获得救助，即便不能获救，也有权利获得最大程度地减轻其痛苦的帮助，而他的医生朋友恰恰是该情境中的唯一的上述权利的义务承担者。医生根据利益—辩护模式在司机被烧死前为其注射无痛致死的药液，是基于司机的道德权利而指派给他的道德义务；但是，如果司机在了解医生的意图后，认为医生剥夺他的生命是不正当的，或者基于他宁愿忍受被烧

---

① Singer, Beth J., *Operative Rights*, Albany: State University of New York Press, 1993, p.44.

② McCloskey, H.J., Respect for Human Rights versus Maximizing Good, in *Utility and Rights*, ed.R. G.Frey, Oxford: Basil Blackwell, 1984, p.135.

死,也不愿死在医生朋友的手中,或者基于他的宗教信仰、文化传统,也就是说,医生剥夺司机生命的行为是不能得到谅解的,那么,医生凭借什么理由可以对他为司机注射导致迅速死去的药液的行为做出道德辩护呢?注射药液是最大程度地减轻司机痛苦的唯一做法,这一点在该情境中是无可置疑的,但是,利益—辩护模式允许医生在考虑司机的基于"利益"概念构建的道德权利时,忽略司机的自主诉求,是令人困扰的。医生凭借什么理由可以认为他的道德义务比司机的自主诉求更有力呢?只有一点是清楚的,那就是如果没有司机本人的同意,医生的行为,不管怎样,都是令人憎恶的。

其次,道德权利的利益—辩护模式依据利益的重要性对相关的道德权利进行排序,但是这种顺序排列就不同的情境而言,是可以变动的。比如,通常情况下,"生存权"是优先于"休息权",因为维系基本生存是休闲、娱乐的前提,但是,如果由于工作繁忙而导致身体健康受损时,"工作权"就要让位于"休息权",因为如果身体不健康,衣、食、住、行的基本生存条件即便极其优越,对于行动者来说,也是没有意义的。在这一情境中,道德权利 r_1 与道德权利 r_2 发生冲突时,我们认为,道德权利 r_1 是正当的,并不意味着道德权利 r_2 是不正当的,而是说在道德权利 r_1 与道德权利 r_2 的实现过程中,应该优先实现前者。这就将道德权利的正当性问题转变为道德权利的现实操作问题。道德权利的正当性问题被"悬置",道德权利是否具有现实操作性变成了关键问题。而道德权利的现实操作条件又总是不确定的,人们只能根据现实情境的变化,变更道德权利实现的优先顺序。"[规则]如此前后矛盾,让人没法理解……不断变化,搞得无人能弄清楚……所制定的行动规则,朝令夕改,弄得无人知晓,还能叫规则吗?……[规则]不稳定的后果之一,是给少数嗅觉敏锐、有企图心、有钱的人,带来不合理的优势,使埋头苦干、信息不灵通的人民大众倒霉。每一项……新规则……都会给那些敏于观察变化、善于推测后果的人,带来新的收获;这种收获,并非来自于他们自己的努力,而是来自他们的同胞大众的辛苦和努力。这种情形表明:[制定规则]是为了少数人,不是为了多数人……①"由于利益—辩护模式是绝不允许自身陷入上述"专制主义"陷阱中的,那么它就不可避免地与"相对主义"合作,

① [美]詹姆斯·麦迪逊:"第 62 篇 一论参议院 设计参议院的初衷:人数较少,任期较长,提高决策稳定性",引自[美]亚历山大·汉密尔顿、詹姆斯·麦迪逊、约翰·杰伊:《联邦论》,尹宣译,译林出版社 2010 年版,第 430—431 页。

面临本书导言第一目中提到的两个“不可能”困境:(1)权利诉求不可能是不正当的,即权利话语只能增加;(2)权利是不可能冲突的,即权利话语不能减少。

第三,道德权利的拥有者的确不一定是道德权利的辩护者,但问题是,相关利益的获得者也不一定是相关道德权利的拥有者。即行动者 A 与行动者 B 确立权利—义务关系,使得行动者 C 获益;但行动者 C 对上述权利—义务关系并不具备规范控制的能力,即上述权利—义务关系未能履行导致行动者 C 利益受损时,行动者 C 没有权利要求上述权利—义务关系中的义务承担者履行义务。行动者 C 是获益者,且获得相关利益是正当的,但是行动者 C 仍然不具备对相关利益提出要求的道德权利拥有者的资格。比如,当前中国大陆地区实行的退休金制度,是从退休人员退休日算起,根据相关规定,按月发放,直到该退休人员死亡为止。该退休人员如果有配偶或子女,也会从他的退休金中获益,但是,如果该退休人员退休没多久就意外死去,那么,他的配偶或子女就无法从其退休金中获益;当然,如果退休金的发放采取退休后一次性付清的话,情况会有所不同。但重要的是,无论怎样,他的配偶或子女作为相关利益的获得者是没有权利要求补偿这部分被减损的利益。我们可以看出,道德权利的拥有者对于相关道德义务的获益者既不是充分的,也不是必要的;而相关的规范控制能力才是道德权利拥有者资格的充要条件。

二、道德权利的辩护模式Ⅱ:基本善模式

道德权利的基本善—辩护模式,即道德权利的拥有者被视作有权利要求其他行动者有义务保护(不损害/实现)其“基本善”的承载者,道德权利作为辩护性理由对其拥有者的“基本善”要求的正当性提供道德辩护。基本善—辩护模式的核心概念——基本善(primary goods),即“每个有理性的人都想要的东西……不论一个人的合理生活计划是什么,一般都对他有用”。[①]“因为它们构成了任何一种值得选择的人类生活观念的重要组成部分。如果这些基本善被剥夺,就等于强迫人们去忍受生存的深重罪恶,所有得体的政治制度都会尽量使这

① [美]约翰·罗尔斯:《正义论》(修订版),何怀宏、何包钢、廖申白译,中国社会科学出版社 2009 年版,第 48 页。

种剥夺的频率和范围最小化。"[①]美国自然法哲学家约翰·菲尼斯(John Finnis)将"基本善"概括为生命、知识、游戏、审美体验、友谊、实践理性、宗教等七类[②],并且认为人类的一切行为都基本体现在这七类"基本善"的全部或部分之中,或者由其所构成[③]。正是基于"生命"的"基本善",人们拥有其生命不被作为实现任何目的的手段的权利;基于"知识"的"基本善",人们拥有期待诚实交流而在任何情况下不被欺骗的权利;基于"审美体验"的"基本善",人们拥有自由表达个人审美趣味、偏好、意见而在任何情况下不被禁止的权利……其中,(1)每一类"基本善"都是不证自明的;(2)没有一类"基本善"可以简化为其他任何一类"基本善",或者成为追求其他任何一类"基本善"的手段;(3)当人们侧重某一类"基本善"时,都理所应当地将其视为最重要的。[④] 这三个方面有力地规避了道德权利的利益—辩护模式存在的问题:(1)由于"基本善"是不证自明的,依据"基本善"构建的"道德权利"也同样是不证自明的,即不必依赖道德权利的现实操作条件的限制,有效防止将道德权利的正当性问题转变为道德权利的现实操作问题。(2)由于"基本善"间是不可通约的,依据"基本善"建构的"道德权利"也是不可通约的,即不同的道德权利间是不可能存在固有排序的。同时,在"基本善"与"非基本善"之间,在基本权利(fundamental right)与派生权利(derivative rights)之间,前者对于后者却总是拥有优先性的,比如免于饥饿的权利与宗教信仰自由的权利都属于基本权利,并不存在何者优先的排序问题,但是,获得富有营养的食品的权利与宗教信仰自由的权利间,后者在排序问题上就优先于前者,获得富有营养的食品的权利仅仅是免于饥饿的权利的派生权利,而宗教信仰自由的权利则属于基本权利,这是因为"派生权利"源于"非基本善","基本权利"源于"基本善";(3)每一个人类成员都有权利基于自身的性情、教养、能力及机遇对不同的"基本善"有所侧重[⑤],即每一个人类成员都是"基本善"的平等的拥有者,依据"基本善"建构的"道德权利"对于每一个人类成员而言,也同样是平

---

① [美]威廉·盖尔斯敦:《自由多元主义》,佟德志等译,江苏人民出版社2005年版,第6—7页。

② Finnis, John, *Natural Law and Natural Rights*, New York: Oxford University Press, 1980, pp.86-89.

③ Finnis, John, *Natural Law and Natural Rights*, New York: Oxford University Press, 1980, p.92.

④ Finnis, John, *Natural Law and Natural Rights*, New York: Oxford University Press, 1980, p.92.

⑤ Finnis, John, *Natural Law and Natural Rights*, New York: Oxford University Press, 1980, p.92.

等的。换句话说,“基本善”的承载者与“道德权利”的拥有者是内在一致的;这可以避免道德权利的拥有者与相关道德义务的获益者的身份不一致的困境。

然而,基本善—辩护模式对我们理解道德权利同样造成了一些不便。首先,说某一类“基本善 g”是不证自明(self-evident)的,即“基本善 g”不是从一系列经验事实中推导出来的,不是从一系列普遍欲求中推导出来的,不是从一系列清晰反思中推导出来的;这仅仅是在表明,对“基本善 g”的否认将使“否认‘基本善’”的行为陷入自败(self-defeating)的困境,“基本善 g”对于了解和掌握“基本善 g”的人们而言,是显而易见的(对于不了解和不掌握“基本善 g”的人们而言,则不是显而易见的)。[①] 但是,这似乎是犯了“乞题谬误”(the begging question),即论证中论据的真实性取决于论据所要证明的论题的真实性,而论题的真实性恰恰需要论据的真实性加以证明,也就是说,事实上,论题的真实性是通过论题自身的真实性加以证明的,而不是通过论据的真实性加以证明的。“‘基本善 g’是显而易见的”,这一点恰恰是需要证明的,在这一点成立以后,“有人了解和掌握‘基本善 g’”的事实才是成立的,而不能用“有人了解和掌握‘基本善 g’”的事实去证明“‘基本善 g’是显而易见的”,这等于是在用“‘基本善 g’是显而易见的”来证明“‘基本善 g’是显而易见的”。

其次,没有一类“基本善”可以简化为其他任何一类“基本善”,或者成为追求其他任何一类“基本善”的手段;当人们侧重某一类“基本善”时,都理所应当地将其视为最重要的。根据上述理由,我们可以做出进一步的推论,即对“基本善”的选择是不存在冲突的。但是,依据“基本善”建构的“道德权利”也是不存在冲突的吗?谨以“同性恋的道德权利”为例,基本善—辩护模式认为,同性恋在性结合方面的道德权利是有缺陷的。在异性婚姻关系中,丈夫与妻子通过生殖器官的结合在生物学的意义上合为一体,繁殖与交流作为性结合的功能实现并允许他们体验性结合所带来的“基本善”,即亲子关系与友谊。[②] 同性间的性行为无法实现和体验婚姻所带来的“基本善”,而只能给对方以感官上的满足。因为,非异性婚姻关系的朋友(比如男人与男人、男人与男孩、女人与女人)的基本善与亲子关系无关,他们的生殖器官无法做到生物学意义上的结合,所以,他

① Finnis, John, *Natural Law and Natural Rights*, New York: Oxford University Press, 1980, p.69.

② Finnis, John, Law, Morality, and "Sexual Orientation", *Notre Dame Law Review*, *Vol.* 69, 1994, p.1066.

们的性结合不能实现他们可能希望或设想的对“基本善”的体验。[①] 无论对同性间的性行为给予多么慷慨的希望、梦想与付出，他们的性结合也并不比两个陌生人间的一夜情、妓女为金钱而愉悦嫖客、宅男看色情片时自慰所带来的愉悦表达得更多。[②] 对同性恋的性权利的否定的同时，基本善—辩护模式也否定了人工避孕性质的性交流、所有非婚姻关系的性交流。同性恋者、以非生殖为目的的性交流者会诉诸“实践理性”这一“基本善”，即让自己的智慧对其行为和生活方式的选择以及性格的形成产生有效的影响，使自己随意的评价、偏好、希望及自决得以实现[③]，认为他们有权利决定自己不同于他人的行为，只要这些行为没有损害到其他人的“基本善”，“同性恋的性行为是有缺陷的”的结论是武断的。在此，笔者并不试图回应同性恋的性权利是否正当的问题，而旨在表明，由于行动者个人对“基本善”的侧重不同，而避免了“基本善”的冲突，但是依据“基本善”建构的“道德权利”间的冲突依然是不可避免的。由于“基本善”是不可通约的，所以，依据“基本善”建构的“道德权利”间的冲突是无法在基本善—辩护模式内解决的。

约翰·菲尼斯所确认的“基本善”（生命、知识、游戏、审美体验、友谊、实践理性、宗教）都属于“内在善”（intrinsic good），即以人类个体的内在体验为条件的“善”。不同的“内在善”间虽然是不可比较与通约的，但是，作为同一类的“内在善”，我们很难说，是不可比较的。这就造成不同的道德权利的拥有者因不同程度的内在善而被区别对待。具有较高内在善的道德权利拥有者相较于具有较低内在善的道德权利拥有者，或者享受某些特权，或者承担更多的义务。李白因其无与伦比的文学才华（审美体验）享受皇家礼遇，这是当时其他文人不可企及的特权；李嘉诚因其非凡的商业经营能力（实践理性）获得巨大财富，但相较于其他商人，他也承担着巨大的社会责任。问题是，行动者因“内在善”的较高程度而获得的特权或者负有更多的社会责任是正当的吗？我们即便承认李白的文学才华，但也并不因此承认其可以享有特权；我们即便承认李嘉诚的商业能力，

① Finnis, John, Law, Morality, and “Sexual Orientation”, *Notre Dame Law Review*, *Vol.* 69, 1994, p.1066.

② Finnis, John, Law, Morality, and “Sexual Orientation”, *Notre Dame Law Review*, *Vol.* 69, 1994, p.1067.

③ Finnis, John, *Natural Law and Natural Rights*, New York: Oxford University Press, 1980, p.88.

但也并不因此认为缴纳更多税款、捐助更多慈善是他应负的义务。反之,李白有权要求特殊的礼遇吗?李嘉诚有权不承担繁重的社会义务吗?也许有人会说,李白、李嘉诚的非凡才能仅仅是"运气"而已,包括他们所处的时代、环境、际遇。他们既没有权利要求特殊礼遇,也没有权利拒绝更多的社会义务。这样,道德权利的拥有者资格的确认与"偶然"的"内在善"承载者身份虽然是一致的,但却为比较道德权利拥有者的资格留下了余地。

三、道德权利的辩护模式Ⅲ:选择模式

道德权利的选择—辩护模式,即道德权利的拥有者被视作有权利要求其他行动者有义务不妨碍/实现其选择的行动者,道德权利作为辩护性理由对其拥有者的"选择"诉求的正当性提供辩护。"不管行动者的行动可能是什么,称其为行动者即对其能力做出某种评价。这意在评估行动者的道德范围。因为权利为这一道德范围划定了界限。每一个行动者都有理由要求被授予权利持有者的地位,……每一个行动者,不管他的行动可能是什么,与其他的行动者同样有理由将自己的行动评估得高于所有其他人的行动。并且每一个人都意识到,每一个其他的行动者,恰恰也有相同的个人理由,根据自身的设想来评价自己的行动①。"在选择—辩护模式中,道德权利的范围与其拥有者的规范控制能力是相关的,但这并不意味着,道德权利仅仅保护能够证明自身的选择是"自主"行为的行动者,而是只要行动者的选择没有妨碍、干涉、损害他人的选择,道德权利就对其提供保护。"选择"的真谛就是"不受到侵犯、干预、妨碍、伤害",它并不是体现在人们对他们所在乎的最基本的、最重要的价值与目标的追求过程中,而是体现在这些价值与目标的实现过程中。选择—辩护模式的这一特征决定其在道德权利的辩护方面具有三个优势。

其一,选择—辩护模式可以有效克服利益—辩护模式与基本善—辩护模式对于道德权利所保护的"利益"与"基本善"的正当性的预设。就利益—辩护模式与基本善—辩护模式而言,除非"利益 b"与"基本善 g"被证明是正当的,否则

---

① Lomasky, Loren, *Persons, Rights, and the Moral Community*, New York: Oxford University Press, 1987, p.60, p.78.

保护“利益 b”与“基本善 g”的道德权利是不成立的。而选择—辩护模式保护的是行动者的“选择”，即行动者的“选择”免于强制或干涉，也就是说，道德权利保护的不是“好”，而是在“好”与“坏”之间的选择；不是“正当”，而是在“正当”与“不正当”之间的选择；不是“美德”，而是在“美德”与“恶德”之间的选择。“自由选择”本身并不一定是“好的”、“正当的”与“美德的”；但是，如果选择不是自愿的，而是被迫的，那么任何选择都不能说是道德的。如果行动选项 o 是正当的，行动者 A 并不选择该选项行动，那么，在选择—辩护模式下，行动者 A 无须为自己的“选择”做出进一步的辩护，即便行动者 A 的“消极”态度直接导致行动者 B 受到伤害，只要二者起初不存在相应的权利—义务关系。但是，如果在利益—辩护模式或基本善—辩护模式下，行动者 A 不选择已被证明其正当性的行动选项 o，行动者 A 就必须为自己的“选择”做出进一步的辩护。根据第一章第二节第二目中对“特权或自由权”在道德辩护过程中的辩护责任的辨析，无论特权或自由权的应答一方是否反对，特权或自由权的提出一方都没有责任对其观点做出道德辩护，因为特权或自由权的提出一方没有对任何其他行动者施加“道德约束”。“不选择已被证明其正当性的行动选项 o”是行动者 A 自身的特权或自由权，行动者 A 没有责任对其做出道德辩护，因此，在利益—辩护模式或基本善—辩护模式下，要求行动者 A 就“不选择已被证明其正当性的行动选项 o”做出道德辩护，是过分的。利益—辩护模式或基本善—辩护模式不容许“正当性”与“权利”发生不一致，而选择—辩护模式容许“正当性”与“权利”的“不一致”的发生（在英文中，“right”既可以表达“正当”，又可以表达“权利”）。“行动者 A 是否有权利做 x”与“行动者 A 做 x 是否正当”，并不总是相关的、一致的。（1）“行动者 A 有权利做 x”且“行动者 A 做 x 是正当的”，比如，利用业余时间到福利院做义工；（2）“行动者 A 没有权利做 x”且“行动者 A 做 x 是不正当的”，比如，强奸；（3）“行动者 A 有权利做 x”且“行动者 A 做 x 是不正当的”，比如带着所有积蓄去澳门赌博；（4）“行动者 A 没有权利做 x”且“行动者 A 做 x 是正当的”，比如，卡扎菲作为战俘，试图逃跑是正当的；但是，他并没有权利逃跑，因为监管卡扎菲的士兵没有释放战俘的权利和义务，也没有放纵战俘逃跑的权利和义务，当然更没有虐待战俘的权利和义务。利益—辩护模式或基本善—辩护模式显然不容许情境（3）出现，而情境（3）在现实生活中却是时常发生的，也是为公众所容许的。道德不能强迫一个人做到她的能力所能达到的最好程度；

道德不能强迫一个人去过理性的生活;道德只能确定一种接近理性、美好的人类生存状态的必要条件。

其二,选择—辩护模式可以有效克服利益—辩护模式与基本善—辩护模式的"排序"困境。利益—辩护模式为其所保护的"利益"排序;基本善—辩护模式为其所保护的"'基本善'承载者"排序。人类所追求的利益或"善"价值,尤其是终极性的那部分,不仅众多,不仅相互冲突而难以共存,并且由于缺乏一个共通的衡量尺度,根本无法在其间比较高下,以便排定先后顺序。为道德权利所保护的"利益"与"'基本善'承载者"排序只能引起不必要的麻烦,甚至荒谬或危险的境地:(1)"道德权利"将被完全量化和比较,"道德权利"的"底线"、"核心"等概念将被"大小"、"多少"概念所取代,虽然没有权利选举学生会主席,但有权利选举"超级女声";(2)"道德权利"的实现将变成"稳步的"、"逐渐的"集体规划的一部分,"道德权利"的实现将不再是迫切的,农村人口与城市人口的选举人资格比例从20/1"逐步"提高到4/1;(3)"道德权利"实现的次序将完全受制于外部的特定条件,诸如社会风俗、政府政策等,道德权利完全转变为世俗权利,其有效性将完全丧失。在"追求幸福的权利"与"获得幸福的权利"间,只要行动者具备健全的心智,都会选择后者。但是,我们都忽略了其后果:行动者也将总被要求为了满足某个或某些行动者(并不一定是提出要求的行动者,也并不一定是单一的行动者)的追求而必须积极地去做一些事情——你受雇的权利就是我必须雇佣你的义务(可假定他也必须付出工资);你享有免费医疗服务的权利,我就得负起提供相应医疗资源的义务。问题在于,为什么是"我"来提供这些资源?如果"我"没有能力提供这些资源怎么办?如果资源不足怎么办?这些,我们都不晓得;唯一可以明确的和唯一可以实现的是,有些人要被迫为另外一些人奉献了。的确,"人人有权享有主张和发表意见的自由;此项权利包括持有主张而不受干涉的自由,和通过任何媒介和不论国界寻求、接受和传递消息和思想的自由。"(《世界人权宣言》,第19条)与"人人有权享受为维持他本人和家属的健康和福利所需的生活水准,包括食物、衣着、住房、医疗和必要的社会服务;在遭到失业、疾病、残废、守寡、衰老或在其他不能控制的情况下丧失谋生能力时,有权享受保障。"(《世界人权宣言》,第25条)对于人类社会而言,都是非常重要的:"贫困的自由"的确是没有意义的;但"富裕的奴役"则是荒谬的。我们不能为避免分歧与冲突,而故步自封、畏葸不前,"选择"总是意味着"放弃",

总是难免“非理性”，难免“不完美”，可人生不正是如此吗？永远带着缺憾与偏废，永远带着无法消解的冲突与割舍。选择—辩护模式为行动者在特定情境下的“自由选择”预留了尊严与体谅，而不是像利益—辩护模式与基本善—辩护模式那样预设某种“排序”，为独裁与暴政埋下祸根。

其三，选择—辩护模式可以有效避免利益—辩护模式与基本善—辩护模式对于实现“x”与“实现 x 的条件”一致性的预设。在利益—辩护模式下，如果“x”是“利益 b”，“利益 b”是对行动者有利的东西，那么“实现利益 b 的条件 C”同样是对行动者有利的东西；在基本善—辩护模式下，如果“x”是“基本善 g”，“基本善 g”即就自身而言是好的，那么“实现基本善 g 的条件 C”同样就自身而言是好的。利益—辩护模式与基本善—辩护模式必须对实现“x”与“实现 x 的条件”做出“相一致”的预设，否则“积聚性”概念与“至善性”概念将会侵蚀“道德权利”概念。（本章第三节第二目中将对此做出说明）因为当“利益 b”与“实现利益 b 的条件 C”不一致时，当“实现利益 b 的条件 C”对个体行动者 A 造成损害时，由于“利益 b”的重要与巨大，原本保护行动者 A 利益的道德权利 r，事实上却成为损害行动者 A 的利益的辩护理由。比如，《说岳全传》中的“王佐断臂”，南宋抗金名将岳飞的属下王佐为说服金国猛将陆文龙归降（利益 b），自断右臂骗取金国统帅兀术的信任，以便混入金营（实现利益 b 的条件 C）。在不援引“积聚性”概念与“至善性”概念作为辩护理由的前提下，对于行动者王佐，我们无法说明“说服金国猛将陆文龙归降”优先于“自断右臂骗取金国统帅兀术的信任”。而在选择—辩护模式下，则是允许的。“x”是“选择 c”，“选择 c”是行动者所作出的“选择”，即行动者选择 c，或不选择 c；或者，在选项 o_1 与选项 o_2 间选择。而“实现选择 c 的条件 C”包括行动者的选择能力、至少两个候选项、外界对行动者的选择的影响降到最低等。也就是说，“实现选择 c 的条件 C”有利于“选择 c”的实现，并不意味着“选择 c”对于行动者就是“有利的”、“好的”。因此，在选择—辩护模式下，对于行动者王佐，我们无须说明“说服金国猛将陆文龙归降”优先于“自断右臂骗取金国统帅兀术的信任”，除非“王佐断臂”是被强迫的。也就是说，选择—辩护模式容许“选择 c”与“实现选择 c 的条件 C”是不一致的。此外，在选择—辩护模式下，我们也不能因“实现选择 c_1 的条件 C_1”优于“实现选择 c_2 的条件 C_2”就认定“选择 c_1”优于“选择 c_2”。比如，在选择—辩护模式下，“周末到老君堂公园游玩”的“权利”与“周末坐飞机去东京购物”的“权利”

是难分轩轾的。实现“周末到老君堂公园游玩”的“权利”的条件与实现“周末坐飞机去东京购物”的“权利”的条件是存在差异的:前者是免费的,而后者需要行动者拥有一定的财富,但我们不能因此认定,“周末坐飞机去东京购物”的“权利”优于“周末到老君堂公园游玩”的“权利”。然而,在利益—辩护模式下,有条件实现“周末坐飞机去东京购物”的“权利”拥有者 A 也有条件实现“周末到老君堂公园游玩”的“权利”,但有条件实现“周末到老君堂公园游玩”的“权利”拥有者 B 却不一定有条件实现“周末坐飞机去东京购物”,因此,我们更应该努力成为“权利”拥有者 A,而不是成为“权利”拥有者 B。道德权利所捍卫的“自由选择”被替换成“在更多的选项中选择”。为确保实现“在更多的选项中选择”的“权利”,将其实现条件(能力或富裕)也设定为一项“权利”也就成了前者必然的推论与最便利的实现途径,于是,我们就从实现“x”的权利推导出“实现 x 的条件”的权利。然而,这必须是在实现“x”与“实现 x 的条件”是内在一致的条件下,才能成立,而这一条件仅仅是一种预设,并没有得到任何辩护。

道德权利的选择—辩护模式同样存在着理论的局限,在此集中讨论如下三点。

其一,道德权利的选择—辩护模式将道德权利保护对象限制在道德行动者(moral agents)身上,而不包括道德被动者(moral patients)。道德行动者,即在审慎思考过程中,以不偏不倚原则限定自身行动的辩护性理由,且根据相应的道德要求选择是否行动的行动主体。道德被动者,即缺乏能够以对自身行为负有道德责任的方式控制自身行为的能力的行动主体,也就是说,这类行动主体没有能力辨明什么是正当的,什么是不正当的;即便他们采取不正当行为,也不能视为不道德。婴幼儿、精神病患者、脑部受到严重创伤的人,有时也包括人类胚胎、未来的一代,一般都被视作道德被动者。选择—辩护模式保护的是行动者的“选择”,当行动者不能或没有做出“选择”,道德权利保护什么呢?在导言第一目中提到,在不诉诸道德权利的情况下,仍然可以导致保护道德被动者的义务,即诉诸“社群的共同利益”或者“恻隐之心”的“美德”,后者在第一章第一节第五目中已有讨论,在此仅讨论前者。所谓“社群的共同利益”,即经由特定社会群体的共同的历史与文化沉淀,及该社群成员的相互配合,形成的共同的价值、目标与生活方式。在某一社群内,社群成员对生活规范形成共同的理解,构成针对彼此的关怀、责任、认同与归属。人类儿童是脆弱的,如果在一段时间内没有获得周到的照顾,他们就很难幸存;因此,如果某一群体不照顾他们的儿童,那么,他们就无法生存,该群体中的老年人就无法被取代,一段时间后,这个群体就会消亡;因此,任何持续幸存的文化群体有义务照顾他们的儿童。[①] 也就是说,保护儿童(道德被动者)的义务,并不基于儿童的受到保护的道德权利,而是基于该社群延续群体存在的共同利益。比如,该社群的一个儿童 B_1 走失了,不仅与该儿童 B_1 有血缘关系的家人会四处寻找,同社群的所有成年成员都有义务去帮助寻找。而非该社群的一个儿童 B_2 走失,该社群的成员就没有相关义务去寻找,这并不意味着该社群成员不会基于其他理由去帮助寻找,但至少是没有义务去帮助寻找的。但是,如果儿童 B_1 与儿童 B_2 同时走失,他们的家人各自优先寻找自己家的儿童是无可厚非的,但是,对于与儿童 B_1 同处在同一社群中的成员来说,在作为没有血缘关系的同胞(儿童 B_1)和作为没有社群关系的外人(儿童 B_2)之间,为什么前者总是压倒后者呢?在此,基于"社群的共同利益"的义务是不足以让我们信服这一点的,不足以弥补基于"选择"构建的道德权利的不足。因此,儿童受到保护的权利是不可减免的。必须承认,选择—辩护模式在保护诸如婴幼儿、精神病患者、脑部受到严重创伤的人、人类胚胎、未来的一代这些道德被动者方面的确是存在局限的。

其二,道德权利的选择—辩护模式存在将所有价值皆视为"主观"的嫌疑。如果这一点是成立的,那么,道德权利遭遇到导言第一目中提到的"虚无主义"困境将在所难免。对此,存在一种修正观点,即选择—辩护模式并没有将所有价值皆视为"主观的",而是不置可否,也就是说,价值究竟是"主观的",还是"客观的",选择—辩护模式并没有说明,或者更准确地说,是不需要对此做出说明。选择—辩护模式忽略利益、价值承载者的顺序,并不是因为它们是"主观的",而是因为它们是"不可通约的"(incommensurable)。利益、价值的不可通约性,表明存在着不同的利益、价值,虽然这些利益、价值无法比较高下优劣,但是,对这些利益、价值的侵犯同样都是不道德的。笔者认为,这并不能完全排除选择—辩护模式将所有的价值皆视为"主观的"的立场。因为就选择—辩护模式而言,即便其承认利益、价值的"不可通约性",也不能承认利益、价值的"客观性"。因为如果承认不同的利益、价值的客观性,那么,关于利益、价值的选择的依据是什么

---

① Rachels, James, *The Elements of Moral Philosophy*, McGraw-Hill Companies, 2007, p.30.

呢？如果关于利益、价值的选择的依据是客观的，“选择”还能称之为“选择”吗？如果关于利益、价值的选择的依据是主观的，那么，即便不同的价值候选项是客观的，最终的选择还是主观的。因此，将所有的价值皆视为“主观的”将导致“虚无主义”困境是道德权利的选择—辩护模式必须严肃面对的问题。

其三，如果道德权利的选择—辩护模式既不能承认其“主观性”，又不能承认其“客观性”，那么，悬置其“主观性”与“客观性”问题，转而诉求“不可通约性”似乎就成了应对“虚无主义”挑战的唯一途径了。问题就在于，“不可通约性”引起的权利冲突是“绝对性分歧”(ultimate disagreements)吗？只要能够证明“不可通约性”引起的权利冲突至少不是“绝对性分歧”，道德权利的选择—辩护模式就能避免“虚无主义”困境的挑战。为了评估是否存在道德权利间的“绝对性分歧”，势必需要掌握各个民族怎样行动为什么会有如此行为的信念与良知的信息，然而很少有这样的比较研究能够提供这些信息。迄今为止，虽然没有一位人类学家提出过，哪怕一件令人信服的简单事例，足以表明道德权利间存在着“绝对性分歧”，但是，同样也没有一位人类学家能够承认并证明，道德权利间不存在“绝对性分歧”的事实。① 因此，选择—辩护模式只能采用归纳的方法，证明越来越多起初被人们认为是“绝对性分歧”的权利冲突，事实上是可解的，或者最终可以通过合理的方式解决。必须加以说明的是，道德权利间是否存在“绝对性分歧”的问题，辩护责任并不在认为道德权利间不存在“绝对性分歧”的一方，而是在认为道德权利间存在“绝对性分歧”的一方，理由有两个：(1)人们关于“绝对性分歧”能够共享的信息过少，关于“绝对性分歧”的初信度过低，因此，认为“的确如此”的一方比认为“并非如此”的一方更有责任说明情况，比如“3岁会开枪，8岁能飙车”，谁相信是真的，谁就有责任进一步证明这一点；(2)否认道德权利间存在“绝对性分歧”的一方承担辩护责任的难度远远高于承认道德权利间存在“绝对性分歧”的一方，比如，去红山动物园游玩，学生票打5折，可行动者A没带学生证，售票员问她是否能够证明其学生身份，她说不能，但她反问售票员，能证明她不是学生吗？显然，她的要求是不合理的。

当然，这并不意味着，否认道德权利间存在“绝对性分歧”的一方可以完全

① Brandt, R.B., *Ethical Theory: The Problems of Normative and Critical Ethics*, Englewood Cliffs, NJ: Prentice-Hall, 1959, p.285.

推卸辩护责任。“难度高”不意味着“不可能”，不意味着“不可接近”。比如著名的“塔拉索芙案件”[①]（tarasov case），行动者 A 杀死了自己的妻子行动者 B，但行动者 A 在采取行动前将他的意图透露给了他的精神科医生行动者 C，行动者 C 出于行动者 A 的病患信息保密权，既没有将这一威胁透露给行动者 B 或其家属，也没有报警，而仅仅尝试将行动者 A 送入精神病院，但没有成功。行动者 C 对于行动者 B 的死亡是否负有道德责任呢？行动者 B 的生命权与行动者 A 的病患信息保密权，对于行动者 C，孰重孰轻？尝试解决这一道德权利的两难困境的方法通常有两种：（1）构建道德原则 p，使得解决道德权利的两难困境的行动 a 成为合理的例外，“泄露病患信息是不正当的”，但“为了保护无辜者的生命，泄露病患信息是允许的”；（2）在每一项道德原则都具有普遍的约束力的条件下，道德权利的两难困境的情境 S 规定了与该情境 S 最为适应的道德原则 p 的正当性，使其具有压倒其他道德原则 p′的无可辩驳的优先性。“泄露病患信息是不正当的”与“伤害无辜者的生命是不正当的”都具有普遍的约束力，但行动者在泄露病患信息与保护无辜者间必须做出选择的两难情境 S 下，后者的约束力压倒了前者。需要说明的是，上述两种方法同样可以得出支持行动者 C 做法的解决思路，但至少我们在解决困境的方向上迈进了一步：行动者 C 的抉择需要深思熟虑，行动者 C 的抉择不能受到任何外部威胁。

第二节　契约主义作为道德权利的最为有效的理论基础

一、道德权利需要进一步的道德辩护

经过上述分析，我们可以发现，道德权利的利益—辩护模式、基本善—辩护模式、选择—辩护模式，就道德权利的正当性而言，都是有效的，都倾向于在它们的逻辑极限所容许的范围内将自己视为“绝对的”。本书并不试图讨论上述三

① Beauchamp, Tom L., *Philosophical Ethics: an Introduction to Moral Philosophy*, New York: McGraw-Hill Book Company, 1982, p.43.

种道德权利的辩护模式的混合体的可行性，比如基本善—选择—辩护模式①，因为混合模式虽然与单一模式同样可能是有效的，但事实上，每一项道德权利都受到该权利所赖以为基的原则以外的其他原则所构成的周围环境的制约，而这些原则也足够有力，以至于它们也会在某一特定时刻推出自身所支持的道德权利。也就是说，任何“道德权利”都不可能真正做到“绝对性”，“绝对性”即在任何情境中，某项道德权利总是具有不可取代的优先性。因此，行动者 A 要求拥有道德权利 r，这并不等于行动者 A 的要求就是正当的或有效的，行动者 A 也并不能因此拥有道德权利 r。也就是说，道德权利的诉求如果是正当的或有效的，那么，这一诉求需要进一步的道德辩护。只有行动者 A 关于道德权利 r 的诉求获得恰当、有效的道德原则 p 的辩护时，行动者 A 才真正拥有该道德权利 r。不论道德权利基于上述模式中的哪一种，该道德权利仍然需要进一步的道德辩护。“道德权利是通过有效的道德原则的辩护而获得的严格的资格。”②对道德权利 r 的进一步道德辩护，即通过道德原则 p 检验道德权利 r 的正当性，或者说，控制道德权利 r 的有效限度；因此，道德权利 r 自身构成一项基本范畴，并同时构成道德原则 p 的衍生范畴。此外，对道德权利的正当性进行道德辩护，还旨在解决权利冲突的困境。不同的行动者所拥有的道德权利当然不止一种类型（利益—辩护模式、基本善—辩护模式、选择—辩护模式；特权或自由权、要求权；积极权利、消极权利等），她们极有可能面临权利冲突。当两项道德权利发生冲突时，其中一个权利必须退出。所以，那项要退出的权利就不可能在必然和普遍的意义上是不证自明的；如果它必须让位给与之冲突的权利，它就不作为义务应用于该境况。道德权利作为辩护性理由，自身并没有提供解决权利冲突的任何标准。可以这样说，道德权利确切地界定了现代公民社会的日常道德规则；但它“未能告诉我们作为所有这些规则基础的道德原则是什么，因而能够在需要时在这些规则间作出仲裁”。③ 因此，道德权利作为辩护性理由需要也必须做出进一步的道德辩护。

关于道德权利的正当性的进一步辩护，目前，主要有 4 种理论形态：(1)诉

---

① ［美］约翰·罗尔斯：《正义论》（修订版），何怀宏、何包钢、廖申白译，中国社会科学出版社 2009 年版，第 69—73 页。

② Held, Virginia, *Rights and Goods: Justifying Social Action*, New York: The Free Press, 1984, p.15.

③ Raphael, D.D., *Moral Philosophy*, New York: Oxford University Press, 1981, p.45.

诸“道德直觉”,即认为道德权利的正当性是不证自明的。一般而言,人们对道德权利的正当性是没有异议的,除非他们由于利害关系而心存偏见,由于缺乏对道德权利的研究而茫然无知。[①] (2)诉诸“理性存在者的平等尊重”,即有效支持道德权利的道德原则不允许理性存在者在自由追求其自身的目的的行动过程中侵犯其他理性存在者追求其本质性目的(幸福与完善)的自由行动。[②] “幸福”是指他人的幸福,“完善”是指自身的完善;二者同时成为自身就是同一个人格的义务的目的。[③] (3)诉诸“功利主义”,即道德权利的正当性来自于该道德权利能够促进最大多数人的最大福利的实现。“拥有一种权利,就是社会应当保护某个人拥有某种东西。假如反对者接着问,为什么社会应当保护某个人拥有某种东西?那么我能给出的理由就唯有社会功利的原则。”[④]“在不相容的权利和义务发生冲突需要解决的情况下,就必须求助和依靠作为第一原理的功利原则,功利原则是最终的仲裁者。”[⑤](4)诉诸“契约主义”,即将道德权利的正当性建诸在理性的行动者共同选择并坚持的一组道德原则上。针对前三种理论形态作为道德权利的正当性的辩护基础的诘难,在此,笔者不做赘述。因为笔者旨在说明第四种理论形态——契约主义是道德权利的正当性的最有效的辩护基础,所以,即便证明其他三种理论形态在道德权利的辩护方面是不充分的,也不能证明契约主义是有效的。正是基于上述考虑,笔者将集中讨论契约主义道德理论与道德权利的内在一致性。

二、契约主义道德理论与道德权利的内在一致性

笔者仅就契约主义道德理论与道德权利的内在一致性的三个方面,即保护对象、边际约束、判断谓词,进行评述,以证明前者是后者最为有效的辩护基础。

---

① [英]约翰·洛克:《政府论》(下篇),叶启芳、瞿菊农译,商务印书馆1964年版,第77—78页。

② Murphy, Jeffrie G., *Kant: The Philosophy of Right*, Macon: Mercer University Press, 1994, p.83.

③ [德]康德:《道德形而上学》,张荣、李秋零译,《康德著作全集》第6卷,中国人民大学出版社2007年版,第398—399页。

④ [英]约翰·穆勒:《功利主义》,徐大建译,上海人民出版社2008年版,第55页。

⑤ 余涌:《道德权利研究》,中央编译出版社2001年版,第165页。

1. 契约主义道德理论与道德权利的保护对象都仅仅是个体。

道德权利的保护对象是个体，“现代社会的……图景中，人都是独立自主、拥有尊严的行为主体……道德义务根植于作为该义务载体的行为主体自主的意愿，取决于其根据自身利益需求独立做出的价值选择”，无论道德权利是以“利益”、“基本善”、“选择”作为辩护内容，“权利都仅归个人所拥有或仅属于个人……它是一种个人的道德属性，只有个人才有资格享有这种特性”。[①] 道德权利“就在于承诺‘个人’具有至高无上的重要性，其他对特殊的个人和社会来说有价值的目的，如果侵犯了‘个人’的权利，就不能追求”。如果一项道德权利是合理的，那它就具有阻止他人或群体“通过侵犯‘个人’的权利的手段来获得好处”的功能。[②] 而契约主义道德理论所确认的道德原则，从理论上讲，是每一个社会成员都能理性地接受和认同的道德原则。“他们需要……确定一系列［道德］原则来划分基本的权利和义务”[③]；“平等的、都同样有资格相互提出要求的人们决不会同意这样一个原则：只是为了使某些人享受较大的利益就损害另一些人的生活前景。”[④]因此，在契约主义道德理论中，保护的对象总是个人，“个人相对于社会与社会机构，总是具有道德上的优先性。”[⑤]

需要补充的是，通常认为“群体”拥有“道德权利”的误区在于，(1)混淆了对群体成员的侵害与对群体自身的侵害；(2)混淆了群体自身的权利和群体成员共同分享的权利。也就是说，即便“群体”具有“道德权利”是合理的，那也完全能够还原为“个体”的“道德权利”，“群体”具有“道德权利”是完全没有必要的。比如“地域性歧视”，我们很难证明，某一地区的人群针对另一地区的人群的歧视的事实，但却可以清楚地表明，基于个体所具有的地域性身份针对该个体的歧视。即便后者是成立的，也并不意味着前者一定是成立的。再比如，西藏地区的门巴族允许“一妻多夫”，如果这是一项权利的话，这并不是说，整个门巴族

---

① Hart, H.L.A., “Are There Any Natural Rights?”, in *Rights*, ed. David Lyons, Belmont, California: Wadsworth, 1979, p.19.

② Lomasky, Loren., *Persons, Rights, and the Moral Community*, New York: Oxford University Press, 1987, pp.16–17.

③ ［美］约翰·罗尔斯：《正义论》（修订版），何怀宏、何包钢、廖申白译，中国社会科学出版社2009年版，第5页。

④ ［美］约翰·罗尔斯：《正义论》（修订版），何怀宏、何包钢、廖申白译，中国社会科学出版社2009年版，第12页。

⑤ Gauthier, David, *Morals by Agreement*, Oxford: Oxford University Press, 1986, p.222.

拥有“一妻多夫”的权利,而是说,门巴族的每一个成年的社会成员在门巴族地区拥有“一妻多夫”的权利。所谓“生存权”、“发展权”就更是针对个体的生存与发展的权利,并不存在针对某个“族群”、“国家”的生存与发展。即便“群体权利”是成立的,那么,它必须满足如下两个条件:(1)拥有权利的群体必须隶属于更高层次的群体,即确保该群体成员具备共同的蕴含“权利”的规范;(2)上述两个层次中的群体成员能够就某些意见达成共识,并能使各自群体受到来自上述两个层次的规范性约束。比如少数族裔的自决权、联邦制中的“州权”,就是这类“群体权利”,但是,这类“群体权利”都不是道德权利,而是世俗权利。因为人际间的现实的妥协与共识是这类“群体权利”成立的前提。

2. 契约主义道德理论与道德权利都为自身提供“边际约束”。

如果道德权利 r 是成立的,那么,它就对该权利的拥有者的行动施以“边际约束”;同样,如果契约主义道德理论 T 是成立的,那么,它就对达成该契约的行动者形成“边际约束”。那么,什么叫“边际约束”(side constraints)呢?“边际约束”,即规则 x 构成行动者 A 采取行动 a 的正当性依据,如果行动者 A 承认规则 x,就必须接受约束 c,否则规则 x 不具有构成行动者 A 采取行动 a 的正当性依据的资格,导致理论自败(self-defeating)。也就是说,我们不能一方面接受规则 x 的辩护,另一方面冒犯规则 x 的正当性。当规则 x 是道德权利 r 时,道德权利 r 构成行动者 A 采取行动 a 的正当性依据,行动者 A 承认道德权利 r,并接受约束 c´;当规则 r 是通过契约主义道德理论确认的道德原则 p 时,道德原则 p 构成行动者 A 采取行动 a 的正当性依据,行动者 A 承认道德原则 p,并接受约束 c´´。从“边际约束”的形式来看,契约主义道德理论与道德权利是一致的。

道德权利 r 的“边际约束”的内容是,不得冒犯其他行动者的道德权利 r。请考虑如下两个案例。

案例 1:恐怖分子将引爆核弹,数以百万计的民众将丧失生命,除非行动者 A 将一名优秀的法官交给恐怖分子。那么,避免数以百万计的民众丧失生命,是行动者 A 将一名优秀的法官交给恐怖分子的正当理由吗?

案例 2:行动者 A 犯有偷盗癖,并且仅通过服药控制病情的发作。假定,如果行动者 A 今天不服药,明天行动者 A 就会做出偷窃行为;行动者 A 的药已经用完,且唯一可以获得的药属于行动者 B,行动者 B 拒绝将药提供给行动者 A。那么,为避免行动者 A(强制地或不自主地)偷盗更多的东西,是行动者 A(非强制地或自主地)偷盗行动者 B 的药的正当理由吗?[①]

根据道德权利的"边际约束",行动者 A 没有权利 r′冒犯、干涉其他行动者所具有的与她一致的道德权利 r,因此,在案例 1 中,行动者 A 没有理由证明他将一名优秀的法官交给恐怖分子是正当的。也就是说,"获益最大化"作为辩护理由被道德权利的"边际约束"排除。同样,在案例 2 中,也没有理由能够证明行动者 A(非强制地或自主地)偷盗行动者 B 的药是正当的。也就是说,"损害最小化"作为辩护理由也被道德权利的"边际约束"排除。同样,契约主义道德理论的"边际约束"的内容是,行动者 A 侵犯他人的道德权利是不正当的,除非行动者 A 的道德权利无法获得契约 T 的支持与保护。也就是说,如果除行动者 A 以外的其他行动者因契约 T 而获益,如果除行动者 A 以外的其他行动者因契约 T 而未受损害,那么,行动者 A 的一切行动就获得契约 T 的豁免,即契约 T 对道德行动者的约束 c 在行动者 A 身上均不适用。契约 T 的"边际约束"就是不允许出现行动者对于契约 T 的约束 c 出现豁免。因此,不论"获益最大化",还是"损害最小化",都没有资格成为契约主义道德理论支持的辩护性理由。

所以,道德权利与契约主义道德理论都内在地拒斥类似"获益最大化"或者"损害最小化"的"积聚性"概念(aggregation)作为行为正当性的辩护理由。

3. 道德权利与契约主义道德理论的"道德谓词"是一致的。

当有人说,"我有权……"时,她的意思是说,"你有义务不妨碍我,或帮助我,除非你能证明我没有这项权利。"如果没有人能够证明她没有这项权利时,她的这项权利的义务承担者如果不履行其义务,就是不正当的,将遭到道德谴责;如果她的这项权利的义务承担者履行其义务,就是正当的,但也得不到赞扬,因为其仅仅是尽了义务。道德权利的"道德谓词"是"正当"与"不正当",但根据习惯,我们都会说,侵犯道德权利是不正当的,却很少说,保障道德权利是正当的,因为保障道德权利是应该做的,做应该做的当然是正当的,比如,高尔夫球比赛中,裁判计算失误,给某名运动员少算了几杆,运动员发现后,主动告知裁判,但该运动员因此没能夺冠,大赛评委会因此给这名运动员颁发了"道德风尚奖",该名运动员说,"为什么要赞扬我呢?我只是做了应该做的事,任何人都没

① Wolff, Jonathan, *Robert Nozick: Property, Justice and the Minimal State*, Cambridge: Polity Press, 1996, pp.20-22.

有权利通过报假成绩赢得比赛。”这说明，在“正当”与“不正当”之间，后者更为重要。换句话说，“道德权利”不鼓励人们做好事，而仅仅禁止人们做坏事。换句话说，即运用道德上的“错误”来定义道德上的“正确”，用“不错”取代“正确”。（第三章第三节第一目）因此，在运用道德权利进行辩护的过程中，“侵犯他人权利”被视作“道德错误”，而“侵犯他人权利”可以等价于“不履行对他人的义务”，因此，“道德错误”也就是“不履行对他人的义务”。反之，不“侵犯他人权利”则被视作“不是‘道德错误’”，因此，“不是‘道德错误’”也就是“不是‘不履行对他人的义务’”，即“履行对他人的义务”。也就是说，除非我们能够证明行动者 A 侵犯行动者 B 的权利，或者行动者 A 是行动者 B 的权利应答者，即行动者 A 有义务实现行动者 B 的权利时，否则行动者 A 相对于行动者 B 不犯有任何“道德错误”。

契约主义道德理论也是如此。比如，“为了人类更加美好的未来，每一个人都应该有所牺牲，甚至是生命”，这话听起来不错，但如果获得了人们的一致共识，形成道德规范，那就会引起“分外义务行为”（Supererogation），由此引发两个问题：（1）同意此类规范也许是理性的，但依据此类规范行动却是“不理性”的。我们会问，你这样做的动机是什么呢？对于惩罚的恐惧，显然不可能；实现人类更加美好的未来的愿望能否强烈到足以克服对死亡的恐惧呢？（2）根据契约主义道德理论，道德的基准在于理性的人以“其他人都接受”为条件所接受的原则。因此，订立我们无法期待他人遵从的约定是“不理性”的。我们能够期望陌生人为了我们而结束他们自己的生命吗？无论是从人们的内在良知，还是从社会的外在规定，我们都无法劝说人们这样做。显然，契约主义道德理论表明，自愿的自我牺牲有一个自然的限度：理性的人不会同意此类规范，其他人也不会遵从它。也就是说，契约主义道德理论与道德权利一样，也不鼓励人们做好事，而仅仅禁止人们做坏事。行动者不必动辄为人类的美好未来、至高完满的境界、无与伦比的人格情操什么的，抛头颅、洒热血，只要不做人类共识中所不允许做的，就可以了。

由于道德权利与契约主义道德理论的“道德谓词”都是“正当”与“不正当”，所以，在拒斥类似“人类美好未来”、“至高完满的境界”这种“至善性”（perfection）概念方面，它们也是一致的。需要补充说明的是，道德权利与契约主义道德理论在约束“积聚性”概念方面是有效的，但在排斥“至善性”概念方面还是会给我们带来困扰，比如行动者A辗转得到了名画《富春山居图》，她可以珍藏，可以捐献，可以卖掉，任何人都没有权利要求她不这样做；但她也可以毁掉它，同样也没有任何人有权利要求她不这样做。不管行动者A出于什么动机要毁掉这幅名画，清楚的是行动者A对任何人都不负有妥善保存这幅画的义务。的确，保留这幅名画的意义是极其深远的，但个人的道德权利也是神圣而不可侵犯的。任何了解《富春山居图》价值的人都没办法面对行动者A毁掉这幅画的场景，但这些都不足以构成侵犯行动者A对这幅画的所有权的正当理由。也许有人会说，每一个中国人都有妥善保存《富春山居图》的义务，就整个人类的文化、艺术而言。理由是，我们对某些事物表示关切时，我们就会产生对这些事物的义务[①]，比如中国乒乓球运动员就有义务包揽全部金牌。笔者认为，这一观点是不成立的。不是"我们对某些事物表示关切时，我们就会产生对这些事物的义务"，而是"我们对某些事物表示关切时，我们就会觉得自己对这些事物负有义务"。事实上，中国乒乓球运动员根本没有义务包揽全部金牌，他们崇高的使命感、责任感是另外一回事。一个人觉得自己有义务，既不是义务的充分条件，也不是义务的必要条件。所以，也许最终你从火盆中救出了《富春山居图》，不可否认，你做了一件有益于人类的大事；但你侵犯了行动者A的道德权利的事实同样也是不可否认的。人类也正是如此，"总是有无法克服的道德困境，常常伴随着正义的梦魇，细致缜密的道德辩护却总是陷入更深的不公，在难以忍受却又不可避免的宿命中，命运对抗着命运"。[②]

① Raz, Joseph, *The Morality of Freedom*, Oxford: Clarendon Press, 1986, p.212.

② Arrowsmith, William, "The Criticism of Greek Tragedy", in *Tragedy: Vision and Form*, ed. W. Corrigan, San Francisco: Chandler Publishing, 1965, p.332.

第三章 契约主义道德理论确认道德原则的模式

契约主义道德理论是通过它所确认的道德原则支持或否定道德权利作为辩护性理由的有效性的，这包括两个问题：(1)契约主义道德理论确认道德原则的模式；(2)契约主义原则辩护道德权利的方式。在本章中将讨论第一个问题，第二个问题将在第四章中加以探讨。

第一节 契约主义/建构主义：作为道德哲学的方法

契约主义道德理论构建确认道德原则的模式的方法主要有两种：契约主义与建构主义。此处的契约主义是元伦理学层面的道德哲学方法，不同于作为道德理论的契约主义；后者是规范伦理学层面的一组彼此融贯的道德原则。

作为一种道德哲学方法的契约主义，其特征有以下 4 个方面。

(1)契约主义是"唯意志论"(voluntaristic)的，即契约 T 之所以具有道德权威，行动者之所以遵从契约 T 所确认的道德原则 p，是因为行动者对契约 T 的选择是自愿的；(2)契约主义是"合意"(consensual)的，即契约 T 所确认的道德原则 p 是所有行动者的共识，对契约 T 所确认的道德原则 p 的遵从是所有行动者的一致选择；(3)契约主义是"个人主义"(individualistic)的，即无论是就契约 T 所确认的道德原则 p 达成的共识，还是对契约 T 所确认的道德原则 p 的一致遵从，都必须是行动者个体的认可与抉择；(4)契约主义是"理性主义"(rationalistic)的，即行动者对契约 T 所确认的道德原则 p 的认可与抉择不是任意的,是有理可循的,只有保证这一点,就契约 T 所确认的道德原则 p 达成共识与一致遵从才是可能的。

"建构主义"(constructivism)作为一种道德哲学的研究方法,是从约翰·罗尔斯开始的[①]。"建构主义"的思路是,通过"抽象化"的方式建构确认道德原则 p 的初始起点,这一"初始起点"包括:(1)道德原则 p 的有效性的"合理"范围;(2)道德原则 p 被遵从的"合理"前提,即道德原则 p 的可理解性与可接受性。道德原则 p 的有效性的"合理"范围,即如果限定领域 t 内的所有行动者都无一例外地遵循道德原则 p,那么,限定领域 t 即道德原则 p 的有效性的"合理"范围。因此,在限定领域 t 中的所有行动者必然共享着某些共通的信念、欲求与原则。但是,"原则并不是不证自明的,或者至少不是所有原则都是如此。如果确实是不证自明的,它们就不会缺乏明确性,不会有不同的人们给予不同解释所引起的不一致。"[②]行动者也正是以此为起点,开始构建确认道德原则的模式的。

需要说明的是,契约主义与建构主义作为两种道德哲学方法,总是交错使用的,并没有什么泾渭分明的区别。[③] 契约主义将道德辩护建诸在某类"协议"基础上,建构主义也可以用来推导某种"契约";契约主义可以为不同的辩护理由提供道德基础,建构主义也是建诸在"理由"的观念上的。而且,二者的内在要求是一致的,即道德原则的确认既不是来自形而上学的论证,也不是来自对外在世界的观察与发现。前者被称作"笛卡尔主义"(cartesianism),即首先确认一系列原则是不证自明(self-evident)的,然后通过演绎推理的方法从这一系列原则中推导出另外一系列实质性的道德原则。后者被称作"自然主义"(naturalism),即首先假设通过"非道德概念"定义"道德概念"是合理的,然后通过公认的常识或科学的程序确认与上述被定义的"道德概念"相关的道德原则是成立的。前者的理论缺陷在于,在道德领域中根本无法找到不证自明的原则,人们对于特定情况的道德判断却总是不一致[④];后者的理论缺陷在于,在用"非道德概念"定义"道德概念"的过程中,根本无法说明"道德概念"的"内在权威性"(intrinsic au-

---

① Rawls, John, "The Basic Structure as Subject", *American Philosophical* Quarterly 14, 1977, pp.159-165, and "Kantian Constructivism in Moral Theory", *Journal of Philosophy* 77, 1980, pp.515-572.

② Raphael, D.D., *Moral Philosophy*, New York: Oxford University Press, 1981, p.46.

③ O' Neil, Onora, "Constructivism vs. Contractualism", *Ratio* (*new series*) XVI 4 December 2003, p.319.

④ Frankena, William K., *Ethics*, Englewood Cliffs, NJ: Prentice-Hall, 1963, p.19.

thority),即道德事实内在的约束性(not-to-be-doneness)与追求性(to-be-pursuedness)①,是如何从“非道德概念”推导出来的。

因此,契约主义道德理论就“契约主义”与“建构主义”的互动关系,产生两种不同的“确认道德原则的模式”的研究思路:一种是从“建构主义”出发,从抽象、虚拟的无共识状态开始,推演道德原则 p,最终各方行动者就道德原则 p 达成共识与一致遵从,形成契约 T,这种模式称作“一致同意”模式(the model of consensus or the bargaining model);另一种是从“契约主义”出发,从抽象、虚拟的共识状态 T′(类似契约的状态)开始,检验道德原则 p,最终道德原则 p 无法被行动者各方合理地拒斥,即道德原则 p 得以合理地建构,这种模式称作“合理拒斥”模式(the model of reasonable rejection)。前者将在本章第二节中详细讨论;后者将在本章第三节中详细讨论。

第二节　一致同意:道德原则的确认模式Ⅰ

一、“一致同意”模式确认道德原则的初始起点

通过一致同意达成道德,是对尼采的如下预言的挑战:“随着追求真理之愿望……的觉醒,道德将逐渐消亡”。清醒地生活在一个后人神同形(post-anthropomorphic)、后上帝中心论(post-theocentric),以及后技术专家政治(post-technocratic)的世界里的成年人需要通过一致同意达成道德。这旨在缓和人们以下恐惧、疑虑和期望:如果没有一种客观价值和客观理性,仅有同情心和社会性,道德事业将会衰败。② “一致同意”模式确认道德原则的正当性是从假设行动者的动机开始的。就行为动机而言,可以将行动者分为三类:自我关切的行动者(self-concerns)、他人关切的行动者(others-concerns)、自我—他者关切的行动者(self-others-concerns)。自我关切的行动者,即在任何情况下仅考虑有利于自己的事,而不考虑其他人可能受到怎样的影响;他人关切的行动者,即在任何情况下仅考

① Mackie, John L., *Ethics: Inventing Right and Wrong*, New York: Viking Press, 1977, p.40.

② Gauthier, David, Moral Artifice, *Canadian Journal of Philosophy*, vol.18, 1988, p.385.

虑有利于他人的事，而不考虑自己可能受到怎样的影响；自我—他人关切的行动者，即在任何情况下都在自我关切与他人关切间谋求平衡。根据上述三类行动者的内在条件，请考虑如下可能状况：

（1）当某一行动者是自我—他人关切的行动者，而不论其他行动者是自我关切的行动者、他人关切的行动者，还是自我—他人关切的行动者时，该行动者总是采取与其他行动者相一致的策略，在关切自我的情况下，行动者彼此保护并交换自身利益；在关切他人的情况下，行动者彼此帮助，甚至忽略自身利益。这被称作“一报还一报”状态。

（2）当所有的行动者都是他人关切的行动者时，行动者仅仅关切和捍卫他人的利益，所有的行动者都试图对他人提供帮助，甚至牺牲自我利益，但是，所有的行动者都不愿接受帮助，合作仍然无法进行。这被称作“君子国”状态。①

（3）当所有的行动者都是自我关切的行动者时，行动者仅仅关切和捍卫自己的利益，所有的行动者都不能得到任何帮助。这被称作“非道德状态”。

（4）当某一行动者是自我关切的行动者，其他行动者都是他人关切的行动者时，自我关切的行动者因其他行动者的“无私”帮助而获益，却不必做任何的回报。这被称作“搭便车”状态。

（5）当某一行动者是他人关切的行动者，其他行动者都是自我关切的行动者时，他人关切的行动者的利益遭到其他行动者侵犯，却不能以同样的方式回应。这被称作“吃亏是福”（sucker's payoff）状态。

状态（1）是正常的；状态（2）是荒谬的；状态（3）是不稳定的；状态（4）是值得追求的；状态（5）是应竭力避免的。因此，如果行动者是审慎的，那么她的选择将总是状态（4）。所以，虚拟条件下，行动者的动机预设为自利的，是最为有效的。但是，如果每一个行动者都是审慎的，她们的选择将都是状态（4），那么必将导致状态（3）。

在状态（3）中，也就是在“非道德状态”中，是没有任何理性的强制的，也就不可能有道德的约束。“如果它是现实的，那么将构成一个‘免于道德的区域’（a morally free zone），这是一个道德约束毫无位置的区域。”②“非道德状态”之

① 茅于轼：《中国人的道德前景》，暨南大学出版社 2008 年版，第 1 页。

② Gauthier, David, *Morals by Agreement*, Oxford: Oxford University Press, 1986, p.84.

所以是不稳定的，在于它还蕴涵三种可能变化:(1)“战争状态”，即“每一个人对每一个人的战争”①的状态，人们彼此敌对，意图毁灭对方，“暴力与欺诈在战争中是两种主要的美德”。或者“用言语或行动表示对另一个人的生命有着决然确定的企图”，或者“企图将另一个人置于自己的绝对权力之下”②，或者“每一个人能得到手的东西，只有在他能保住的时候才是他的”③。人们总是有意图地侵犯他人生命、自由、财产的行为，使具有这种意图的人与其所意图的人之间处于“战争状态”。(2)“冷漠状态”，即不排除人们具有“和平、善意、互助、安全”④的美好动机，但由于缺乏道德约束，人们随时有可能侵犯他人生命、自由、财产，导致“战争状态”，但与“战争状态”不同的是，人们并不总是抱有此敌对意图，但能够指望的也仅仅是彼此漠不关心。(3)“市场状态”，即人们彼此不侵犯生命、自由、财产，也不满足于彼此漠不关心，而是对不同的欲求对象产生共通的评价区域，鱼翅对于喜欢吃鱼翅的人来说，是值得欲求的，馒头对于喜欢吃馒头的人来说，是值得欲求的，双方恰好彼此拥有对方欲求的事物，通过交换实现自己的欲求对于需要交换的人来说，是完全合理的。对于不喜欢吃鱼翅的人来说，鱼翅是不值得欲求的，但是在市场状态中，如果鱼翅具有较高的价格，那么不论人们的欲求是什么，人们都会对鱼翅有所欲求，因为可以用鱼翅来交换人们所欲求的其他物品。在市场状态中，欲求鱼翅而不是其他物品，就是欲求具有更高市场价值的物品⑤，也就是说，用鱼翅交换馒头将是等价交换，而不是任意交换。“非道德状态”作为建构道德原则的“合理”区域，只能是第三种状态——“市场状态”。因为“战争状态”、“冷漠状态”都将生命、自由、财产视为不可增长的，而只能循环转化。无论鱼翅还是馒头都是有限的，对于喜欢吃的人来说，一个人拥有得多，另一个人拥有得就少，通过合作获得更多的鱼翅、馒头是无法想象的，只要人们不通过合作来谋夺他人已经拥有的就不错了，但是在市场状态下，“通过行动者适当的互动，相关行动者的总体成本是可以降低的，而总体利益也是可以增加的”⑥。也就是说，只有假定总体利益是可增长的，才可能摆脱“战争状态”，仅

① [英]托马斯·霍布斯:《利维坦》，黎思复、黎廷弼译，商务印书馆1985年版，第94页。
② [英]约翰·洛克:《政府论》(下篇)，叶启芳、瞿菊农译，商务印书馆1964年版，第11页。
③ [英]托马斯·霍布斯:《利维坦》，黎思复、黎廷弼译，商务印书馆1985年版，第96页。
④ [英]约翰·洛克:《政府论》(下篇)，叶启芳、瞿菊农译，商务印书馆1964年版，第12页。
⑤ Gauthier, David, *Morals by Agreement*, Oxford: Oxford University Press, 1986, p.55.
⑥ Gauthier, David, *Morals by Agreement*, Oxford: Oxford University Press, 1986, p.114.

仅依靠“战争状态”下人们的自我保存动机是根本做不到这一点的。“市场状态”悬置道德约束，对“道德原则”既不赞成，也不反对，保证了预设行动者的自利动机作为确认道德原则的初始起点的有效性。

如果每一个行动者在“市场状态”中都能实现状态(4)的结果的话，即便处于完全竞争的条件下，行动者仍然可以实现自身利益的最大化，那么，道德约束就是完全不必要的。当“市场状态”中的每一个行动者或者一部分行动者无法实现状态(4)的结果时，这使得“市场状态”中的所有行动者陷入了“囚徒困境”(导言第二目)，由于“无限次博弈”的解决方法在现实中是无法实现的，道德约束的实质与必要性也就显现出来了。处于“市场状态”中，行动者既可能实现状态(4)的结果，比如有人在海岸边出资修建灯塔，以引导自己的船只能够正确航行，但是灯塔的导航作用并非仅限于出资人自己的船只，那些没有出资的船只也同样受益于灯塔的导航(“搭便车”状态)；又可能陷入“囚徒困境”，比如工厂扩大生产规模，促进当地居民就业，但生产过程中排放过量的烟尘污染空气，反而导致工厂工人及工厂附近的人们因呼吸到有害气体而受到损害。可见，“市场状态”依然是不稳定的。为避免这种“不稳定”状态，所有行动者通过“一致同意”达成道德约束(道德原则)，即基于最佳考虑对行动者自身利益最大化的限制。① 在避免“不稳定”状态的前提下，每一方行动者的自我利益有所增加，是可行的吗？假定行动者 A 和行动者 B 打算会面，行动者 A 倾向于在电影院会面，而行动者 B 倾向于在图书馆会面。如果行动者 A 和行动者 B 选择各自偏好的场所，那么获益为 1；如果双方无法会面，那么他们的获益为 0；如果双方不在自己偏好的场所会面那么获益为 0.5。② 行动者 A 与行动者 B 双方也都知道，如果他们选择各自偏好的场所就无法会面。但是双方并不确定对方将如何选择。自我利益最大化的原则在这种情况下要求行动者给每种选择策略分配平均的可能性，即对行动者 A 与行动者 B 双方来说，去图书馆或电影院的可能性可以通过扔硬币的方式决定。这样，双方有 25%的可能性在图书馆会面，25%的可能性在电影院会面，还有 50%的可能性是无法会面。那么，这组策略对行动者各方而言的获益：1×0.25+0.5×0.25+0×0.5=0.375。但是，如果行动者 A 与行动者

① Gauthier, David, *Morals by Agreement*, Oxford: Oxford University Press, 1986, p.9.

② Gauthier, David, *Morals by Agreement*, Oxford: Oxford University Press, 1986, p.119.

B 双方事先以某种一致约定的方式将不会面的“可能性”排除，即他们决定随机决定到哪个场所，即双方同意只扔一次硬币，但却自愿遵守这一随机的结果。这组策略对行动者各方的获益：1×0.5+0.5×0.5=0.75。可见，行动者双方通过“一致同意”达成道德约束，使得双方的获益都增加了一倍。虽然双方行动者没有实现其最大获益 1，却使自身的获益从 0.375 增至 0.75，即“一致同意”达成道德约束，确保行动者双方获得次佳利益，表明行动者各方获益虽然无法做到最大化，但却显示出持续增加的趋势。在“市场状态”中，行动者各方的利益与行动者的总体利益是一致的，即实现“无损任何一方地增加各方的总体利益”①的状态。反之，我们可以说，在“市场状态”下，行动者各方的利益与行动者的总体利益发生冲突是不可能的（需要注意的是，此处的“市场状态”是一种抽象、虚拟状态，与现实社会中的“市场经济”是不相同的），因为各方行动者的行为动机均假定为自利，在五种虚拟状态（“一报还一报”状态、“君子国”状态、“非道德状态”、“搭便车”状态和“吃亏是福”状态）中已经是最低标准，如果我们在现实中无法做到“无损任何一方地增加各方的总体利益”，这也无损于这一结论，而只能归咎于现实经济制度的不完善，或者行动者各方违反了“市场状态”中所预设的“道德原则”。而这一“道德原则”就是“一致同意”模式在虚拟的“市场状态”中所确认的道德原则。

二、“一致同意”模式确认道德原则的推演过程

“一致同意”模式确认道德原则的过程还可以视作一种“讨价还价”过程。“讨价还价”过程主要由两个问题构成：（1）理性的自我关切最大化者（rational self-concern maximizer）为什么自愿接受“规范性约束”（normative constraint），成为“受约束的自我关切最大化者”（constrained self-concern maximizer），而不是成为“策略性的自我关切最大化者”（strategic self-concern maximizer）呢？（2）如果

① 这一状态通常被称为“帕累托最优”（Pareto efficiency），即不可能出现“在没有使任何人处境变坏的前提下，使得至少一个人的处境变得更好”的情况，换句话说，就是不可能再改善某些人的境况，而不使任何其他人受损。“帕累托最优”是各种虚拟状态中的“最低标准”，即一种状态如果尚未达到“帕累托最优”，那么它一定是不理想的，因为还存在改进的余地，可以在不损害任何人的前提下使某一些人的获益得到提高。参见王国乡：《自主权利的道德界限——从经济学视角求解伦理学难题》，世界图书出版公司 2011 年版，第 241—247 页。

理性的自我关切最大化者愿意接受“规范性约束”，即服从某项道德原则 p，那么，该项道德原则 p 的内容是什么呢？

在此，笔者仅讨论第二个问题：这主要是因为在本书中，笔者仅关心行动的辩护性理由（行动者的行动基于什么理由是正当的），行动者的动机性理由（即行动者是基于什么理由采取行动的）不在笔者的讨论范围内，契约主义如何建构可以支持或否定道德权利作为辩护性理由的道德原则（第二个问题）才是本书的重点，而第一个问题涉及的是行动者遵从道德原则的内在动机是否仅仅来自审慎理性，证明这一点异常复杂和艰难，笔者仅选择与第二个问题相关的部分进行论述。

1.“洛克限制性条款”（Lockean proviso）

首先，对第二个问题做一个简单的回答，再来表明其推演过程：道德原则 p，即“洛克限制性条款”（Lockean proviso）。

（1）洛克关于“洛克限制性条款”的最初表述：无论行动者 A 如何占有 x，其他行动者都能够获得的 x 至少与行动者 A 一样多，甚至更多；即行动者 A 占有 x 的行为至少没有减少其他行动者的 x。“既然劳动是劳动者的无可争议的所有物，那么对于这一有所增益的东西，除他以外就没有人能够享有权利，至少在还留有足够的同样好的东西给其他人所共有的情况下，事情就是如此。”①“这种开垦任何一块土地而把它据为己有的行为，也并不损及任何旁人的利益，因为还剩有足够的同样好的土地，比尚未取得土地的人所能利用的还要多。所以，事实上并不因为一个人圈用土地而使剩给别人的土地有所减少。这是因为，一个人只要留下足供别人利用的土地，就如同毫无所取一样。”②

（2）诺齐克对“洛克限制性条款”的重新表述：行动者 A 占有 x 的行为不应使其他行动者的占有 x 的处境变得更糟。诺齐克认为，行动者 A 占有 x 的行为使其他行动者的处境变糟的情况有两种：（1）使其他行动者失去通过其他方式占有 x 来改善自己处境的机会；（2）使其他行动者不再能够自由使用（若没占有 x）他以前能够使用的某物。

据此，诺齐克将“洛克限制性条款”分为“严格”的与“宽松”的两类：同时禁

① ［英］约翰·洛克：《政府论》（下篇），叶启芳、瞿菊农译，商务印书馆 1964 年版，第 18 页。

② ［英］约翰·洛克：《政府论》（下篇），叶启芳、瞿菊农译，商务印书馆 1964 年版，第 21 页。

止上述两种情况发生的原则，称为“严格的洛克限制性条款”，即行动者占有 x 的行为不应使其他行动者的占有 x 的处境变得更糟，且行动者占有 x 的行为不应使其他行动者丧失通过占有 x 来改善自己处境的机会。只禁止第二种情况发生，而不禁止第一种情况发生的原则，称为“宽松的洛克限制性条款”，即行动者占有 x 的行为仅仅不应使其他行动者的占有 x 的处境变得更糟，但行动者占有 x 使其他行动者丧失了通过占有 x 来改善自己处境的机会的行为，是允许的。[①] 洛克所理解的“洛克限制性条款”更接近“严格的洛克限制性条款”；而诺齐克所理解的“洛克限制性条款”更接近“宽松的洛克限制性条款”。

（3）哥梯尔对“洛克限制性条款”的重新表述：行动者 A 占有 x 的行为不应使其他行动者的占有 x 的处境变得更糟，除非行动者 A 占有 x 的处境变得更糟。

哥梯尔认为，诺齐克所谓的“宽松的洛克限制性条款”，即行动者占有 x 的行为不应使其他行动者的占有 x 的处境变得更糟，仍然是过于严格的。因为，存在着如下情况：如果行动者占有 x 的行为不使得其他行动者占有 x 的处境变得更糟，那么，行动者占有 x 的处境将变得更糟。比如，行动者 A 带着渔具到孤岛上捕鱼，遇到一个没有带渔具的捕鱼人行动者 B。行动者 A 如果使用渔具捕鱼，会使行动者 B 捕的鱼更少；如果不使用渔具，行动者 A 自己捕鱼的量也会减少。如果按照“宽松的洛克限制性条款”，只要行动者 B 也捕鱼，行动者 A 就不能使用渔具，或者随意使用渔具，但并不用来捕鱼。也就是说，根据“宽松的洛克限制性条款”，行动者会做出宁愿自己受到损失，也不做减损其他行动者权益的行为；而这恰恰是不理性的。因此，哥梯尔对诺齐克所谓的“宽松的洛克限制性条款”进行修订，将其重新表述如下：行动者占有 x 的行为不应使其他行动者的占有 x 的处境变得更糟，除非行动者占有 x 的处境变得更糟。[②]

假定理性的自我关切最大化者能够达成合作，那么，接下来的问题就是，理性的自我关切最大化者应该如何分割合作盈余的问题。在罗尔斯的“初始状态”中，因为“无知之纱”屏蔽了行动者的相关事实情况，因此，行动者分割合作盈余所依据的规则只能通过对不同的道德原则的辩护有效性的比较来加以确定。在“讨价还价”过程（bargaining process）中，由于行动者完全了解自身状况

① ［美］罗伯特·诺齐克：《无政府、国家和乌托邦》，姚大志译，中国社会科学出版社 2008 年版，第 210—211 页。

② Gauthier, David, *Morals by Agreement*, Oxford: Oxford University Press, 1986, p.203.

及社会处境，且每个行动者都是理性和自利的，所以，在讨价还价模式中，行动者就如何分割合作盈余的讨价还价的规则与最终依据何种规则分割合作盈余的问题密切相关。笔者在此并不关心"讨价还价模式"的最终结果，而旨在表明，行动者就合作盈余分割问题展开的讨价还价过程极有可能是不合理的，因为不同行动者的讨价还价的能力与所处的社会地位都是不同的，同时，每一个行动者的动机又都是自利的，具有优势的行动者难免不会侵犯弱势行动者的权益。所以，讨价还价的最终结果就存在着两种可能性：要么，（1）行动者因不满讨价还价过程中的不公平的合作盈余分割的方式与结果，而随时退出讨价还价过程，或者，即便达成了某个契约，也因相关行动者不情愿遵守而很难保证其稳定性；要么，（2）为确保讨价还价过程最终能够达成一个稳定的契约，就必须在讨价还价过程前设定相关行动者的行为"底线"，即"每一位合作者在其他合作者缺席（或者没有其他人合作）的情况下自己所能期望的结果（这种结果可以用效用值表达）"[①]。那么，第一种可能性面临的问题是，（1）如果行动者退出讨价还价模式，合作盈余的分割问题被悬置，那么，选择退出的行动者会退到什么位置上呢？（可将该问题称作"'退出'问题"）第二种可能性面临的问题是，（2）如果行动者为确保讨价还价过程能够达成一个稳定的契约，必须设定相关行为的底线的话，那么，这个"底线"的内容是什么呢？（可将该问题称作"'底线'问题"）

2."讨价还价"模式中的"'退出'问题"

就"'退出'问题"而言，有一点是明确的，即一种谈判模式，允许相关行动者退出，该谈判模式不一定是合理的，但是，不允许相关行动者退出，则该谈判模式一定是不合理的。如果行动者 A 通过强制手段蓄意使行动者 B 对其产生某种依赖关系，而在此依赖关系确立以后，允许行动者 B 随时可以选择离开，那么，这种依赖关系，并不因其允许行动者 B 选择离开而被证明为是合理的。比如，控制着社会一切重要资源的独裁国家，允许其国民选择离开；这并不能证明该独裁国家是正义的。虽然允许退出，并不能表明该谈判模式是合理的，但是，允许退出，可以起到如下积极作用：（1）选择退出的理由，往往是谈判方式或谈判结果对相关行动者是不合理的，因此，表明选择退出的行为本身是合理的；（2）选择退出的行为，对谈判过程中的强势者构成了约束，使其尊重弱势者的应有权

① 陈真：《当代西方规范伦理学》，南京师范大学出版社 2006 年版，第 176 页。

益，否则，会出现优于该谈判模式的更优的解决问题方式，甚至导致既有谈判模式崩盘；(3)选择退出的行为，表明行动者选择继续谈判或参加新的谈判与修正既有谈判模式或采用新的谈判模式的正当性。因此，如果行动者选择退出讨价还价模式的理由是合理的，那么，行动者至少除合作盈余外的自身利益不受到减损，即行动者可以退到参与谈判前的处境，且该处境不会受到恶化。同时，如果选择退出讨价还价模式的行动者足够多，那么，谈判过程中的强势行动者为避免既有的讨价还价模式被新的模式所替代，就会中止谈判。因为就修正既有谈判模式，还是采用新的谈判模式而言，前者对强势行动者相对更有利。如果谈判能够重新开启，那么，除非对曾经出现在既有谈判过程中的不合理利益分配做出原则性规避，否则对于理性的自我关切最大化者而言，谈判是绝不会重新开启的。因此，行动者退出谈判后的处境至少是参与谈判前的处境，且该处境不会受到恶化。只有如此，行动者重启谈判才具有可能性。在行动者 A 自身的利益不会受到恶化的前提下，禁止行动者 A 通过使其他行动者的处境比行动者 A 不在场的情况下更糟的方式使其自身的处境比其不在场时更优①。只有如此，行动者重启谈判才具有现实性。这一点与哥梯尔对"洛克限制性条款"的重新表述是完全一致的。

3."讨价还价"模式中的"'底线'问题"

"'底线'问题"与所有相关行动者都与受约束的自我关切最大化者有关，即每一个行动者都可以利用自己的禀赋(endowment)在讨价还价的过程中为自己获取最大的利益，但这种禀赋仅仅包括行动者谈判前所获得的一切，而并不包括通过恶化其他行动者的境况所获得的东西。② 这与前文提到的"讨价还价"模式的第一个问题相关。哥梯尔就"'底线'问题"的上述论断是其解决"集体行动的问题"所做的理论尝试。先解释在本章第三节第一目前提到的两个名词：所谓"策略性的自我关切最大化者"，即对方不合作，己方也不合作；对方合作，除非合作相较于不合作更有利，否则己方仍然不合作；所谓"受约束的自我关切最大化者"，即对方不合作，己方也不合作；对方合作，无论合作相较于不合作是否更有利，己方总是合作。通常，如果每一个行动者都仅仅是理性的自我关切最大化

① Gauthier, David, "Uniting Separate Persons", Gauthier, David, and Robert Sugden, ed. *Rationality, Justification and the Social Contract*, New York: Harvester Wheatsheaf, 1993, p.182.

② Gauthier, David, *Morals by Agreement*, Oxford: Oxford University Press, 1986, p.203.

者，那么，就会导致所谓“集体行动的问题”，即“在给定他人的行动的条件下，每个人追求他自己的利益其结果也许会使他们的实际利益得到最大的提升，但这并不意味着所有的人追求他们自己的利益，而不是按照某种非利己的原则行动，其实际的结果都会导致所有的人的（甚至任何人的）利益得到最大的提升。当情况并非如此，当对个人利益的集体追求导致各方更糟糕的情况时，我们就面临着所谓集体行动的问题。”①

对“集体行动的问题”的内在结构的最佳揭示，莫过于通过“囚徒困境”的情境进行分析（导言第二目）。在每一个行动者都仅以“自我关切最大化”作为行动动机时，将会产生“集体行动的问题”中不利于每一个行动者的后果。如果合作的结果虽然不是最佳的，但总比不合作的结果更优，那么，接受“规范性约束”，达成并遵守某种协议，实现次佳结果，就是解决“囚徒困境”的合理途径。但问题的关键是，相关行动者接受的“规范性约束”是内在的，还是外在的？如果“规范性约束”是外在的，那么，所有相关行动者仍然以“自我关切最大化”作为行动动机，仅对“对方合作，除非合作相较于不合作更有利，否则己方仍然不合作”进行外在的“规范性约束”（比如立法、构建制度等），迫使相关行动者选择“对方合作，无论合作相较于不合作是否更有利，己方总是合作”。这是经典博弈理论解决“集体行动的问题”的思路，但是，由于设定的“规范性约束”是外在的，致使这种解决方式与道德是不相关的。哥梯尔坚持认为，“规范性约束”是内在的，且仅从审慎理性中推导出来。如果这一论断是成立的，那么，该“规范性约束”属于道德约束。也正因为如此，行动者不再是外在的“规范性约束”下的“策略性的自我关切最大化者”，而是内在的“受约束的自我关切最大化者”。但是，哥梯尔的这一论断的证明是极其艰难和异常复杂的。他必须证明，(1)遵从“禁止通过恶化他人处境的方式优化自己的处境”的道德原则是出于相关行动者的内在行为动机；(2)相关行动者自愿选择“对方合作，无论合作相较于不合作是否更有利，己方总是合作”是符合审慎理性的；(3)上述两个命题没有陷入休谟的“是/应当”问题。笔者认为，“‘底线’问题”仅以审慎理性为基点，试图证明通过恶化他人处境的方式优化自己的处境是不合乎道德的，是不可能成

---

① Darwall, Stephen, “Introduction to Contractarianism/Contractualism”, in *Contractarianism/Contractualism*, ed. Stephen Darwall, Oxford: Blackwell, 2003, p.2.

功的。但是,这并不表明,通过恶化他人处境的方式优化自己的处境是合乎理性的。

第三节　合理拒斥:道德原则的确认模式Ⅱ

一、何谓“契约主义检测”

“契约主义检测”(contractualist test)这一道德原则的确认模式是由美国道德哲学家托马斯·斯坎伦在其专著《我们相互间的责任》一书中提出的。这一“检测”旨在如何断定某一行为在道德上是不正当的,即“如果一个行动在其行动情境中被适用于一般的行为规则的任何一组原则所禁止,那么,这一行动是错误的;而这一一般的行为规则,作为知情的、非强制的、普遍的共识的基础,任何人都无法合理地加以拒斥。”①

这一“检测”模式有两个特点。

其一,“检测”内容是“某一行动是否错误”,而不是“某一行动是否正确”。“错误”作为初始道德谓词,而“正确”被定义为“不错”。一方面,用“错误”定义“正确”的好处在于,可以避免对行动者的“苛刻”要求,使道德标准合乎情理。比如,在极权统治下,行动者A受到了迫害,而行动者B出于自保,没有制止对行动者A的迫害(行动者B有能力这样做),但行动者B也没有参与针对行动者A的迫害。迫害行动者A是错误的;制止对行动者A的迫害是正确的;那么,没有参与针对行动者A的迫害是正确的,还是错误的呢?如果以“制止对行动者A的迫害是正确的”为标准,那么“没有参与针对行动者A的迫害”就是错误的;如果以“迫害行动者A是错误的”为标准,那么“没有参与针对行动者A的迫害”就是不错的。显然,用“错误”定义“正确”比用“正确”定义“错误”更加合乎情理。另一方面,用“错误”定义“正确”可以避免将“道德领域”仅仅限定在“关于个人福祉(individual well-being)的事实”上。“个人福祉”即一个人福祉的总

① Scanlon, T.M., *What We Owe to Each Other*, Cambridge, Mass.: Harvard University Press, 1998, p.153.

和;考虑个人福祉的总和必然推至考虑所有人的福祉的总和,那么,所依据的道德原则就只能是,凡符合绝大多数人的最大福祉的行动皆是道德上正确的行为。(第二章第一节第三目)如果我们用“错误”来定义“正确”的话,我们会问:不以“符合绝大多数人的最大福祉”的道德原则行事,就一定是“错误”的吗?比如一个杰出的外科器官移植专家,有 5 位病人,他们的心、肝、脾、肺、肾各坏了一个器官,如果不进行器官移植,他们会很快死去;此时,一个健康的人来检查身体,恰好他与 5 位病人的血型一致、器官移植后也没有排斥反应①。如果这名医生拒绝依据“符合绝大多数人的最大福祉”的道德原则将这名健康的人肢解以抢救自己的病人,那么我们会认为他的做法是合乎情理的:他并没有做错什么。在用“错误”定义“正确”的情况下,“符合绝大多数人的最大福祉”的道德原则不再是无可辩驳的,其正当性仍然需要给出进一步的辩护理由。

其二,该检测的检测标准诉诸的是“无法合理地加以拒斥”,而不是“可以合理地加以接受”。假设一个道德原则 p_1,在该原则下某些人将遭受到极大的苦难,且这些苦难是可以避免的。也就是说,还有可供选择的道德原则 p_2,在该原则下没有人必须承受那些苦难。不过,下列情况是可能的:那些遭受极大苦难的人们是负有强烈自我牺牲精神的人,他们认为他们为了所有人的更大的美好的愿景甘愿遭受那些苦难。比如佛陀、孔子、苏格拉底,我们很难说他们这样做是不合情理的,但是,如果他们拒绝这样做,也不能说是不合情理的。如果拒绝这样做是合乎情理的,那么运用道德原则 p_1 就会受到强烈的质疑,即便事实上很多仁人志士甘愿接受这一道德原则。因此,道德辩护取决于拒斥一个道德原则的合情理性,而不是接受一个道德原则的合情理性②。

需要注意的是,不同的道德原则通过上述“契约主义检测”是可能的。如果道德原则 p_1 与道德原则 p_2 都通过了“契约主义检测”,即道德原则 p_1 与道德原则 p_2 都是无法合理拒斥的,那么,我们很难说,道德原则 p_1 比道德原则 p_2 具有“更多”或“更少”的“无可拒斥性”,所以,当我们需要在道德原则 p_1 与道德原则 p_2 之间做出选择时,我们究竟该依据什么标准来抉择呢?(在此,道德原则 p_1 与道

① Thomson, Judith Jarvis, “Killing, Letting Die and the Trolley Problem”, in *The Monist*, Vol.59. 2, 1976.

② Scanlon, T.M., “Contractualism and Utilitarianism”, in *Contractarianism/Contractualism*, ed. Stephen Darwall, Oxford: Blackwell, 2003, p.228.

德原则 p_2 是不冲突的，该状况即契约主义原则辩护作为辩护性理由的道德权利的 5 种逻辑关系中的情形Ⅰ，第四章第一节）

罗尔斯回应类似这样的问题的方法是反思平衡（reflective equilibrium）。反思平衡的功能有两个：对虚拟情境的条件做出规定与解释；为道德原则的正当性提供证明。首先，设定一组深思熟虑的判断（considered judgments），然后预设这一组判断暂时是成立的，即从直觉上来讲，我们相信这一组判断是正确的；由于我们尚未对这一组判断提供辩护，所以我们不能说这一组判断一定是正确的。比如，从直觉上，我们都相信，“仅凭一个人本科是否是 211 院校决定其是否录用是不正当的”。在确认了这一组判断以后，我们就对可能适用这一组判断的情境做出规定，尽量使用较弱的以及所有人都愿意接受的前提。接着，我们再来看所规定的情境能够推出怎样的道德原则，用推导出来的道德原则与先前预设的那一组深思熟虑的判断相比较，如果前者与后者相一致，那么，我们就可以说，二者之间显现出平衡。所谓“一致”，是指从推导出的道德原则与规定的情境可以“溯推”出先前预设的那一组深思熟虑的判断；推导出的道德原则与先前预设的那一组深思熟虑的判断显现出平衡，即我们对适用这一组判断的情境是合理的。如果推导出的道德原则与先前预设的那一组深思熟虑的判断是“不一致”的，那么，如果我们相信那一组深思熟虑的判断是正确的，我们就修正对可能适用这一组判断的情境的规定，如果我们怀疑那一组深思熟虑的判断是正确的，我们就放弃那一组深思熟虑的判断的某些部分。接下来，我们不断重复上面的步骤，直到推导出的道德原则与先前预设的那一组深思熟虑的判断达成“一致”。这一“达成‘一致’”的状况，即合理的情境规定与深思熟虑并已及时修正的判断，被称为“反思平衡”①。假定道德原则 p_1 与道德原则 p_2 都已通过“反思平衡”，那么道德原则 p_1 与道德原则 p_2 会存在“契约主义检测”的问题吗？答案是否定的，因为“反思平衡”是通过“一致同意”确认道德原则的，而不是“合理拒斥”。我们是否可以针对已经通过“契约主义检测”的道德原则 p_1 与道德原则 p_2 进行“反思平衡”呢？如果“契约主义检测”与“反思平衡”不一致，那么，我们可以根据“反思平衡”确认其中一个道德原则；如果“契约主义检测”与“反思平

① ［美］约翰·罗尔斯：《正义论》（修订版），何怀宏、何包钢、廖申白译，中国社会科学出版社 2009 年版，第 16—17 页。

衡"是一致的，那么，我们还是没有办法在道德原则 p_1 与道德原则 p_2 间做出选择。因此，斯坎伦的建议是，"有必要经由习俗加以确认"①，即根据文化的多样性、相对性来确认通过"契约主义检测"的道德原则。（第四章第一节）比如，古代波斯的国王大流士在旅途中所遭遇到的各种截然不同的丧葬习俗。他发现卡雷逊人习惯于吃他们死去的父亲的尸体，而希腊人则进行火葬，并且他们认为把死者安置在火葬用的柴堆上是自然而适宜的方式。大流士认为，对世界的练达理解必定包含重视不同文化之间的差异。一天，他为了传授这一经验，召集一些恰好在他的宫廷里的希腊人，问他们怎么才能让他们吃自己父亲的尸体。正如大流士所预料的，他们非常震惊，并且回答说，无论给多少钱，都不能让他们做这样的事情。然后，大流士又邀请一些卡雷逊人，这时，希腊人在旁边听着，他问卡雷逊人怎么才能让他们烧掉他们父亲的尸体。卡雷逊人感到非常恐怖，对大流士说，不要再提如此恐怖的事情了。② "'正确'的方式是那种我们的祖先使用的，并且一直在传承的方式。传统本身就是它自己的正当理由，它得以坚持不以经验的确证为条件。正确的观点就存在与习俗之中。它不是外在于习俗、外在于独立的根源的，也不是用来检验它们的。在习俗中，无论是什么，都是正确的。这是因为它们是传统，并且因此而在它们之中包含了祖先的权威性。当我们遭遇习俗时，分析的终点便到来了。"③在导言中，笔者已经探讨了道德权利的相对性对道德权利的客观性的挑战，以及带来的不良后果。此处的问题是，诉求"文化多样性与相对性"必然导致"道德相对主义"吗？笔者认为，答案是否定的。

首先，文化的多样性与相对性仅仅是事实描述，根据文化的多样性与相对性并不影响最后得以确认的道德原则的客观性。文化的相对性，即不同的文化存在着不同的价值标准，同一文化发展的不同阶段也有不同的价值观念，并不存在着一个统一的贯穿一切文化和一切时期的价值规范体系。对于文化多样性的描述仅仅是一种事实判断，当人们说到"文化相对性"意义上的"道德"时，仅仅是

① Scanlon，T.M.，Contractualism and Utilitarianism，in *Contractarianism/Contractualism*，ed.Stephen Darwall，Oxford：Blackwell，2003，p.228.

② Herodotus，*The History of Herodotus*，trans. Geoege Rawlinson，ed. Manuel Komroff，New York：Tudor Publishing Company，1943，pp.160–161.

③ Sumner，William G.，*Folkways*，Boston，Massachusetts：Ginn & Co.，1906，p.76.

在描述不同的文化有不同的道德,而并不是在评价不同文化中的人们是否应当遵循各自所接受的道德规则,也不是在评价不同文化间的不同道德之间的优劣。如果仅以对多样性的文化事实的描述就试图推导出相对的道德规范,那么,这就会违反休谟的"是/应该的裂隙":从"事实"陈述推导不出"价值"陈述;从"实然"命题推导不出"应然"命题①。同时,文化多样性与相对性中并不会导致道德层面的"绝对性分歧"(ultimate disagreements),和细心呵护儿童一样,诸如"禁止谋杀"、"说真话"等几乎都是世界上每一个群体共享的价值观。(第二章第一节第三目)

其次,文化的多样性与相对性作为确认道德原则的标准是在"契约主义检测"之后,这确保了最后得以确认的道德原则不会犯"道德相对主义"通常无法规避的错误。既然通过"契约主义检测"的道德原则 p_1 与道德原则 p_2 是不冲突的,引入"文化多样性与相对性"既没有断定任何一个道德原则是正当的,也没有导致道德原则间的"绝对性分歧",那么,依据某一文化的习俗、惯例确认通过"契约主义检测"的道德原则,就不会导致类似道德相对主义问题。相反,不同文化间的不同的习俗、惯例发生冲突时,根据"契约主义检测"反而可以获得合理的解释与确认。比如关于保护/捕猎鲸鱼的争议,保护鲸鱼的理由是,鲸鱼是濒临灭绝的生物种群,人类有义务保护它们;而捕猎鲸鱼的理由是,捕猎鲸鱼是某些民族、国家的人们的传统。后者是无法通过"契约主义检测",因为如果某一行为仅仅因其是某一民族的传统就是正确的,那么,割礼、裹小脚、殉葬……就都可以不废除。捕猎鲸鱼的理由是可以被合理拒斥的,但保护鲸鱼的理由,只要证明鲸鱼种群的确处于濒临灭绝的状态,人类就有义务不再捕猎鲸鱼,这是无法被合理拒斥的理由。

二、"非自利"动机的预设与诘难

"合理拒斥"的道德原则确认模式与"一致同意"的道德原则确认模式一样,都是从预设行动者的行为动机作为初始起点的。不同的是,"一致同意"模式是以预设行动者的"自利动机"起始的,而"合理拒斥"模式则是从预设行动者的

① [英]大卫·休谟:《人性论》,郑之骧、关文运译,商务印书馆 1980 年版,第 509—510 页。

"非自利动机"——"与和我们相似的人和谐相处[①]"——起始的。"与和我们相似的人和谐相处"作为行动动机，包括两个层面：(1)"和谐相处"，即行动者并不是仅仅关切自己的，而是在关切自我与关切他人间谋求某种平衡，比如相互尊重，甚至在某些情形下，让渡自身的一部分利益给他人；(2)"和我们相似"，即行动者间在行为动机上是相似的，如果每一个人都试图在相互尊重的基础上和谐共处，那么，"向具有相似动机的人证明你的行为的正当性"必然为相关行动者所共享，除了诉诸理性论证，我们还有别的非暴力手段能够表明我们彼此相异的观点、欲求与期望吗？

将行动者的行为动机预设为"非自利"的，即在关切自我与关切他人间谋求平衡，需要注意的是，"非自利"动机并非"利他"动机，如果行为动机预设为"利他"，则会陷入荒谬的"君子国"状态（本章第二节第一目）。预设"非自利"动机旨在表明两点，(1)行动者动机的丰富性，在某些情形下，行动者需要在诸多动机间做出抉择。比如，你意外得到一笔数额不菲的遗产或馈赠，买一直渴望的名贵首饰（偏好），和爱人一起周游世界（爱情），到高等学府深造（精神追求），援助非洲难民（仁慈），等等，你要从中选择并排列顺序，你的依据可能是理性的，也可能是不理性的，但我们很难说，哪一个动机有充分的理由去做那件事。(2)在诸多动机中，某些动机与其他动机似乎有些不同，这些动机具有充分理由，使得行动者必须去做或不做某事。仍然以你意外得到一笔数额不菲的遗产或馈赠为例，你欠同事10万元钱，你答应你的同事有了钱马上就还，如果你在没有还清欠款的情况下，去做前面所提到的事，哪怕是援助非洲难民，你的行为在道德上仍然是欠妥当的。这就是说，类似"允诺"这样的"道德动机"是具有充分理由的，使行动者避免做出"违背诺言"的不道德行为，即便还有其他动机支持该行动。我们可以发现，"合理拒斥"模式通过预设"非自利"动机，将"动机"建诸在"理由"上，而没有将"动机"建诸在"欲求"上。将"动机"建诸在"理由"上的优势在于，"欲求"是不可控制的，比如饥饿，而"理由"是可控的，标准的、可判断的，比如我吃不起牛肉面，所以我就不吃了。但我还是会感到饥饿；在某些情况下，我们拥有充分理由做我们根本不想做的事，比如还债，相应地，我们有着强烈

---

① Scanlon, T.M., *What We Owe to Each Other*, Cambridge, Mass.: Harvard University Press, 1998, p.154.

欲求要做的事,往往都没有充分理由,就比如你有强烈地欲求渴望每天都打羽毛球,几乎到了强迫的程度,甚至像奥运选手那样将打羽毛球作为人生的最高目标,当这一点受到质疑时,你还是需要进一步说明你选择打羽毛球的充分理由;最为重要的是,“欲求”作为动机仅仅能够促使行动者行动,“理由”作为动机除了能够促使行动者行动,还能辩护行动者行动的正当性。在本章第二节第二目中,笔者曾经提到,以“自利动机”为初始预设,必须证明:遵从“禁止通过恶化他人处境的方式优化自己的处境”的原则是出于相关行动者的内在行为动机,否则我们无法确定该原则是道德原则。而这一点对于以“非自利”动机为初始预设的思路就不构成威胁,因为如果“禁止通过恶化他人处境的方式优化自己的处境”能够作为行动者的“理由”,就意味着该原则不仅能够辩护根据此原则所采取的行动,并且内在地促使行动者根据此原则行动。但必须指出的是,“禁止通过恶化他人处境的方式优化自己的处境”在“合理拒斥”模式中并不是从“自我关切最大化”的事实中推导出来的,因为凡是具有“非自利”动机的行动者都会选择根据该原则采取行动。这并不是在表明,从“是”可以推出“应该”,而是在强调,“应该”中的确蕴含“是”。正是因为行动者具有“与和我们相似的人和谐相处”的动机,所以,行动者才有“向具有相似动机的人证明你的行为的正当性”的事实。契约主义所确认的道德原则之所以具有道德正当性,并不是建诸在人们希望与他人和睦相处、希望以他人认可的方式行事的事实,而是建诸在这一“希望”的结果——人们相互间的协议,不论是“实然”的,还是“应然”的。也就是说,根据人们相互间的协议——这一制度性事实(institutional fact)或习俗性事实(conventional fact)①,行动者得以借助“契约主义检测”确认道德原则,而这一制度性事实或习俗性事实,并不是从“与和我们相似的人和谐相处”与“向具有相似动机的人证明你的行为的正当性”的事实中推演出来的,而是预设在上述制度性事实或习俗性事实中的,即人们相互间的协议(契约)。因此,“合理

① 由于“制度性事实”或“习俗性事实”在逻辑上与某些结构性规则和义务联系在一起,它们可以从事实推导价值的过程中充当前提。这样,只要从“原始事实”陈述得出“制度性事实”或“习俗性事实”陈述的过程至少增加一个结构性规则,就同样可以推导出价值结论。这一点至少与从“是”推导“应该”的过程是连贯一致的。这一观点来自美国哲学家约翰·塞尔,“合理拒斥”模式是托马斯·斯坎伦对这一观点的逆向运用。Searle, John, How to Derive“Ought”from“Is”, in *Twentieth Century Ethical Theory*, ed. Cahn, Steven M. and Joram G. Haber, Englewood Cliffs: Prentice-Hall, 1995, pp.408-417.

拒斥”模式有力地规避了“一致同意”模式难以逾越的休谟的“是/应该的裂隙”问题。

但是,“合理拒斥”模式似乎没有再进行论证,而仅仅是将试图确认的道德原则预设在前提中。不同的行动者具有“与和我们相似的人和谐相处”的动机,当然就一定会就“相互尊重”原则达成共识与一致遵从。将有待证明的结论预设在前提中,这是否犯了“循环论证”(model of circular reasoning)的谬误呢?这需要我们进一步理解“向具有相似动机的人证明自己行为的正当性”的意义。对于不了解“排球”运动的人,是永远都没办法弄明白“背飞”、“窝裹”是什么意思的,但通过排球教练的讲解、演示,不了解“排球”运动的人也会最终明白“背飞”、“窝裹”的涵义,有的甚至开始喜欢这项运动。同样,你不一定非要去美国,才能明白现代民主制度;你不一定非要成为佛教徒,才能明白“苦、集、灭、道”四圣谛;你没有去过西藏,并不意味着,你没有办法通过相关的人类学资料,准确了解门巴族的“一妻多夫”现象。总之,我们对于人类社会的诸种现象只能由内向外地理解。“一位明察秋毫的观察者能够真正地理解和预期到某种陌生概念的运用,即使她与运用这一概念的人们抱有不同的价值观,这一点很重要……但是,要做到在想象中预期这一概念的运用,这位观察者必须在想象中掌握这一概念在价值判断方面的意义。她不能完全身处于他所观察的特定社会的价值考虑之外,而只是简单地将这一概念作为以一种新奇的方式划分这个世界的某些中性特征的工具。”①因此,契约主义所确认的道德原则只能诉诸那些“假如受到类似动机驱动,无法否认它”②的行动者,“非道德主义者并不认为自己需要关心任何人,而这正是道德对人之所以为人的要求”③,仅凭哲学分析、道德辩护就试图使一个非道德主义者意识到他的行为是不正当的,是虚妄的;不预设任何动机与立场的道德理论,至今尚未出现。此外,契约主义道德理论从来就不试图推演新的道德原则,而仅仅通过合理的程序确认已有的道德原则的正当性。因此,“合理拒斥”模式并没有犯“循环论证”的谬误。

---

① Williams, Bernard, *Ethics and the Limits of Philosophy*, Cambridge, Mass.: Harvard University Press, 1985, pp.141-142.

② Scanlon, T.M., *What We Owe to Each Other*, Cambridge, Mass.: Harvard University Press, 1998, p.5.

③ Scanlon, T.M., *What We Owe to Each Other*, Cambridge, Mass.: Harvard University Press, 1998, p.159.

第四章　契约主义道德原则对道德权利的辩护

第一节　契约主义道德原则辩护道德权利的诸种逻辑关系

假设某个道德命题 q:“行动者 A 采取行动 a 是正当的”。

道德权利 r_1作为支持“行动者 A 采取行动 a 是正当的”的辩护性理由 r_1,而道德原则 p_1作为与道德权利 r_1作为辩护性理由 r_1相关的辩护(支持与否认)基础;道德权利 r_2作为反对“行动者 A 采取行动 a 是正当的”的辩护性理由 r_2,而道德原则 p_2作为与道德权利 r_2作为辩护性理由 r_2相关的辩护(支持与否认)基础。

就契约主义原则辩护作为辩护性理由的道德权利而言,存在如下 5 种情况:

情形Ⅰ:“道德原则 p_1支持道德权利 r_1作为‘行动者 A 采取行动 a 是正当的’的辩护(支持)性理由 r_1”,且“道德原则 p_2支持道德权利 r_2作为‘行动者 A 采取行动 a 是正当的’的辩护(反对)性理由 r_2”。以“性交易”为例,反对一方诉诸“尊严权”,得到“相互尊重”的道德原则的支持;支持一方诉诸“生存权”,得到“不伤害”的道德原则的支持。在类似这种情况下,我们有必要援引“性交易”行为的现实环境、社会习惯、文化风俗,做出更进一步的探究与确认。严格意义上说,此种情形下的道德争议的焦点已经不再是道德正当性的问题,而是现实的社会心理认同的问题。(第三章第三节第一目)

情形Ⅱ:“道德原则 p_1支持道德权利 r_1作为‘行动者 A 采取行动 a 是正当的’的辩护(支持)性理由 r_1”,且“道德原则 p_2不支持道德权利 r_2作为‘行动者 A

采取行动 a 是正当的'的辩护（反对）性理由 r_2"。在此情形下，道德原则 p_1所支持的道德权利 r_1作为"行动者 A 采取行动 a 是正当的"的辩护性理由 r_1，最终成为该情形下道德争议的解决方案。（本章第二节）

情形Ⅲ："道德原则 p_1否定道德权利 r_1作为'行动者 A 采取行动 a 是正当的'的辩护（支持）性理由 r_1"，且"道德原则 p_2不否定道德权利 r_2作为'行动者 A 采取行动 a 是正当的'的辩护（反对）性理由 r_2"。在此情形下，由于道德权利 r_1作为"行动者 A 采取行动 a 是正当的"的辩护性理由 r_1的正当性已经被道德原则 p_1否定，道德权利 r_2作为"行动者 A 采取行动 a 是正当的"的辩护性理由 r_2又没有遭到道德原则 p_2的否定，因此，道德权利 r_2作为"行动者 A 采取行动 a 是正当的"的辩护性理由 r_2，最终成为该情形下道德争议的解决方案。（本章第三节）

情形Ⅳ："道德原则 p_1否定道德权利 r_1作为'行动者 A 采取行动 a 是正当的'的辩护（支持）性理由 r_1"，且"道德原则 p_2否定道德权利 r_2作为'行动者 A 采取行动 a 是正当的'的辩护（反对）性理由 r_2"。在此情形下，道德权利 r_1作为"行动者 A 采取行动 a 是正当的"的辩护性理由 r_1是无效的，同时，道德权利 r_2作为"行动者 A 采取行动 a 是正当的"的辩护性理由 r_2也是无效的。这说明，该情形下的道德争议是权利话语膨胀的产物，是不必要的纷争，应该借此予以排除。比如，关于保姆是否有权获得政府资助的岗前培训，如果说保姆拥有该项权利，那么，其他服务行业，如厨师、按摩师等，是否也该拥有类似权利呢？如果说其他服务行业也拥有类似权利，那么，为什么一个从来不雇佣保姆的家庭要为那些雇佣保姆的家庭支付岗前培训的费用呢？如果说其他服务行业不拥有类似权利，那么，这对于从事其他服务行业的人员合理吗？因此，保姆根本就没有获得政府资助的岗前培训的权利。（导言第一目）

情形Ⅴ："道德原则 p_1不支持道德权利 r_1作为'行动者 A 采取行动 a 是正当的'的辩护（支持）性理由 r_1"，且"道德原则 p_2不支持道德权利 r_2作为'行动者 A 采取行动 a 是正当的'的辩护（反对）性理由 r_2"。此情形不同于情形Ⅳ，契约主义道德原则并没有否定道德权利作为"行动者 A 采取行动 a 是正当的"的辩护性理由，而仅仅是"不支持"。这说明，道德权利 r_1与道德权利 r_2处于契约主义道德原则的有效界限之外。如果需要确认道德权利 r_1与道德权利 r_2的正当性，我们就需要就道德权利 r_1与道德权利 r_2的内在结构、辩护责任、有效限度做进一步的探究；如果道德权利 r_1 与道德权利 r_2 的正当性得以确认，我们就需要说明这一点并不影响契约主义道德理论的有效性。（第五章第三节）

第二节　契约主义道德原则对道德权利的支持

本节主要讨论第一节中提到的契约主义道德原则辩护道德权利作为辩护性理由的第二种情形："道德原则 p_1 支持道德权利 r_1 作为'行动者 A 采取行动 a 是正当的'的辩护（支持）性理由 r_1"，且"道德原则 p_2 不支持道德权利 r_2 作为'行动者 A 采取行动 a 是正当的'的辩护（反对）性理由 r_2"。在此情形下，道德原则 p_1 所支持的道德权利 r_1 作为"行动者 A 采取行动 a 是正当的"的辩护性理由 r_1，最终成为该情形下道德争议的解决方案。我们借用第三章中通过"一致同意"模式以"自利"动机为初始起点，凭借"审慎理性"确定"市场状态"作为虚拟情境，在"讨价还价"过程中所确认道德原则 p，即"洛克限制条款"，来详细说明这一情形。"洛克限制条款"与我们日常的道德直觉相符，与著名的"自由至上主义原则"的内涵基本一致，"从对人类学与比较伦理学的文献的考察来看，我们没有看到存在着这样的社会，即其通行的道德原则中不包含禁止损害他人的内容。关于'损害'或'社会性损害'的具体内涵可能不尽相同，补救与赔偿机制也不尽相同，但包含禁止损害他人的内容却是一致的。"①为讨论更加清晰、简洁，笔者将为围绕更容易被理解的、蕴含在"洛克限制条款"中的"自由至上主义原则"，即"任何情形下都采取伤害对方以有利于自身的行为"蕴含"在谈判初始恶化对方处境以有利于自身处境"；"在谈判初始恶化对方处境以有利于自身处境"是不正当的；因此，"任何情形下都采取伤害对方以有利于自身的行为"是不正当的。探讨"情形二"中的契约主义道德原则在道德辩护中与作为辩护性理由的道德权利的关系。笔者在此再次重申，针对某一行动的赞成与反对都诉诸"道德权利"作为辩护性理由时，会产生权利冲突。某一道德原则通过支持"赞成与反对该行动的辩护性理由的任意一方"的方式，使得它所支持的一方成为权利冲突的最终解决方案。

---

① Gunneman, Jon, et al., *The Ethical Investor*, New Haven: Yale University Press, 1972, p.20.

一、自由至上主义原则的经典表述

自由至上主义原则(libertarian principle),即普遍禁止相互侵犯的原则(a principle of a general prohibition on aggression)①。许多道德哲学家对该原则的表述虽然不同,但对其内在的基本精神的理解都是一致且赞同的。“每个人都拥有基于公正的不可侵犯性,这种不可侵犯性即使以整个社会的福利的名义也不能逾越。”②“个人拥有权利,而且有一些事情是任何人或任何群体都不能对他们做的(否则就会侵犯他们的权利)。”③“当由于某种原因,一个集体目标不足以证明可以否认个人希望什么,享有什么和做什么时,不足以证明可以强加于个人某些损失或损害时,个人便享有权利。”④当然,对于该原则的最为经典的表述,当属英国道德哲学家约翰·穆勒(James Mill,1773-1836)在《论自由》中的表述:“人们若要干涉群体中任何个体的行动自由,无论干涉出自个人还是出自集体,其唯一正当的目的乃是保障自我不受伤害。反过来说,违背其意志而不失正当地施之于文明社会任何成员的权力,唯一的目的也仅仅是防止其伤害他人。他本人的利益,不论是身体的还是精神的,都不能成为对他施以强制的充分理由。”⑤该条原则的精髓,并不在于规定某人自身的利益不是对他施以强制的正当理由,而在于规定对他人的损害是对某人施以强制的正当理由,且是唯一的正当理由。

二、自由至上主义原则支持作为辩护性理由的道德权利

自由至上主义原则针对所有试图干涉他人的行动者,界定了什么是可以做

---

① Narveson, Jan, Libertarianism, in *The Blackwell Guide to Ethical Theory*, ed. Hugh LaFollette, Oxford: Blackwell, 2000, p.306.

② [美]约翰·罗尔斯:《正义论》(修订版),何怀宏、何包钢、廖申白译,中国社会科学出版社2009年版,第3页。

③ [美]罗伯特·诺齐克:《无政府、国家和乌托邦》,姚大志译,中国社会科学出版社2008年版,“前言”第1页。

④ [美]罗纳德·德沃金:《认真对待权利》,信春鹰、吴玉章译,中国大百科全书出版社1998年版,第6页。

⑤ [英]约翰·穆勒:《论自由》,孟凡礼译,广西师范大学出版社2011年版,第10页。

的,什么是不可以做的,即该原则通过对以消极要求权作为辩护性理由的一方的支持,赞成持有消极要求权作为辩护性理由的一方的观点作为权利冲突的解决方案。通常,针对“自由至上主义原则支持消极要求权”的反驳理由有两种:(1)将“损害”区分为“正当”的损害与“不正当”的损害,“免于损害”的权利转变为“免于不正当损害”的权利;(2)将“损害”区分为“故意”损害与“无意”损害,“免于损害”的权利转变为“免于故意损害”的权利。如果受害者采用上述两种转变后的权利向加害者索赔,那么,自由至上主义原则的核心部分将发生根本性变化,即对某人施以强制的正当理由就不再是,“对他人的损害”是不正当的,而变成某人的利益受到损害。因此,蒙受损害的状态,便成为谋求补偿的依据,而不必证明造成损害状态的行为本身是不正当的。这样,作为契约主义道德原则的自由至上主义原则能够支持道德权利作为辩护性理由,就是不成立的。笔者将针对这两种反驳理由进行分析,并用“归谬”法对二者进行回应,以捍卫作为契约主义道德原则的自由至上主义原则在支持“免于损害”的消极要求权方面是最为有效的。

第一种反驳理由:当我们考虑区分“正当”的损害与“不正当”的损害时,就会出现如下特别情况:行动者 A 实施行动 a,行动 a 对行动者 B 造成损害,但是,行动 a 对于行动者 B 是正当的,即便行动者 A 有侵犯行动者 B 的意图,因此,行动者 B 没有权利向行动者 A 索赔。那么,如果行动者 B 试图向行动者 A 索赔,那么,行动者 B 必须采用自由至上主义原则以外的原则。

比如说,一家铁路公司的列车从一个农民的农田中间穿过。列车溅出的火花引燃了农田中的庄稼,导致农民的农作物收入损失 100 元。根据自由至上主义原则,列车溅出火花引燃农民的庄稼,给农民造成损失,是“不正当”的,必须予以赔偿,即农民有权向其索赔。但是,如果我们将“损害”区分为“正当”的损害与“不正当”的损害,情况就变得异常复杂。列车穿过农民家的农田的行为有相关的法律依据的,甚至曾经得到过农民的默许(当时他有被提醒列车溅出的火花可能会引燃庄稼),因此,列车穿过农民家的农田的行为是正当的。另外,铁路公司可能出于某种原因,比如该农民可能是个钉子户,当初建铁路时坚决不卖土地,才导致如今列车在其农田间穿过,明明知道列车溅出的火花会引燃庄稼故意不减速。即便如此,农民也没有权利向铁路公司索赔,因为“损害”是正当的。根据第一章中消极权利的辩护责任:要求权的提出一方,无论该要求权的应答一方是否接受要求权提出一方的观点,都有责任对其观点进行道德辩护,因为要求权的提出一方对该要求权的应答一方施加了“道德约束”。要求权的否定一方,虽然没有对任何其他行动者施加“道德约束”,但其解除了施加在自身的“道德约束”,因而,有责任对其观点进行道德辩护。但是,由于施加和解除的“道德约束”是消极的,所以,解除“道德约束”的一方与施加“道德约束”的一方相比,必须优先对其观点做出道德辩护。铁路公司有责任比农民优先对其损害农民庄稼不予赔偿的行为做出道德辩护。但是,由于“损害”被区分为“正当”损害与“不正当”损害,前者不予以赔偿,后者才予以赔偿。那么,农民必须优先证明铁路公司对其造成的损害是不正当的,铁路公司才有责任对自身的行为进行辩护。正如刚刚所做的分析,铁路公司的行为的确是正当的,因此,铁路公司被免去辩护责任,进而对农民的损失也没有责任赔偿。进一步地推论将更加荒谬,却是 2001 年发生在德国的一件真人真事①:行动者 A 同意自己被行动者 B 吃掉(注意:行动者 A 并没有同意被行动者 B 杀死),行动者 A 杀死行动者 B 是正当的,即便行动者 B 是故意的,因为在德国的确没有法律明令禁止吃人,所以行动者 A 对行动者 B 造成的“损害”是正当的,难道说行动者 A 杀死行动者 B 的行为能够免于道德谴责与法律制裁吗?

第二种反驳理由:当我们考虑区分“故意”损害与“无意”损害时,就会出现如下特别的情况:行动者 A 实施行动 a,行动 a 对于行动者 B 是不正当的,但是,行动 a 并没有对行动者 B 造成损害,且行动者 A 没有侵犯行动者 B 的意图,因此,行动者 B 没有权利向行动者 A 索赔。那么,如果行动者 B 试图向行动者 A 索赔,那么,行动者 B 必须采用自由至上主义原则以外的原则。

比如说,将化工原料——三聚氰胺添加到牛奶中可以提高牛奶的蛋白质检测值,口感变得浓郁,易受到消费者欢迎。但是,三聚氰胺是有毒的,尽管程度很低。动物实验结果表明,其在动物体内代谢很快且不会存留,主要影响泌尿系统。专家对受污染婴幼儿配方奶粉进行的风险评估显示,以体重 7 千克的婴儿为例,假设每日摄入奶粉 150 克,其安全预值即最大耐受量为 15 毫克/千克奶粉。根据美国食物及药物管理局的标准,三聚氰胺每日可容忍摄入量为每日 0.63 毫克/千克体重。如果牛奶厂家为扩大销售额,添加三聚氰胺超标,这一定

① ［美］迈克尔·桑德尔:《公正:该如何做是好?》,朱慧玲译,中信出版社 2011 年版,第 84 页。

是不正当的,消费者可以据此索赔;但是,如果牛奶厂家为扩大销售额,添加三聚氰胺,但严格限制在最大耐受量以内,那么这一行为是否正当呢?消费者由于饮用过量牛奶,导致体内三聚氰胺超标,该消费者是否有权利向牛奶厂家索赔呢?根据自由至上主义原则,三聚氰胺是非食用品,除牛奶中自然产生的极其微量外,任何添加行为都是不正当的。如果以此为标准,那么,任何饮用添加三聚氰胺的奶制品(无论该奶制品中的三聚氰胺是否超标)的消费者都有权向生产该奶制品的厂家索赔。然而,如果牛奶厂家添加三聚氰胺不超标,造成消费者身体受到损害的原因还包括消费者对该奶制品的过度饮用,因此,可以说,牛奶厂家添加三聚氰胺的行为“无意”造成了消费者身体的损害。如果根据区分“故意”损害与“无意”损害的原则,那么,在饮用该奶制品的消费者中,只有那些健康受到损害的消费者有权利向牛奶厂家索赔,而那些健康没有受到损害的消费者,因没有“健康受到损害”的事实,而没有权利向牛奶厂家索赔。如果那些健康没有受到损害的消费者试图向牛奶厂家索赔,那么,一项“享用没有三聚氰胺添加剂的奶制品的权利”就必须被发明出来。难道我们拥有“享用没有地沟油的炒菜的权利”、“享用没有苏丹红的辣椒的权利”、“享用没有工业明胶的果冻的权利”……还要一个一个地列出吗?

第三节　契约主义道德原则对道德权利的否定

本节主要讨论第一节中提到的契约主义道德原则辩护道德权利作为辩护性理由的第三种情形:“道德原则 p_1 否定道德权利 r_1 作为‘行动者 A 采取行动 a 是正当的’的辩护(支持)性理由 r_1”,且“道德原则 p_2 不否定道德权利 r_2 作为‘行动者 A 采取行动 a 是正当的’的辩护(反对)性理由 r_2”。在此情形下,由于道德权利 r_1 作为“行动者 A 采取行动 a 是正当的”的辩护性理由 r_1 的正当性已经被道德原则 p_1 否定,道德权利 r_2 作为“行动者 A 采取行动 a 是正当的”的辩护性理由 r_2 又没有遭到道德原则 p_2 的否定,因此,道德权利 r_2 作为“行动者 A 采取行动 a 是正当的”的辩护性理由 r_2,最终成为该情形下道德争议的解决方案。我们借用第三章中通过“合理拒斥”模式以“非自利”动机为初始起点,凭借“合情理性”确定“交流状态”作为虚拟情境,在“相互证明”过程中所确认道德原则 p,即

"相互尊重"原则(The principle of mutual respect),来详细说明这一情形。"权利只有在它们得到承认时才得以成立,并且只有那些要求权利的人也承认别人也有这种权利时,该权利才成立。即人们不能要求拥有一项(他不承认他人可以同样拥有)的权利;人们也不能要求一项(他并不确定是否有义务尊重所有其他人的权利)的权利。"①笔者在此再次重申,当针对某一行动的赞成与反对都诉诸"道德权利"作为辩护性理由时,产生权利冲突。契约主义确认的道德原则通过否定"赞成与反对该行动的辩护性理由的任意一方"的方式,或者使得它所否定的一方的对立一方成为权利冲突的最终解决方案,或者替代它所否定的一方而作为辩护性理由成为权利冲突的最终解决方案。

一、对"相互尊重"原则的表述

"相互尊重"原则源自康德的"绝对命令"的第二个公式:自身目的公式(The Formula of the End Itself),即"你对待人类的方式,不论是你自己还是其他人,都总是将其视为'目的',而不仅仅将其视为'手段'。"②但与康德不同的是,契约主义道德理论不是将"对人的尊重"建诸在普遍的人性上,而是建诸在人的相互性(reciprocity)上。"相互尊重"原则是相互性的,即既不是互利性(mutual advantage)的,也不是单向性(one-way)的。因为互利性是利益交换的,是无涉道德的,互利的行动者关心的不是回报彼方对自己的尊重,而是如何在彼方获得更多利益;单向性是无须回报的,是分外义务的(supererogatory),单向的行动者关心的也不是回报彼方对自己的尊重,而是对彼方的奉献与牺牲。

根据"相互尊重"原则,行动者对"权利"与"义务"的履行是对等的:(1)一项相关的义务要求某一项权利;(2)类别上相关义务要求一系列类别上相关的权利;(3)这些权利需要义务承担者履行其限定的义务;(4)限定的义务意味着同时需要容忍他人的义务。"一系列类别上相关的权利,使义务承担者也具有权利,即与那些容忍他人义务相关的权利,它们共同形成了任何一个义务承担者

① Mead, George Herbert.,"Natural Rights and the Theory of the Political Institution", in *George Herbert Mead: Selected Writings*. ed. Andrew J. Reck, Indianapolis: Bobbs-Merrill, 1964, p.163.

② Kant, Immanuel, *Groundwork of the Metaphysics of Morals*, trans. Mary J. Gregor, Cambridge: Cambridge University Press, 1998, p.38.

借以享有其限定权利的情境。……履行义务的人如果没有任何权利,其自由就缺乏保护;而其义务间也因此会互相冲突,或者其义务会跟其他人的义务产生矛盾,再或者两者冲突情况交织存在。”①

根据“相互尊重”原则,对等的“权利”与“义务”的关系在理论上和实践上是可逆的(reversible)。在区分一项义务和一项权利时,后者是以“相互尊重”原则作为先决条件,当行动者间的位置加以调换时,相应的义务也随之改变。但是,如果位置的调换事实上是不可能的,那么,“相互尊重”原则将丧失有效性。比如,“我和你订立一个担负完全归你而利益完全归我的约定;只要我高兴的话,我就守约;而且只要我高兴的话;你也得守约。”②

二、“相互尊重”原则否认或替代作为辩护性理由的道德权利

笔者以2010年著名的“代孕八胞胎”事件为例,说明“相互尊重”原则是如何否定代孕双方援引作为辩护性理由的道德权利,并依据该原则,重新考虑“代孕交易”行为导致的权利冲突的解决思路。

广州一对L姓富商夫妇久婚不孕,2010年初借助试管婴儿技术孕育的8个胚胎竟然全部成功,喜出望外的富商夫妇最终找来两位代孕妈妈,再加上自己共3个子宫采取“2+3+3”模式,在当年9、10月间先后诞下4男4女八胞胎。一时间“代孕”问题再次引起公众的广泛关注。③

“代孕”问题引起的道德争议,集中在下列两个方面:像广州这对L姓富商一样的代孕需求者的代孕诉求是正当的吗? 像上述各怀三胎的两位代孕妈妈一样的代孕提供方的生育劳动交易是正当的吗? 必须注意到的是,自1996年中国大陆第一例代孕试管婴儿顺利诞生以来,代孕技术获得长足发展,已经成为临床较为成熟的一项专业医疗技术;可以说,提供安全、可靠的代孕技术在中国大陆地区是完全可行的。④ 这也就是说,诉诸“免受伤害”的理由反对代孕交易行为

---

① Steiner, Hillel, *An Essay on Rights*, Oxford: Blackwell, 1994, pp.87–88.

② [法]让·雅克·卢梭:《社会契约论》,何兆武译,商务印书馆2003年版,第16页。

③ http://news.xinhuanet.com/2011-12/19/c_111254247.htm,浏览时间:2011年12月21日。

④ 张丽珠:《赠卵试管婴儿和代孕试管婴儿工作的回顾,评价和管理》,《第一届中华医学会生殖医学分会、中国动物学会生殖生物学分会联合年会论文汇编》,2007年第4卷第1期。

愈加缺乏说服力。同时,代孕交易行为都是成年公民间的自愿行为,如果禁止代孕交易,就必须给出有力的反驳依据。辩护代孕交易的理由,一方面,在于以不伤害、不侵犯、不强迫为前提下,任何人都有权利与他人签订合同;另一方面,在于代孕妈妈对自己身体的所有权,或者对自己生殖能力的支配权。可见,代孕交易双方的道德辩护都是以各自的“道德权利”为基点展开的。现代经济学理论对上述辩护都是表示支持的,即生育劳动与人类的其他劳动形式一样,都是可以交易的。代孕交易行为至少在道德上是允许的。自然,反对代孕交易行为的观点,也就集中在生育劳动与人类的其他劳动形式不同,不能作为商品进行交易。这一观点的论据就建立在生育劳动的某些根本特征决定了生育劳动不可买卖。如果这一观点是成立的,那么,无论是“交易权利”,还是“身体所有权/生殖能力支配权”作为代孕交易行为的理由的资格都将被取消。(1)妇女的生育劳动包含遗传与孕育的成分,而其他类型的劳动不涉及劳动者与劳动产品的遗传关系;(2)妇女的生育劳动过程并不是在每一个阶段都是自愿的,除了同意受孕以外,排卵、受精、怀孕及生产,都不受怀孕妇女的控制;(3)妇女的生育劳动期限长达9个月,其他类型的劳动形式一般不需要这么长的时间;(4)妇女的生育劳动极大地限制了妇女怀孕期间的行为,而其他类型的劳动形式则不会如此严重地影响劳动者的身体。然而,从理论上讲,上述四条理由都很难成为反对代孕交易的有力依据。就理由(1)而言,现在我们通常讨论的代孕妈妈与本案例中的代孕妈妈一样,都不是遗传学意义上的代孕妈妈(genetic surrogate mother),而仅仅是妊娠意义上的代孕妈妈(gestational surrogate mother)。前者是指,替人怀孕的妇女不仅提供子宫也提供卵子,通过人工授精技术与代孕需求方男性的精子结合而受孕分娩,与所生后代有遗传学关系;后者是指,替人怀孕的妇女不提供卵子只提供子宫,接受代孕需求方男女经体外授精形成的胚胎并进行胚胎植入妊娠分娩,与所生后代没有遗传学关系。① 就理由(2)而言,在现代化工业生产流程中,许多劳动者对生产线的装配速度都是无法控制的,而且,劳动者在生产线上的工作与整个生产线的最终生产目的也是不相关的,其自愿程度比生育劳动还要低。就理由(3)而言,作家与出版社签订的写作合同,往往都超过9个月,可

---

① Nakashi, A. and J. Herdiman, “Surrogacy”, in *Journal of Obstetrics and Gynaecology*, Vol.27, No. 3, 2007, pp.246-251.

有谁会反对商业出版合同吗？就理由(4)而言，女模特与模特公司签订的合同，往往使模特公司的老板有权利控制女模特的饮食、健身、美容等行为，有时甚至是强制性的。对于女模特遭受到的身体限制，以及她们出售自己身体能力的行为，反对代孕交易的人们对此却都没有异议。由此可见，试图从生育劳动的自然特征的角度"取消"以"交易权利"与"身体所有权/生殖能力支配权"作为代孕交易行为的辩护理由的有效性，是行不通的。那么，退而求其次，是否存在着比"交易权利"与"身体所有权/生殖能力支配权"更需要优先考虑的、有效性更强的道德理由呢？需要注意的是，"刘吉桂事件"与"八胞胎事件"有一个相似的地方往往被忽略了，就是代孕需求方和那44名乘客一样都是处于"不利"的境况中，或者说，两者的诉求都可以被视作一种"求助"。吊诡的地方就在于，刘吉桂明明提供了帮助，做了好事，却被视作一场交易，差点儿被扣上"乘人之危"的恶名；而久婚不孕的L姓富商明明获得了帮助，却用"公平交易"来为自己辩护，而两位代孕妈妈明明提供了帮助，做了好事，却也要用"我的身体我做主"来为自己辩护，好像做了什么坏事一样。请允许笔者使用"情境类比"的方法，说明代孕交易行为的内在关系与道德因素。

电梯情境(1)：行动者A和行动者B彼此是好友，仅有他们两人处在同一部电梯中，行动者A胳膊受伤，绑着绷带，按不到25层的按钮，他对行动者B说：25层。行动者B回应，说：好的。随即按了25层的按钮。该情境可以称作"亲情情境"。

电梯情境(2)：行动者A和行动者B彼此陌生，仅有他们两人处在同一部电梯中，行动者A胳膊受伤，绑着绷带，够不到25层的按钮，他对行动者B说：麻烦您，25层，谢谢。行动者B回应，说：好的。随即按了25层的按钮。行动者A为表示感谢，拿出新买的一盒费列罗巧克力，请行动者B品尝。行动者B说，谢谢。于是，随便挑了一颗。该情境可以称作"助偿情境"。

电梯情境(3)：行动者A和行动者B彼此陌生，仅有他们两人处在同一部电梯中，行动者A胳膊受伤，绑着绷带，够不到25层的按钮，他对行动者B说：麻烦您帮我按一下，25层，我用一盒费列罗巧克力作为回报，可以吗？行动者B碰巧非常想尝尝费列罗巧克力的滋味，说：好的。随即按了25层的按钮。行动者A为履行承诺，拿出新买的一盒费列罗巧克力，赠予行动者B。行动者B说，谢谢。并接过这盒巧克力。该情境可以称作"交易情境"。

在情境(2)中,行动者A的诉求,是基于他需要帮助,行动者B的回应,是基于慈善或义务,而行动者A在得到帮助后的补偿行为,也是基于对行动者B提供帮助的感谢。行动者A和行动者B的行为都是基于道德的考虑,彼此承认对方的道德地位,即在道德上相互尊重。而在情境(1)中,无论行动者A的诉求,还是行动者B的回应,都可以视作基于友谊而行动的。需要说明的是,友谊并不是对朋友的偏爱,恰恰是将朋友视作具有道德地位的人;如果仅仅将朋友视作具有道德地位的人,那么,这就不是真正的友谊。[①] 因此,在情境(1)中,友谊作为行动理由的内在实质,仍然是彼此承认对方的道德地位,即在道德上相互尊重。即便行动者B做出情境(2)中的补偿行为,也不会影响到"相互尊重"作为行动者A和行动者B的行动原则的道德辩护。然而,情境(3)就截然不同了。行动者A的"求助"诉求与行动者B的"救助"回应,因行动者A所谓的"公平交易"诉求,而变成了"身体所有权/支配权"的使用与交换,"相互尊重"的道德原则在行动者A和行动者B的行动依据中被剔除。行动者A和行动者B的"求助—救助"关系实质被表面上的"交易—合作"关系所遮蔽。

"如果一个行动在其行动情境中被适用于一般的行为规则的任何一组原则所禁止,那么,这一行动是不正当的;而这一一般的行为规则,作为知情的、非强制的、普遍的共识的基础,任何人都无法合理地加以拒斥。"[②]在情境(1)和情境(2)中,以"相互尊重"的道德原则为前提,行动者A对行动者B提出的"求助"诉求,是任何处在行动者B位置上的人们都无法合理地加以拒斥的。如果行动者A发现行动者B处于困境,并且,对行动者B施助的行为不会对行动者A造成直接危险,或者行动者A有能力对行动者B施助,那么,行动者A对使行动者B及时摆脱困境是负有义务的。而在情境(3)中,行动者A对行动者B提出的"公平交易"诉求,是可以被合理地加以拒斥的。但是,拒斥的理由并不是行动者B拒绝交换自身的"身体所有权/支配权"的意愿,因为,一方面,"意愿"既可以作为拒斥的理由,也可以作为接受的理由;另一方面,行动者B拒绝交换自身的"身体所有权/支配权",即他承认了他与行动者A的关系是"交易—合作"关

① Scanlon, T.M., *What We Owe to Each Other*, Cambridge, Mass.: Harvard University Press, 1998, p.164.

② Scanlon, T.M., *What We Owe to Each Other*, Cambridge, Mass.: Harvard University Press, 1998, p.153.

系，而无视行动者 A 处于不利（按不到按钮）、需要帮助的道德情境。行动者 B 的“交易”动机替代了“援助”动机，没有给予行动者 A 应有的道德考虑，因此，以拒绝交换自身的“身体所有权/支配权”为拒斥行动者 A 的“公平交易”诉求，同样是不合乎情理的。拒斥的理由只能是，行动者 A 的“公平交易”诉求缺乏情境（1）和情境（2）中的“相互尊重”的道德原则作为基础，行动者 A 没有给予行动者 B 应有的道德考虑，即行动者 A 在道德上不尊重行动者 B。读者似乎已经觉察，行动者 A 对应的是代孕需求方，行动者 B 对应的是代孕提供方，在代孕交易行为中，代孕需求方以“交易权利”为自身进行道德辩护，而代孕提供方则以“身体所有权/生殖能力支配权”为自身进行道德辩护，“交易权利”与“身体所有权/生殖能力支配权”均属于道德权利，作为辩护理由是有效的，在此种情况下，我们通过考虑为道德权利的正当性提供依据的道德理论——契约主义的检测机制，观察作为辩护理由的道德权利是否能被契约主义提供的辩护道德权利的道德原则所排除，即该道德原则是否可以有效取消道德权利作为辩护理由的正当性，而直接作为辩护理由为情境中的某一行为辩护。在代孕交易行为中，“相互尊重”的道德原则排除了“交易权利”与“身体所有权/生殖能力支配权”作为辩护性理由的正当性，它提醒人们，代孕需求方与代孕提供方的关系实质是“求助—救助”关系，在此情境中，“相互尊重”的原则作为行动理由必须予以优先性考虑。

第五章 契约主义道德理论与“道德领域的核心部分”

第一节 道德领域的当代困境及回应

一、道德领域的基础性危机

改革开放四十多年来,中国的经济、政治、社会状况呈现出日渐自由、多元的发展趋势。中国的伦理道德也没有例外,但既有的道德观念、行为模式遭受到质疑、冲击,甚至否定,逐渐失去对人们的影响和约束,而新的道德观念、行为取向又尚未被人们普遍接受,从而使人们陷入道德迷茫与困惑,甚至是道德混乱或堕落。如何使整个社会继续保持自由、多元、开放的发展趋势,同时又免于道德失范和价值“真空”的危机呢?其实,并不仅仅在中国,在全球范围内,人类社会正遭遇到道德领域的基础性危机。“我们所处的现实世界的道德话语……正处于一种严重的无序状态……我们所拥有的只是一个概念体系的残片,只是一些现在已丧失了那些赋予其意义的背景条件的片断。我们确实所拥有的是道德的假象。虽然我们仍在继续使用许多关键性词汇,但在很大程度上(如果不是全部的话),我们在……道德……方面已经丧失了我们的理解力。”①究其根本而言,在于“日常的道德话语与一种‘目的—序列化的世界观’(a view of world as purposively ordered)是相适应的,但随着人类日益放弃这一世界观,我们已经不再能够真正理解我们所作出的道德要求了。有助于解释我们行为的客观价值的道德

① MacIntyre, Alasdair Chalmers., *After Virtue*, University of Notre Dame Press, 1981, p.2.

预设与基于我们当前的世界观提供事实上最佳解释的欲求、信念这样的心理状态之间已经不再吻合。这种不吻合的情况所带来的威胁,就是道德观念遭到破坏而沦落为仅仅是人类学意义上的好奇心。"①

这种"目的—序列化的世界观"的典型特征,即终极目的与必然序列;其典型范例,即基督教世界观与共产主义世界观。对于每一个基督徒而言,上帝作为一切价值与规范的终极目的是不证自明的。如果"世界上不存在上帝,灵魂也并非不朽……那么请问,我何必要好好生活、积德行善呢,既然我在世上要彻底死亡,既然不存在灵魂的不朽,那事情很简单,无非就是苟延残喘,别的可以一概不管,哪怕什么洪水猛兽。如果是这样,那我为何不可以去杀人、去抢劫、去偷盗,或者不去杀人,而直接靠别人来养活,只管填饱自己的肚皮呢?"②对于每一个共产主义者而言,"共产主义"的发展步骤都属于必然序列。"每一个阶段都是必然的,因此,对它发生的那个时代和那些条件说来,都有它存在的理由;但是对它自己内部逐渐发展起来的新的、更高的条件来说,它就变成过时的和没有存在的理由了;它不得不让位于更高的阶段,而这个更高的阶段也要走向衰落和灭亡。"③但是,现在这种"目的—序列化的世界观"已经瓦解,"上帝死了,永远死了! 是咱们把他杀死的!"④因此,"没有目的,没有对于目的的回答。"⑤同时,"柏林墙的倒塌,苏联继而解体,人们额手称庆,认为共产主义消亡了,马列主义这股意识形态力量式微了。无疑,这样做和这样认为都是正确的。"⑥

二、不同道德理论应对道德基础性危机的方式

面对"目的—序列化的世界观"的崩解,不同的"道德话语"或者以各自的方

① Gauthier, David, "Why Contractarianism?", in *Contractarianism/Contractualism*, ed.Stephen Darwall, Oxford: Blackwell, 2003, p.92.

② [俄]陀思妥耶夫斯基:《书信选》,冯增义、徐振亚译,人民文学出版社1980年版,第3页。

③ [德]马克思、恩格斯:《马克思恩格斯选集》第4卷,中共中央马克思恩格斯列宁斯大林著作编译局编译,人民出版社1995年版,第217页。

④ [德]弗里德里希·尼采:《快乐的哲学》,黄明嘉译,漓江出版社2000年版,第151页。

⑤ [德]弗里德里希·尼采:《权力意志》,张念东、凌素心译,商务印书馆1991年版,第280页。

⑥ [美]伊曼努尔·华勒斯坦:《自由主义的终结》,郝名玮译,社会科学文献出版社2002年版,第7页。

式延续既有的理论功能，或者复归传统思想资源，恢复“目的—序列化的世界观”的最初形态。前者以康德主义的义务论道德理论和功利主义的后果主义道德理论为代表；后者以亚里士多德主义的美德论道德思想为代表。

“所有的命令，要么是有条件的，要么是无条件的。前者将一个可能行动的实践必然性作为实现一个人所欲求的（或一个人可能欲求的）其他事物的手段；后者则将一个行动作为自身的客观必然性，而不涉及其他任何目的。既然每一项实践法则都将一个可能行动视作好的，从而对一个依据理性做出实践决策的主体而言是必然的，那么依据在任何方面都是好的意志的原则，所有的命令就都是必然行动的决策公式。”①“必然行动”也就意味着，“我们不可避免地面对道德法则，并且敬畏道德法则；但道德法则与我们的偏好、欲求在根本上却是对立的。我们试图调和二者，但我们从未成功过”②，作为行动者，我们总是“不得不”、“负有义务”或“被要求去做”。然而，“除非你像犹太人、斯多葛主义者和基督徒那样信仰‘上帝是一个立法者’，否则你不可能拥有这样的观念。”③在此，“上帝”作为“终极目的”的立法者地位被“悬置”，“不得不”、“负有义务”或“被要求去做”的概念却被保留下来，但这些概念的有效性与“上帝是一个立法者”的观念是息息相关的，当后者不再为人类所信仰时，前者的有效性、融贯性就失去了理论根基。义务论试图“悬置”终极目的，“保留”必然序列，以延续既有的道德话语的功能的方式是不成功的。“功利主义的行为标准并不是行动者本人的最大幸福，而是全体相关人员的最大幸福……人生的终极目的，就是尽可能多地免除痛苦，并且在数量和质量两个方面尽可能多地享有快乐，而其他一切值得欲求的事物（无论我们是从我们自己的善出发还是从他人的善出发），则都与这个终极目的有关，并且是为了这个终极目的的。”④用“绝大多数人的最大幸福”原则替代“上帝”、“共产主义社会”作为新的终极目的，根据这一新的终极目的重新建构新的必然序列。但是，在这一重构过程中，“行动的价值永远是看效

---

① Kant, Immanuel, *Groundwork of the Metaphysics of Morals*, trans. Mary J. Gregor, Cambridge: Cambridge University Press, 1998, p.25.

② Singer, Peter, *How Are We to Live? Ethics in an Age of Self-Interest*, Prometheus Books, 1995, p.183.

③ Anscombe, Elizabeth, "Modern Moral Philosophy", in *Twentieth Century Ethical Theory*, ed. Cahn, Steven M. and Joram G. Haber, Englewood Cliffs: Prentice-Hall, 1995, p.355.

④ ［英］约翰·穆勒：《功利主义》，徐大建译，上海世纪出版集团2008年版，第12页。

果的（即派生的），而不是内在的”①；甚至可能沦为只晓得“快乐”的“缸中之脑”②。可见，功利主义试图“替代”终极目的，“重排”必然序列，以延续既有的道德话语的功能的方式也是不成功的。

此外，功利主义、义务论等道德理论都试图追求自身理论的完备性（completeness），即试图根据自身理论的基本概念及引申概念统摄和解释道德领域中的一切问题。然而，“实际上，期望任何可行的伦理学体系能够在每一方面投合我们的天性和感情，是一种不切实际的奢望。一个人身上完全可能存在相互冲突的态度，因此要找出一种投合我们全部态度的道德理论是完全不可能的。”③也就是说，道德理论追求理论完备性会导致行动者的辩护性理由与动机性理由间的不一致，即行动者 A 有动机 m 采取行动 a，却没有理由 r 辩护行动 a，或者行动者 A 有理由辩护行动 a，但却没有采取行动 a 的动机 m。前者即义务论者，比如久负盛名的“出于利他动机而撒谎的假设权利”（a supposed right to lie from altruistic motives）情境，行动者 A 的好友行动者 B 冲进行动者 A 的家，请求行动者 A 将她藏起来以躲避行动者 C，一个挥舞着板斧的疯子，行动者 A 知道行动者 B 是个好人，于是将她藏进自家的壁橱中。片刻后，行动者 C 闯进来向行动者 A 询问行动者 B 的下落，并扬言要将其大卸八块。无论行动者 A 对行动者 C 说不知道或者行动者 B 不在他家（撒谎），还是说行动者 B 通常喜欢在这个时候到公园散步（误导），行动者 A 的动机都是营救行动者 B，使其免于行动者 C 的伤害。但是，行动者 A 基于义务论的道德理论却没有理由可以辩护自己的行为。因为“不管对自己或他人会产生多大的不利，在不可避免的陈述中，诚实都是一个人对每个人的正当义务”；“通过撒谎或误导……使得我们对日常话语失去信任，因而导致所有基于契约的权利无效……，这是一种对人类的普遍伤害。”④后者

---

① ［澳］斯马特、［英］威廉斯：《功利主义：赞成与反对》，牟斌译，中国社会科学出版社 1992 年版，第 81 页。

② ［美］罗伯特·诺齐克：《无政府、国家和乌托邦》，姚大志译，中国社会科学出版社 2008 年版，第 51—54 页。

③ ［澳］斯马特、［英］威廉斯：《功利主义：赞成与反对》，牟斌译，中国社会科学出版社 1992 年版，第 69 页。

④ Kant，Immanuel，“On a Supposed Right to Lie from Altruistic Motives”，in *Living Well*，ed.Steven Luper，Fort Worth：Harcourt Brace，2000，p.350.

即功利主义者，比如“著名的火灾危机”（famous fire cause）情境①，行动者A和行动者B同时身陷一幢失火的大楼中，行动者A是对人类、对世界贡献良多的杰出人士，行动者B是该幢大楼的清洁工，试图采取营救行动的行动者C（行动者C并不是专业消防员）虽然是行动者A的仰慕者，但行动者B却是行动者C的母亲，如果在行动者A与行动者B中间只能救一个，那么，基于功利主义的内在要求，即“行动者在他自己的幸福与他人的幸福之间，应当像一个公正无私的仁慈的旁观者那样，做到严格的不偏不倚”②，行动者C优先营救行动者A是可以获得有力的道德辩护的，不论是出于“谁更需要营救”，还是出于“谁更值得营救”。但是，行动者C仍然可能没有动机营救行动者A，因为每一个人身上都有的对于亲人、朋友的“偏爱”强烈地促使行动者C优先营救行动者B。

面对功利主义、义务论的道德话语在“目的—序列化的世界观”失效的背景下的理论诉求的挫败，以复兴亚里士多德主义的美德理论为旨趣，“整合”终极目的，“悬置”必然序列的应对方式日渐显示出其理论活力。将所有的道德观念都整合进“幸福”（eudaimonia）这一人生最高目的之中，不以超验的概念或构想作为终极目的，而是回归作为整体的现实生活，“幸福是受人羡慕的、完善的事物”（1101b31-1102a2），“幸福是最好的，最崇高的、最快乐的”（1099a24）。此处的“幸福”与现在人们通常所理解的“幸福”的内涵大不相同，后者被理解为一个人的主观欲求在当下获得满足的状态；而前者则是指一个人一生当中的不同目的和价值观念被统合与完善的状态。基于“整合”后的终极目的——“幸福”，“必然序列”也不再是实现终极目的的一系列步骤，而成为作为整体的终极目的的构成部分，即行动仅取决于与终极目的（幸福）的相关性，而不取决于是否是终极目的的实现手段。与“幸福”相关的是作为“美德”的“卓越”（areté），“卓越是一种体现在决策中的性情，取决于与我们相关的适度。这种适度是按理性加以规定，即如同一个明智的人会做的那样加以确定。卓越是两种坏的状态——即过度与不及——的中间状态。在情感与实践中，坏的状态要么是不及，要么是过度；而卓越寻找并选取二者的中间状态。”③（1106b36-1107a6）在当代复兴的

---

① Godwin，William，*Political Justice*，ed.Isaac Kramnick，Middx：Penguin Bookes，1985，pp.169-170.

② ［英］约翰·穆勒：《功利主义》，徐大建译，上海世纪出版集团2008年版，第17页。

③ Aristotle，*The Nicomachean Ethics*，trans.David Ross，Oxford：Oxford University Press，2009，p.31.

美德伦理与功利主义、义务论的道德理论一样也有追求完备性的理论倾向，认为“美德”是根本的，其他道德概念要么还原为“美德”，要么在“美德”的基础上获得辩护。但必须说明的是，美德伦理的理论完备性诉求是外在的，而功利主义、义务论的道德理论的完备性诉求是内在的，即完备性诉求对于前者不是必要的，而对于后者却是必要的。以“勇敢”这一“美德”为例，假设行动者 A 受到威胁或者利诱，而对恶行表示沉默。根据美德伦理，行动者 A 不应该保持沉默，因为这样做是不勇敢，是怯懦。如果我们进一步追问，“勇敢”意味着什么？为什么拥有“勇敢”的品性优越于拥有“鲁莽”、“怯懦”的品性呢？难道不是作为“正义”的道德规范在区分上述两者吗？难道勇敢的人不是遵从作为“正义”的道德规范的人吗？如果“勇敢”不是遵从这一“正义”的道德规范的品性，那么它究竟意味着什么呢？对上述问题的任何追问只要有一个是合理的，我们的回答都无可避免地将问题引出美德伦理的理论界限，也就是说，美德伦理与功利主义、义务论的道德理论在追求完备性方面同样是不成功的。同时，“整合”终极目的，“悬置”必然序列的方式也未必能够成功应对“目的—序列化的世界观”失效的事实。如果说“‘悬置’终极目的，‘保留’必然序列”与“‘替代’终极目的，‘重排’必然序列”的应对方式是忽略“目的—序列化的世界观”失效的事实，那么“‘整合’终极目的，‘悬置’必然序列”的应对方式就是试图重建一种既不同于“目的—序列化的世界观”，也不同于当前主流世界观的旨在回归古代道德生活形态的世界观。这在经验层面几乎是不可能的，只要略微想想当今社会中“灵活”、“易变”的两性关系（一夜情、婚外情）；冷漠、逃避的人际交往（网络交友、“援助交际”）；无可抑制的欲求与焦虑（透支消费、沉迷毒品）；不遗余力地嘲讽“崇高”、拒绝“深刻”（紧跟时尚、追求快感）……我们就会明白这一点，已然形成的多元的、世俗的、感情用事的社会形态与整体的、理想的、深思熟虑的传统世界观是格格不入的。

三、契约主义对道德领域的基础性危机的回应

亚里士多德将解释世界变化的原因分为四类：质料因、形式因、动力因、目的因①。（194b24-194b34）其中，“目的因”意指事物存在的原因或改变的原因，包

① ［古希腊］亚里士多德：《物理学》，张竹明译，商务印书馆 1982 年版，第 50 页。

括有目的的行为与动机,即意志、需求、动机、理性、非理性等;“动力因”意指改变事物的动力及起因,即什么改变了什么、什么造成了这一改变,包括所有事物间的媒介、有生命的或无生命的、动力的起源,及被改变的事物。“目的—序列化的世界观”就是以“‘目的因’解释理论”为基础的,而契约主义道德理论应对道德领域的基础性危机的方式,就是彻底摆脱“‘目的因’解释”,而转向“‘动力因’解释”。契约主义道德理论的理论竞争方式并不是试图取代其他道德理论,而是通过理论的有效性与占据核心领域的方式,令其他道德理论的理论效果减弱进而退出道德的核心领域。这种理论竞争方式与演化论非常相似:演化论就是以“动力因”为基础解释人类社会演变的理论,而上帝创世说则是以“目的因”为基础解释人类社会发展方向的理论。演化论并不试图取代上帝创世说,而是通过其理论的有效性逐渐占据理论解释的核心地位,比如演化论从来不否定上帝的存在,而是说上帝的存在与否,在理性的界限内是无法被证明的。再比如,我们说“雷电现象是正负电荷接近在空气中造成膨胀爆炸、发热发光的现象”,但这一点并没有否定“雷电现象是雷公、电母造成的”,而是说“雷电现象是雷公、电母造成的”在经验上根本无法确证。相比之下,越来越多的人相信“演化论”,相信“雷电现象是正负电荷接近在空气中造成膨胀爆炸、发热发光的现象”。契约主义道德理论的类似“动力因”解释的理论竞争方式有效抑制了其追求理论完备性的虚妄,那么,如何在不诉求理论完备性的情况下,保证其有效性呢?笔者认为,契约主义道德理论保证自身理论有效性的方式有两种:其一,契约主义道德理论涵盖“道德领域的核心部分”(本章第二节);其二,契约主义道德原则的“次阶”(second-order)性质(本章第三节)。

四、婚前性行为还是道德问题吗?

笔者针对越来越多的中国人不再将婚前性行为当作道德问题这一社会观念和态度的转变现象展开剖析,对支持这一现象的理论依据——不伤害原则和婚前性行为的私人性质——提出质疑,尝试论证不伤害原则不能为婚前性行为提供充分的道德辩护;即便存在没有造成伤害的婚前性行为,选择婚前性行为也并不总是合乎理性的最佳选择;运用工具理性实现人类性欲望的同时,不应该忽视工具理性自身的规范性;应该对人类性欲望自身及其实现方式进行理性反思,以立足弱者立场的将伤害降低到最小的责任原则替代立足价值中立立场的不伤害原则；婚前性行为仍然算是道德问题，即便它可能并不在契约主义道德理论涵盖的“道德领域的核心部分”，至少也不像某些“现代性”“后现代性”的支持者所想象的那么简单。

随着社会开放程度的增加，西方“性解放”、“性革命”的观念逐渐深入人心，越来越多的中国人不再将婚前性行为当做道德问题。性社会学家潘绥铭教授在2000年与2006年的性调查中询问了同样的一道题：现在社会上，有些人在恋爱中跟对象发生了性关系，但是两个人后来又真的结婚了。那么，这算不算道德问题呢？您的看法是什么？选项有四个：（1）根本不算问题；（2）一般来说，不算；（3）也许应该算是道德问题；（4）完全是道德问题。在中国成年人中，选择前两项答案的，也就是不认为这种婚前性行为是道德问题的，在短短6年中，从2000年的55.69%增加到2006年的63.78%，增加了8.1个百分点，已经构成统计学上的显著差异（0.005）。[①] 并且在对大学生性调查中发现，对于配偶曾经与他人发生婚前性行为的原谅程度也呈上升趋势，男性中倾向“什么都不原谅”的由2001年的14.3%下降到2006年的10.1%，减少了4.2个百分点，而倾向“什么都可以原谅”的由2001年的5.9%上升到2006年的22.4%，增加了16.5个百分点；女性中倾向“什么都不原谅”的由2001年15.7%下降到2006年的7.0%，减少了8.7个百分点，而倾向“什么都可以原谅”的由2001年的6.3%上升到2006年的20.5%，增加了14.2个百分点。如果考虑各种不同的谅解理由，男性与女性对配偶曾经与他人发生婚前性行为持宽容态度的百分比都达到了90%左右。[②] 这些数据都在表明中国社会的道德观念的转变，向着对婚前性行为持更宽容态度的方向转变，人们的性态度和性行为正在向着越来越自由、开放的方向发展。然而，这一方向是“正确”的方向吗？“越来越多的中国人不再将婚前性行为当作道德问题”究竟意味着什么呢？人们往往由于新旧信念的冲突，引起对旧传统、新趋势的种种疑问，而对这些疑问的再思考往往会给我们不同的思辨体验。

---

① 潘绥铭：《中国性革命成功的实证——全国成年人口随机抽样调查结果简报，2000年与2006年的对照研究》，（台湾）万有出版社2008年版，第50页。

② 潘绥铭：《中国性革命成功的实证——全国成年人口随机抽样调查结果简报，2000年与2006年的对照研究》，（台湾）万有出版社2008年版，第40—41页。

1.“婚前性行为”的概念澄清

澄清概念的含义，显然是弄清问题的首要步骤。什么是婚前性行为？我们该如何界定这一概念？鉴于社会调查统计的方便，婚前性行为一般被概括为指在正式登记结婚之前所发生的任何形式的性交合。从行为上来说，接吻与各种性爱抚都不算；从主体上来说，既包括未婚者，也包括已婚者与离婚丧偶者；从对象来说，无论与什么人发生的都算；从时间上来说，一生中只要有过，就算。① 当然在更细致的维度上仍然可以进一步解析。② 我们在讨论中一般不涉及性交易与同性性行为，因为性交易涉及公共领域，同性婚姻问题本身仍悬而未决，与婚前性行为的私人性、与婚姻相关的主要特征不相关。接下来弄清问题的来龙去脉也是十分必要的。“历史上的一切文化中，无论原始的、古代的或近代的，非婚性交合都一直是一件关乎社会的大事。但在几乎所有文化中，人们一直认为婚外性交合比婚前性交合更值得重视。”③因为婚前性行为既不涉及财产权问题，又不影响婚姻制度及社会稳定，但这并不表明人们是赞同婚前性行为的，尤其是女性在婚前发生性行为，相反在欧洲和我国的宋代都存在过新婚“验红”（检验初次性交，新娘是否出血）的惯例。中国文化固有的以性为耻的观念与中国共产党的禁欲传统也都对中国人发生婚前性行为产生过限制作用。④ 现在的人们对处女情结不再坚守，一方面，是女权运动的兴起，男女平等的观念深入人心，男性的贞操无从检验，只是单方面要求女性守贞，却放纵男性为所欲为的做法渐渐为人们所摒弃；另一方面，现代医学证明，初次性交不流血并不能证明女性不是处女，动摇了“验红”的科学性。资料显示，从20—60岁的中国人的总体上来看，婚前性行为的发生率从2000年的38.9%增加到2006年的43.5%，每年平均增长4.8%，构成了统计学上的显著差异，女性在5年中的年平均增长率达到了8.5%，明显高于男性的2.4%。⑤ 然而，诉诸多数，诉诸宽容，并不能证明某一行为的正当性，只有诉诸理性，诉诸可辩护的理由，才能证明该行为的正当性，

---

① 潘绥铭：《中国性革命成功的实证——全国成年人口随机抽样调查结果简报，2000年与2006年的对照研究》，（台湾）万有出版社2008年版，第44页。

② 潘绥铭：《当代中国人的性行为与性关系》，社会科学文献出版社2004年版，第105页。

③ ［美］阿尔弗雷德·金赛：《金赛性学报告》，潘绥铭译，海南出版社2007年版，第147页。

④ 李银河：《李银河自选集》，内蒙古大学出版社2006年版，第25—26页。

⑤ 潘绥铭：《中国性革命成功的实证——全国成年人口随机抽样调查结果简报，2000年与2006年的对照研究》，（台湾）万有出版社2008年版，第44页。

进而检验"婚前性行为无关道德"是否能够成为"理性反思的共识",即得到辩护的公众舆论。①

2."婚前性行为无关道德"的确证与诘难

对婚前性行为无关道德进行辩护的策略很多,诉诸自愿原则、相互原则、调适原则等,然而最为普遍和最为重要的是诉诸不伤害原则,即以不伤害他人为前提的任何人自愿发生婚前性行为都是至少在道德上被容许的。因为其他原则不是涵盖在婚前性行为的概念内,就是被不伤害原则所兼容,因此笔者将集中探讨不伤害原则。② 而且现代伦理学在讨论道德与人类性行为时,通常将其影响公众或社会的方面与其仅涉及私人的方面加以区别,婚前性行为显然属于后者。③ 也就是说,婚前性行为一般只会影响到当事人,不会影响到公众,应当仅就当事人作道德考量。这就是为什么越来越多的中国人不再将婚前性行为当作道德问题的重要原因。换句话说,如果说婚前性行为没有给当事人带来伤害,那么它与公众即便存在着某种联系,那也仅仅是其是否与所谓公众趣味保持一致的问题。这也就意味着,可以发生婚前性行为的当事人是否发生婚前性行为,相对于公众来说,无论怎样选择,都没有是否道德的含义。总而言之,对婚前性行为的辩护焦点集中在(1)不伤害原则为婚前性行为提供了至少在道德上被容许的支持;(2)婚前性行为的私人性质表明其道德性与公众无关,不应受到外部干涉。上述两点就构成了越来越多的中国人不再将婚前性行为当作道德问题的核心依据。

首先来看不伤害原则,即以不伤害他人为前提的任何人自愿发生婚前性行为都是至少在道德上被容许的,能否为婚前性行为提供辩护。第一个问题,不伤害他人,当然在婚前性行为中主要是指当事人双方来说的,究竟是指发生婚前性行为以后通过仔细体察确认没有彼此伤害,还是指在发生婚前性行为以前通过认真考量规避伤害呢?如果是前者,除非能够证明婚前性行为是绝无伤害可能的,否则无伤害的婚前性行为就会演变成一种侥幸与运气;如果是后者,那就要看我们能否找到100%的方法来规避婚前性行为以及相关情势给当事人带来的伤害了。伤害一般分为两种,要么是生理方面的,要么是心理方面的。婚前性行

① 陈真:《应用伦理学研究的几个方法论问题》,《哲学动态》2003年第12期。

② 潘绥铭:《当代中国人的性行为与性关系》,社会科学文献出版社2004年版,第149页。

③ 雅克·蒂洛、基斯·克拉斯曼:《伦理学与生活》,程立显、刘建译,世界图书出版公司2008年版,第279页。

为所面临的生理伤害，主要包括感染性病、艾滋病与意外怀孕、堕胎。艾滋病的潜伏期一般可以持续6个月至10年以上，在此期间，患者从表面看与健康人无异；性病如梅毒，进入隐匿期，没有任何症状，包括梅毒在内的很多性病是无法通过观察、触摸来确证的。也就是说，当事人想仅凭自己的观察、感觉来预防性病、艾滋病的感染与传播是不可能的。那么坚持正确使用安全套这一主要预防手段能否避免感染性病、艾滋病呢？根据2001年7月20日美国卫生和人类服务部(HHS)发布的报告，没有科学证据表明安全套能够预防大多数性传播疾病。有些性病甚至可以通过安全套覆盖不到的地方通过接触传播，由于又是肉眼无法发现的病灶，想发生性行为，又避免感染性病，预防难度可想而知。① 这还不包括安全套质量、能否正确使用以及意外破损等情况(至于意外怀孕、堕胎，下文另有论述)。目前，我们没有办法确保发生婚前性行为能完全避免来自性病、艾滋病的伤害。关于心理伤害，主要是指比如说在发生婚前性行为以后产生的懊悔、畏惧、负疚、自闭等消极的，并长期困扰当事人的心理情绪。对此，美国性社会学家阿尔弗雷德·金赛曾有过精辟的解释，"任何一种性行为类型的心理后果，在极大程度上取决于当事者和她所在的社会群体对此如何评价。有时会在性交合之后产生的烦恼，极少是由行为本身或其中的体能输出而造成的。""但是，如果性行为使得一个人与自己所处的社会组织发生公开冲突，那么其心理后果就是严重的，有时甚至是毁灭性的。""所谓性行为引发的不良后果，常常是由于他(她)无法承认或拒绝承认，自己实际上从中获得了满足；或者是由于他(她)顽固地相信：性行为不是根本不能满足自己，就是必定会以某种方式带来意外的后果。这一切，都是他(她)所处的社会共同体的性态度的反映。"②也就是说，婚前性行为给当事人带来的心理伤害，要么来自他(她)所处的社会环境，要么来自他(她)自身对于婚前性行为的态度，而婚前性行为本身与当事人的心理伤害无关。当前的情势正如上文数据所显示的那样，社会的宽容度、个人的自由度都在朝着免于心理伤害的方向迈进，然而婚前性行为以后当事人所产生的心理伤害又的确是存在的，③那么当事人在发生婚前性行为时，是否应考虑并非

① 高耀洁、尚慧彬：《艾滋病与性病防治》，河南科学技术出版社2004年版，第149—150页。

② [美]阿尔弗雷德·金赛：《金赛性学报告》，潘绥铭译，海南出版社2007年版，第299页。

③ [美]托尼·迪瓦恩：《婚前性行为的心理后果与性纯洁的价值》，《中国健康教育杂志》1999年第3期，第44—45页。

婚前性行为本身却与之相关的可能心理伤害呢？这其实就是对不伤害原则提出的第二个问题，来自当事人之外或当事人态度所引起的相关伤害是否应涵盖在当事人进行婚前性行为时的伤害预估中呢？如果涵盖其中的话，心理伤害一般都是在事后才有显现，又都是在事前无法预期的，完全规避显然超出了当事人的能力范围；如果不涵盖其中的话，表面上似乎为婚前性行为提供了一个"精致"的辩护，事实上却犯了因果论证中的"混淆原因"谬误（在因果论证中，如果将某一结果产生的一个必要原因当做导致这一结果产生的充分原因，或者将某一结果产生的必要原因或充分原因当做导致这一结果产生的唯一原因，就犯了"混淆原因"的谬误）。当事人所处的社会环境以及他（她）自身对于婚前性行为的态度都仅仅是发生心理伤害的必要原因，不能当作充分原因或唯一原因来为婚前性行为本身辩护。退一步讲，阿尔弗雷德·金赛对于婚前性行为可能造成心理伤害所作出只是一种解释，并不能用于论证。总之，不伤害原则在辩护婚前性行为时语义表达模糊，概念涵盖不清，很难为婚前性行为提供有力的支持。

此外，不伤害原则在对婚前性行为的辩护中预设价值中立的立场，忽视男女差异，客观上存在有利男性的明显倾向。首先，不伤害原则客观上为男性在婚前发生性行为的欲求提供了辩护。虽然根据数据显示，女性对婚前性行为的接受程度在大幅增加，每年的增幅都在 17.7%，远远超过男性的 5.3%，但是直到 2006 年，男性未婚者的婚前性行为发生率（57.6%）仍然比女性（44.1%）要多出 13.5 个百分点，属统计学上的显著差异。[①] 这说明男性发生婚前发生性行为的欲求远比女性强烈；女性对婚前性行为的接受程度虽然在大幅增加，但是这并不能简单理解为女性的性欲得到了自身的肯定和释放，肯定和释放性欲的方式有很多种，并不必然选择婚前性行为一种方式，女性选择婚前性行为的方式也可以被认为是女性对男性在婚前发生性行为的欲求的接受程度在大幅增加，是女性对以男性意识为主导的"社会常识"的"被动"认同。相比传统社会对性行为的约束，不伤害原则要宽松很多，很明显，哪一方的欲求越主动哪一方就越能被不伤害原则所辩护，被动的一方也就会在认同不伤害原则的同时，认同欲求主动的一方的欲求。其次，男女发生性交合的一个可能后果，就是女性怀孕，这使得女

① 潘绥铭：《中国性革命成功的实证——全国成年人口随机抽样调查结果简报，2000 年与 2006 年的对照研究》，（台湾）万有出版社 2008 年版，第 47—48 页。

性在发生婚前性行为中可能承担的实质风险比男性要多。在事实明显存在着风险承担不均衡的可能情况下，不伤害原则以中立作为立场，而不是以可能承担较多风险的较弱的一方作为立场，这在婚前性行为前虽然有维护女性的作用，然而一旦出现不利于一方的意外状况，就只能袖手旁观了。据相关调查发现，尽管大部分的未婚先孕女性认为她们的男友比较关心避孕问题，但实际上，男方却不主动采取避孕措施或使用低效的避孕措施。① 发生婚前性行为一般都不把生育作为目的，然而一旦意外怀孕，女性就会陷入生育和堕胎的痛苦抉择，选择堕胎，对女性的生理和心理的伤害以及对日后生活的影响都是非常重大的，选择生育，她所面临的伤害与危险也同样不容忽视，②即使避孕不失败，女性在婚前性行为中担心避孕失败的心理负担，也远远超过男性。而这些风险一旦成为事实，将都是男性无法替代和承担的。总之，不伤害原则偏向男性的婚前性欲求，并且无法保护女性在发生婚前性行为后，不受到伤害，并不能保证婚前性行为的合道德性。

当然，我们不能完全排除没有造成伤害的婚前性行为，假如没有造成伤害的婚前性行为侥幸成为事实，再加上婚前性行为的私人性质，当事人以外的公众就更加没有理由干涉了。然而，人类在采取行动时总会有实践方面的理由，也就是说，是否发生婚前性行为对于当事人是可以在理性上进行选择的，那么选择婚前性行为对于当事人是合乎理性的最佳选择吗？选择婚前性行为的当事人都会认为性欲是和食欲一样的人类自然欲望，实现自然欲望是无可厚非的，并不需要有理由，然而事实并非如此。首先，性欲不同于食欲，它不是非实现不可的；还有，它们的对象也不一样。饮食的对象是食物，性交的对象是人。这就意味着，实现性欲不是无条件的；实现性欲必须面对两个主体。选择婚前性行为，并不具有非选不可的实践理由；选择婚前性行为，也并不完全依照当事人中的任何一方的自然性欲望。即便食欲与性欲的类比是成立的，吃，本身不需要理由，吃什么、吃多少、怎么吃，对于当事人难道没有更符合自身利益的安排吗？同样道理，实现性欲本身假定是无可厚非的，但是怎么实现它，难道不需要进行理性选择吗？其次，赞成婚前性行为的当事人总是“把理性称为激情的奴隶”，而忘记了“这个奴

① 吕岩红、李颖：《人工流产女青年性行为和避孕现状研究》，《中国妇幼保健》2007 年第 22 期，第 2957 页。

② 雅克·蒂洛、基斯·克拉斯曼：《伦理学与生活》，程立显、刘建译，世界图书出版公司 2008 年版，第 241 页。

隶是一个有智有识的奴隶”,“在为主人服务时”,“还是能够引导、管教和部分地支配它的主人”的。[①] 我们运用理性选择各式各样的预防性病、艾滋病以及应对意外怀孕的方法和药具,鼓吹和论证“性解放”、“性革命”的正当性,却从不运用理性质疑和反思婚前性行为本身或者另外的哪一种性欲望的实现方式对于双方当事人是最合理的,完全忽视了工具理性自身的规范性。当“性欲是自然的,它不应当受到约束”的观念深入人心的时候,所有的理性都沦为工具,使命只有一个,那就是去最大限度地实现性欲望。由于对性欲望本身缺乏理性反思,是否选择婚前性行为就只能依赖关于婚前性行为的“正负反馈”效果了,即如果发生婚前性行为的当事人得到了好的结果,这种“正反馈”就会自然而然地传播开,婚前性行为就会不可避免地继续增加;反之,如果人们尝到了苦果,那么“负反馈”就会成为抑制婚前性行为增加的有利因素。[②] 可是那些“少数”沦为提供了“负反馈”效果的当事人的处境如何,又该如何应对呢? 在这种“工具理性”的运用方式下,这些都是早已被完全忽略的。至此,我们可以看到,人们在赞成和选择婚前性行为时运用工具理性明显忽视对婚前性行为自身的正当性进行反思,同时又盲目信从简单的归纳理性,试图通过后果来逐渐纠正行为,放弃对行为的整体思考。由于赞成和选择婚前性行为所运用的理性方式存在片面性,选择婚前性行为作为当事人的最佳选择很难获得来自理性方面的确证。

3. 以“伤害降到最低的责任原则”替代“不伤害原则”

由此,我们可以得出结论:越来越多的中国人不再将婚前性行为当做道德问题的理据是不成立的。不伤害原则不能为婚前性行为提供充分的道德辩护;婚前性行为的私人性质,虽然有力地拒斥他人的干涉,但是通过理性的考察与反思,我们可以发现发生婚前性行为并不总是合乎理性的最佳选择。“在面对新的相反事实的判断时应修改原则,而当原则的可靠性得以充分验证时我们便应该修正我们的道德直觉判断。关键是我们应该尽可能扩展我们的道德视野和社会视野,即提高我们的道德观和社会观的融贯程度,‘反思平衡’便是我们反思价值和行动问题的合理要求。”[③]因此,笔者认为,在是否发生婚前性行为的问题

① 徐向东:《道德哲学与实践理性》,商务印书馆 2006 年版,第 129 页。

② 潘绥铭:《当代中国人的性行为与性关系》,社会科学文献出版社 2004 年版,第 140 页。

③ 卢风:《应用伦理学——现代生活方式的哲学反思》,中央编译出版社 2004 年版,第 14—15 页。

上，应该放弃立足价值中立立场的不伤害原则，而应当选用立足弱者立场的将伤害降到最低的责任原则。第一，立足弱者立场，较弱的一方不必像立足中立立场去迎合较强的一方的要求，而是可以更多地从自己的切身利害来考虑问题，较强的一方也不像立足中立立场时想当然地认为自己的欲求是合理的，而是以较弱的一方作为自己考虑利害得失的立场，审慎地评估后果，再采取行动。第二，由于婚前性行为中存在的风险，如感染性病、艾滋病，意外怀孕，无法预期的可能心理伤害，都是目前没有办法做到100%完全规避的，选择婚前性行为的当事人想确保以上的风险绝不发生几乎是不可能的，也远远超出了当事人的能力范围。虽然如此，我们仍然可以变“不伤害”为“将伤害降到最低”，当事人双方都本着“将伤害降到最低”的原则，充分考虑预防措施，一旦出现意外伤害，也都试图将伤害限制在最低的范围内。第三，由于不伤害原则对发生婚前性行为的当事人的要求超出当事人能力范围，导致当事人免于责任追究。因此，以“将伤害降到最低”作为标准，使得免于责任的谅解条件（这些条件是指减轻或取消道德责任的原因，它们或多或少和道德行为所需的条件相关。通常可以分为三类：排除行为可能性的条件、不需要知情或者减轻了需要知情程度的条件、不需要完全自愿或者减轻自愿程度的条件）[1]不能成立，责任归属则得以实施。也就是说，立足弱者立场以及将伤害降到最低都是发生婚前性行为的当事人不可推卸的责任，并且优先于当事人发生婚前性行为的目的。再者，在运用工具理性达成我们的性欲望的同时，更应该重视工具理性自身的规范性，运用工具理性重估并规范我们的价值与欲求，这样就可以有效地防范对简单归纳理性的盲目信从。也就是说，我们应该合理地引导我们的性欲望，其实现方式不仅仅是婚前性行为一种，它应该是多元的，更应该是合理的，而且应该努力将短期的行为目标与自身的整体幸福联系起来，让后者来检验和监督前者，与其相信事后补救调整的方法更切实，不如认同事前评估防范的策略更明智。因此，公众意见的转移和宽容并没有改变婚前性行为问题的性质，它依然是个我们必须认真对待的严肃的道德问题，我们尊重每一个人的自由的同时，不能放弃对婚前性行为的道德关注和理性反思。

---

① 德·乔治：《企业伦理学》，王漫天、唐爱军译，机械工业出版社2012年版，第88页。

第二节 “道德领域的核心部分”的确认与辩护

一、对“道德领域的核心部分”的确认

正如本书导言第二目中所提到的那样,人们关于“道德的界限”的理解是多元复杂的。而契约主义道德理论仅关心其所涵盖的“道德领域的核心部分”(a central part of territory called morality)①,即“由某些关于正当与不正当或‘我们亏欠他人的责任’的明确观念划定的那部分道德”②。这一部分“道德”相对于其他部分的“道德”具有优先性,并且这一点获得道德辩护,对于我们来说,尤为重要。

如何确认所谓“道德领域的核心部分”相对于其他部分的“道德”具有优先性呢?也就是说,当这一部分“道德”与其他部分的“道德”发生冲突时,前者为什么总是压倒后者?针对这一问题的一般性策略是,如果 x 是值得追求的和被珍视的,那么 x 就构成行动者 A 拒绝某些道德原则 p 的理由;当且仅当,y 是值得追求的和被珍视的,且 y 的正当性获得道德辩护,即辩护 y 的道德原则 p′是无可拒斥的,因此,y 是优先于 x 的,但这并不表明,x 对于行动者 A 总是不重要的。③ 比如,如果“友谊”是值得追求的和被珍视的,那么“友谊”就构成行动者 A 拒绝公平原则(朋友与同事向你借车郊游,你会优先借给你的朋友)的理由;当且仅当,“公正”是值得追求的和被珍视的,且“公正”的正当性获得道德辩护,即辩护“公正”的不偏不倚原则是无可拒斥的(朋友与同事都需要做肾脏移植手术,作为医生你不能优先给你的朋友做手术),因此,“公正”是优先于“友谊”的,但这并不表明,“友谊”对于行动者 A 是不重要的。相反,如果朋友与同事向你借车,你优先借给你的同事,那么,你的同事会感谢你,但她会觉得你是个冷漠的

① Scanlon, T.M., *What We Owe to Each Other*, Cambridge, Mass.: Harvard University Press, 1998, p.173.

② Scanlon, T.M., *What We Owe to Each Other*, Cambridge, Mass.: Harvard University Press, 1998, p.178.

③ Scanlon, T.M., *What We Owe to Each Other*, Cambridge, Mass.: Harvard University Press, 1998, pp.166-167.

人;如果朋友与同事都需要做肾脏移植手术,作为医生你优先给你的朋友做手术,你的朋友会感谢你,但她不会因此尊重你。我们可以看到,无论道德原则是否处在无可拒斥的状态中,行动者是否采取行动 a 在道德上总是可以给出正当与否的判断;如果行动者采取不正当的行动,总是令人无法合理接受的。更为重要的是,“友谊”并不是被完全排除在“道德领域的核心部分”之外的,处于“道德领域的核心部分”的“友谊”并没有被不偏不倚原则所统摄,而是保留其道德正当性,除非其作为辩护性理由被合理拒斥。同时,我们只能向那些与我们具有相似行为动机的行动者证明,“道德领域的核心部分”相对于其他部分的“道德”具有优先性。也就是说,在所有道德领域内,行动者永远都没有办法从公正无私的仁慈的外部旁观者的立场做到严格的不偏不倚,功利主义、义务论的理论完备性诉求,因此都是虚妄的,不可能实现的“理论乌托邦”。(第三章第三节第二目)

基于对“道德领域的核心部分”的优先性与重要性的关切,契约主义道德理论有效地链接了行动者动机与行为的不连贯。让我们重新考虑本章第一节第二目中那两个经典案例:“出于利他动机而撒谎的假设权利”情境与“著名的火灾危机”情境。在第一个情境中,作为一个义务论者,行动者 A 的动机是营救行动者 B,使其免于行动者 C 的伤害。但是,行动者 A 基于义务论的道德理论却没有理由可以辩护自己的行为(撒谎或误导)。如果行动者 A 是一个契约主义者,就不会有这方面的困扰。“营救行动者 B”是行动者 A 的动机,因此,“营救行动者 B”就构成行动者 A 拒斥“诚实”原则的理由,除非“营救行动者 B”作为辩护性理由能够被“诚实”原则合理地拒斥,在此,并不是说“诚实”原则是不正当的,而是说在“出于利他动机而撒谎的假设权利”情境中,“诚实”原则较于作为辩护性理由的“营救行动者 B”不具有压倒性。在两个理由都不具有压倒性的情况下,由行动者的动机构成的理由必定被行动者采纳并付诸实施,而且是一定是正当的。在第二个情境中,基于功利主义的内在要求,即“行动者在他自己的幸福与他人的幸福之间,应当像一个公正无私的仁慈的旁观者那样,做到严格的不偏不倚[①]”,行动者 C 优先营救行动者 A 可以获得有力的道德辩护,但是,行动者 C 仍然可能没有动机营救行动者 A,因为每一个人身上都有的对于亲人、朋友的“偏爱”强烈地促使行动者 C 优先营救行动者 B。第一个情境的问题是,有动

① [英]约翰·穆勒:《功利主义》,徐大建译,上海世纪出版集团 2008 年版,第 17 页。

机,没理由;而第二个情境的问题是,有理由,没动机。行动者 C 有营救行动者 B 的动机,即行动者 B 是行动者 C 的母亲,问题是这一动机能否经过不偏不倚的“契约主义检测”,以“友谊”为例,只有在你对朋友与同事都予以同样的道德考虑后,“对朋友的偏爱”没有被不偏不倚原则所拒斥,那么你就可以采取基于“友谊”的行动。朋友与同事向你借车去郊游,不偏不倚原则不足以拒斥“对朋友的偏爱”,即借车给同事与借车给朋友都不具有压倒性,即使同事在先,朋友在后,你仍然可以借车给你的朋友,相信你的同事即便了解了情况也会体谅;但是,朋友与同事都需要做肾脏移植手术,在你对朋友与同事都予以同样的道德考虑后,朋友与同事平等的道德地位决定了手术的先后顺序必须根据医疗规则,你“对朋友的偏爱”根本无法通过“契约主义检测”。在“著名的火灾危机”情境中,行动者 A 和行动者 B 的道德地位是平等的,行动者 C 优先营救行动者 A 的辩护理由(行动者 A 对人类、对世界贡献良多)就根本无法通过契约主义检测;当然,行动者 C 优先营救行动者 B 的辩护理由(行动者 B 是行动者 C 的母亲)也无法通过契约主义检测。但是,行动者 C 营救行动者 B 的动机作为辩护性理由并没有被排除,由于行动者 C 并非消防营救人员,他没有营救行动者 A 的动机,所以,最终行动者 C 采取营救行动者 B 的行动,并且是正当的。

此外,契约主义道德理论还可以从元伦理学的层面确定“道德领域的核心部分”。

“道德领域的核心部分”是关于如下问题的领域:如果道德判断“行动者 A 采取行动 a 在道德上是不正当”是真的,那么,该道德判断必定得到充分的道德辩护。

道德命题“‘行动者 A 采取行动 a’是不正当的”是“真”的,这仅意味着,在适当的虚拟条件下的理性缔约者会选择禁止“行动者 A 采取行动 a”的道德原则。“什么是正当的,什么是不正当的”是建构过程的产物,在此过程中,理性的行动者在虚拟的条件下寻求调整其自身与他人的关系及行为的原则共识。如此建构的道德原则的客观性,并不是以独立存在的自然(或非自然)秩序为基础的,该秩序能够解释上述建构过程可以导致对所确认的道德原则的一致赞同;相反,这些道德原则的客观性仅仅取决于虚拟的、更为可取的规范性事实,或者,从虚拟的社会视角来看,接受这些道德原则是合理的。道德原则 p 的客观性取决于虚拟的、更为可取的规范性事实,而不是取决于真实的、唯一的规范性事实;道德原则 p 的真实性取决于“在适当的虚拟条件下的理性缔约者会选择道德原则 p”的规范性事实，也就是说，“在适当的虚拟条件下的理性缔约者不会选择的道德原则 p”是不具有真值的，即并非所有的道德判断都必然或真或假。因此，那些并非必然非真即假的道德判断必然处于“道德领域的核心部分”之外。

“在适当的虚拟条件下的理性缔约者会选择道德原则 p”的规范性事实 f，是真的，并不依赖于使行动者相信“规范性事实 f 是真的”的理由或证据；“规范性事实 f 是真的”，仅当某些事态成为行动者的意向性心理状态（例如一种信念、一种意动的或情感的态度）的对象，即规范性事实 f 是“立场依赖的”或“非立场中立的”。契约主义道德理论 T 对道德原则 p 的辩护，并不在于对道德原则 p 提供理由或证据，而在于道德原则 p 被处于适当的虚拟条件下的理性缔约者选择。存在行为的理由，我们必须去发现它们，而不是从我们的先前存在的动机中获得它们；并且通过这种方式，我们能获得优于旧动机的新动机。“我们只是沿着一种从外在的立场看将使它们更受欢迎的新的方向，来调整我们的动机。不再让我们的思想与外部实在相一致，我们试图使外在的观点成为行为的一种决定性因素。”①关于我们应该如何活着的真理，无法从根本上超越我们也许拥有的任何一种发现它的能力（除了它依赖于我们也许不能发现的非评价性事实）。一旦我们通过占有客观的立场而扩展我们的意识，道德哲学的主题就是如何进行实践推理及对行为的辩护——而非客观的立场能使我们更充分地加以理解的关于行为的某种其他东西。“道德哲学思维是把客观性应用于意志的过程；而且，在通常的道德真理这个问题上，我能想到的唯一要说的事情是，它一定是这种被正确执行的过程的一种可能的后果。我知道这是抽象的。假如我们希望更具体些，那么，我们所能做的一切，就在于提及那些能使我们相信一项理由的客观有效性或一项规范原则的正确性的论证（而且一个给定原则可以通过不止一种方式被确立——从不同的起点出发并经由不同的论证路线而达到）。”②

二、“核心”概念优于“最低限度”概念

正如第二节第一目中的讨论，“核心”概念的内涵是清晰的，明确的；这一概

① Nagel, Thomas, *The View from Nowhere*, New York: Oxford, 1986, p.139.

② Nagel, Thomas, *The View from Nowhere*, New York: Oxford, 1986, pp.140-141.

念可以有力地替代“最低限度”、“底线”这类概念。这主要是基于如下两点：(1)“核心”是自洽性概念，“底线”是比较性概念；(2)“核心”是静态性概念，“底线”是动态性概念。也就是说，如果我们能够确认什么是“核心”概念，由于“非核心”概念是根据“核心”概念定义的，那么，我们无须考察“非核心”概念的所指，就能达到逻辑自洽；如果我们一旦能够确认“核心”概念，其内涵也不会发生变化，因为“核心”/“非核心”概念是自洽的，也就是静态的。但是，如果“底线”概念的内涵是清晰的，那么，它一定是可以与“终极目标”相区别的；这也是“底线”之所以为“底线”的原因。如果“底线”与“终极目标”是通过相互比较，相对于彼此确定各自内涵的，那么，我们若想确认“底线”概念的内涵，就必须知道“底线”的对立面“终极目标”的内涵。但在动态地确认内涵的过程中，一旦其中一个概念的内涵发生变化，那另一个也会随之变化，概念的把握将变得复杂与困难。然而，我们却很难做出如下判断：我们不知道什么是“完美”的，我们因此就无法知道什么是“错误”的；我们不知道什么是最适合于实现某一目的的，我们因此就无法知道什么不适合于实现这一目的。

“底线伦理”这一概念，最先是由何怀宏教授在其 1997 年 4 月发表在《读书》杂志上的《一种普遍主义的底线伦理学》一文中正式提出的。从那时起，“底线伦理”便作为一种伦理学理论在中国形成、发展，获得了伦理学界同仁的深入关注和热烈讨论，并在社会各界产生了巨大的影响。笔者尝试就此重新述评“底线伦理”的理论内容(必要条件、理论实质、逻辑预设及实现策略)；“底线伦理”有效反思以往集体主义道德原则的弊端和当下社会转型中出现的种种问题；“底线伦理”积极澄清传统的“高蹈道德”是如何混淆“底线伦理”与“终极价值”的，并有效转化传统伦理道德概念；反思“底线伦理”与“终极价值”的关系问题，表明该问题是“底线伦理”的逻辑前提，而并没有得到足够的证明；证明“底线伦理”的实现需要更加基本的前提，即人权的制度保障；指出“底线伦理”坚持“义务本位”在捍卫行动主体权益的弱势问题，最后指明“权利本位”的道德理论对“底线伦理”所面临的困境的有效规避，以及从“底线伦理”到“权利本位”的巨大转型所昭示的中国社会最深刻的价值变迁和观念转型。

1.“底线伦理”的概念梳理

所谓“底线伦理”，即指，相对于人生理想、信念和道德目标等终极价值，社会上每个人都必须而且应当遵守的最起码的对他人、社会虽无所助益，但必是无所损害的伦理规范。“底线伦理”有两个内在条件，即它必须满足普遍主义和“底线”主义的要求。所谓普遍主义的要求，即其道德原则必须普遍地适用于所有人，同等地要求所有人，不允许有任何人例外。所谓“底线”主义的要求，即其道德原则为能够有效地适用于所有人，即为所有人所共享，它们在数量上和质量上必须是而且只能是最低限度的，并相对于个人不同的人生理想、信念和价值目标而言，具有逻辑上的优先性。“用中国的语汇，这一底线也许可以最一般概括为：‘己所不欲，勿施于人。’”①普遍主义和“底线”主义二者是紧密联系，互为表里的。正因为其是“底线”的，所以“普遍”的要求才不是苛刻的；正因为其是“普遍”的，所以“底线”的要求才具有“最后的”、“不可再退”的临界点的含义，因而在道德要求的次序上反而是“最先的”、“第一位的”。② 从理论实质上讲，“底线伦理”是一种与目的论或后果论形成对照的义务论。它主张行为或行为准则的“正当性”并不依赖于行为的目的或结果的“好”，而是主要根据或者最终根据行为或行为准则的性质。③ 从逻辑预设上讲，“底线伦理”断定或坚信，的确存在着具有某种客观普遍性的道德原则。如果这一预设是成立的，那么“底线伦理”就可以摆脱各种意识形态的困扰，进而，在空间上，得到不同文化中各种合理的价值体系的支持；在时间上，保持伦理道德的连续性，坚持道德的核心部分有某些不变的基本成分。④ 就实践层面而言，即“道德义务是无论是否给我们带来利害都必须遵循的，道德正当的标准应独立于个人或团体的喜好，不以他们各各不同的生活理想与价值目标为转移”。⑤ 从实现策略上讲，“底线伦理”的要求，（1）人们应当从某些普遍的、不偏不倚的观点引申出道德的原则与规范；或者，（2）人们应当努力寻求对某些原则与规范的尽量普遍和广泛的共识⑥。

2.“底线伦理”的现实反思

第二次世界大战以后，欧洲对战争所导致的巨大灾难进行了深刻的反省，为避免类似的浩劫再次发生，人类迫切需要达成许多道德共识，如“尊重生命”，“保障人权”等，相关的道德理论也就在这样的社会氛围中诞生。“底线伦理”的

---

① 何怀宏：《一种普遍主义的底线伦理学》，《读书》1997 年 4 月号。

② 何怀宏：《底线伦理的概念、含义与方法》，《道德与文明》2010 年第 1 期。

③ 何怀宏：《底线伦理的概念、含义与方法》，《道德与文明》2010 年第 1 期。

④ 何怀宏：《一种普遍主义的底线伦理学》，《读书》1997 年 4 月号。

⑤ 何怀宏：《一种普遍主义的底线伦理学》，《读书》1997 年 4 月号。

⑥ 何怀宏：《底线伦理的概念、含义与方法》，《道德与文明》2010 年第 1 期。

出现与此极其相似,它也是中国在经历了20世纪中叶以来的曲折与劫难后,从70年代有关人性、异化、人道主义的激辩,到80年代中国社会思潮中主体意识的觉醒及痛定思痛的结晶与延伸。"底线伦理"将那些充满"人性"的社会憧憬和自我觉醒转变成了切实可行的道德规范,并对在那段动荡的岁月中被高擎半个世纪的首先确保整体利益的道德原则提出了有力的批评。首先确保整体利益的道德原则是建立在这样的观念基础上的:每个人都是团体的一分子,团体是个人存在的前提条件,整个团体的利益是个体利益的来源与保障。因此,首先确保整体利益的道德原则就是,整个团体的目标就是个人的追求目标;整个团体的利益至高无上,个人利益必须无条件服从整个团体的利益;个人的价值只有在争取整个团体的利益中才能得到体现。团体是每一个人共有的存在方式,任何背离、否定、摆脱团体的行为都会被视作不道德,而受到道德谴责甚至法律制裁。而"底线伦理"判断一个行为是否道德,并不依赖于该行为的目的和结果,而只考虑该行为本身是否符合道德。因此,整个团体的利益作为个体行为的唯一指南就失去了正当性。"底线伦理"诉求普遍有效性,即客观的道德原则必须开放并超越在不同的团体之上,所以,首先确保整体利益的道德原则因必须建立在封闭社会中而缺乏普适性,所以丧失了作为客观的道德原则的基础。或许有人会认为,灾难性的后果是由于我们过于极端地贯彻首先确保整体利益的道德原则,而其自身是没有问题的,这是不正确的。因为"底线伦理"与首先确保整体利益的道德原则的最重要差异在于,前者是理性思考与对话的结果,而后者是集体行为演变的自发产生的结果。也就是说,只要社会的基本结构没有改变,还坚持首先确保整体利益的道德原则,以往发生的那些灾难性后果依据惯性仍然是无法避免的。从实践层面来看,当下中国以整体利益的名义侵害个体利益的情况仍时有发生,这是值得我们警醒的。

"底线伦理"的提出,不仅是对诸如"文革"一类的劫难的反思,还是对新兴的市场经济和社会转型带来的各种严重问题的反应。原有的计划经济体制瓦解了,首先确保整体利益的道德原则不再唯我独尊,怀揣着不同需求的人们在旧道德瓦解而新道德尚未形成的情况下加入到了竞争与合作的欲望洪流中。只知道索取,不知道承担,缺乏起码的公民道德;或趋炎附势,或舞权谋私,缺乏基本的平等观念;拉帮结伙,对内义气为重,对外唯利是图,缺乏健全的法律意识。在此种情况下,"底线伦理"的提出,是希望能够填补道德真空,应对当下的道德危机。因此，“底线伦理”强调“道德底线”，“它意味着某些基本的不应逾越的行为界限或约束。如果一个社会上的人们越来越多地逾越这些界限，这种‘恶的蔓延’就很可能造成社会的崩溃”①；“底线伦理”强调“原则的普遍性”，“不允许有任何‘主体的例外’，即不允许有任何专制者或逃票者的例外”②；“底线伦理”强调道德原则“同等地要求所有人”③，无论是亲人、朋友，还是陌生人，都将被一视同仁地对待。

3.“底线伦理”对中国传统伦理道德的转化

“底线伦理”的提出，就中国语境而言，其重要的理论贡献在于将传统伦理道德中的“终极价值”与“底线伦理”进行了剥离，并对后者进行现代性转化，使之适合现代社会中的“底线伦理”的理论要求。

传统伦理道德将“终极价值”与“底线伦理”混淆，形成了一种所谓的“高蹈道德”，这种“高蹈道德”所造成的理论困境与现实后果至今仍然困扰着我们。所谓“高蹈道德”，即指，与“终极价值”相似，它也涉及“人的真正的存在以及意义的追寻和社会理想”，具有“导向性、引领性和目标性”④，但“高蹈道德”由于将“终极价值”与“底线伦理”相混淆，所以将“终极价值”作为“底线伦理”，向社会中的每个人提出了必须而且应当遵守的硬性的、强制的道德要求。目前，仍然有很多人认为，这种对普通人提出较高的道德要求的做法本身并没有失当之处，因此，“底线伦理”的提出，对纠正这一错误认识，显然是十分必要和及时的。第一，渴望达到“天人合一”、“物我两忘”的境界是无可厚非的，但是这与大多数人行为的合理性与有效性并没有必然的联系。就算没有“存天理，灭人欲”的境界和修养，人们也会明白人与人之间应该“货则通而不计，共忧患而相救”的道理。因此，坚持“高蹈道德”对于建立一种明确的、恰当的伦理规范体系是多余的。第二，每一个人都不愿意遭到不公正的待遇，都渴望大公无私，但这并不要求在内心必须做到纯粹的无私。通常情况下，人们都是会首先考虑自己的利益得失，但经过道德权衡后，还是会采取符合道德的行动的，而宋明儒者的“狠斗私字一

① 何怀宏：《底线伦理的概念、含义与方法》，《道德与文明》2010 年第 1 期。

② 何怀宏：《底线伦理的概念、含义与方法》，《道德与文明》2010 年第 1 期。

③ 何怀宏：《底线伦理的概念、含义与方法》，《道德与文明》2010 年第 1 期。

④ 谭培文：《从底线伦理到终极价值的转换和实现——兼以社会主义核心价值认同为视角》，《道德与文明》2010 年第 1 期。

闪念”只会让人难堪重负，对类似的道德教育产生抵触或反感，进而对“不可逾越”的道德信念失去信心。第三，“高蹈道德”有时要求人们自我牺牲以成全他人，即便有值得赞扬之处，但如果要求每个人都必须做到，或者作为唯一的精神追求，那就会产生极其荒唐的后果。就会像在《镜花缘》中的“君子国”里一样，人与人之间由于过分谦让而无法达成任何交易；或与范美忠老师反其道而行之，地震刚至，唯有殿后者是道德的，为了不成为“不道德的人”的结果就是所有人无一幸免。第四，“高蹈道德”将“终极价值”作为“底线伦理”，向社会中的每个人提出了必须而且应当遵守的硬性的、强制的道德要求，还会引起言行不一的伪善行为。“孔颜乐处”的精神境界虽然很少有人能做到，但哪个读书人不知道？不自我标榜？可“三年清知府，十万雪花银”的卑劣行径还少吗？“满口仁义道德，一肚子男盗女娼”的主要原因就是，“高蹈道德”扭曲了“终极价值”，外在的道德约束被苛刻地强行加在行动主体身上，一旦行动主体无法实现，便会产生道德虚无感，肆无忌惮地行动，而“终极价值”的描述显然又是美好的，结果在力所能及的“真小人”与“伪君子”的选择中只能选择后者，导致人格分裂。最后，“高蹈道德”将“终极价值”与“底线伦理”相混淆，会贬损某些“终极价值”，比如人的尊严。以女孩子在面对歹徒强暴的威胁时应该如何选择的境况为例（第一章第二节第一目），用生命捍卫尊严的“终极价值”和最大限度地保存生命的“底线伦理”在此被混淆，被放在同一层面被比较，正因为如此，人们才会产生贬损“终极价值”的观点。由以上的分析，我们可以看到，“底线伦理”提出普遍主义与底线主义的要求，将“高蹈道德”与自身做出澄清与区隔，还“终极价值”以本来面目，是极其关键而有力的。

那么，为什么传统道德会将“终极价值”与“底线伦理”混淆在一起呢？因为这首先是“与中国传统社会政治统治的人治性质是联系在一起的，因为人人皆可成圣贤的道德预设就奠定了政治统治的人治性质合理性的逻辑前提”①；其次，这是“与中国传统社会政教合一的无限政府的政治统治联系在一起的”②，因为“谦谦君子”们掌握着“修齐治平”的“终极”真理，且身受“天降大任”，定然是能够垂范千古，教化万邦。因此，将“终极价值”与“底线伦理”相剥离的潜在指

① 尹振球：《何怀宏“底线伦理”思想刍议》，《道德与文明》2010 年第 2 期。

② 尹振球：《何怀宏“底线伦理”思想刍议》，《道德与文明》2010 年第 2 期。

向，在于"建立现代民主法治社会的基本制度和行之有效的运行机制"，以及限制政府权力，切实维护公民权益。① 这其实也在暗示，剥离出的"底线伦理"的理念必须要经过现代转化，才能符合普遍主义和底线主义的"底线伦理"的要求。这其中的主要原因在于，中国传统的理论范畴与概念往往具有不可离析性或"板块性"。也就是说，"中国传统的概念术语，往往具有不可分割的'板块'性质，这种'板块'既不能进一步分解为若干独立的子概念，也不能与其他概念综合为其他新概念"②，如"道"、"理"、"气"等。传统的伦理道德"要真正实现自身的超越而成为现代社会的伦理，同时又基本不改变自己的原样"是非常困难的，因为这必然涉及到其理论的根本前提的改变。③

4. "底线伦理"与"终极价值"的关系问题

正如何怀宏教授所言，"严守道德底线自然需要得到人生理想的精神支持，而去实现任何人生理想也应受到道德底线的规范限制。两者是可以、而且需要互补的。"④那么，"底线伦理"与"终极价值"在免于"高蹈道德"的困扰之后，究竟应该是怎样的一种关系呢？

谭培文教授对此做出了回应，就二者的区别与联系，提出了自己详细的阐述。他认为，二者的区别在于，(1)"从伦理价值的时间向度来看，底线伦理的指向主要是现实，终极价值的指向主要是正在或将要实现的理想"；(2)"从伦理规范秩序的方位来看，底线伦理主要是针对伦理规范的层次性而言，它是人们行为方式所应遵循的最基本的、最低限度的伦理要求和规范。终极价值的提出源于人的真正的存在以及意义的追寻和社会理想对于人类社会发展的必要性"；(3)"从伦理规范的陈述形式来看，底线伦理与终极价值具有明显的区别。"底线伦理的陈述形式往往是否定的，表达禁约的含义。但终极价值不同，它所采用的陈述形式往往是肯定的，表达"理想性的"、"目标性的"和"使命性的"信仰与信念；(4)"从伦理规范的社会作用来看，底线伦理与终极价值各有不同。底线伦理适用于每一个公民，对人的行为具有最广泛的禁约作用。""终极价值的作用

① 尹振球：《何怀宏"底线伦理"思想刍议》，《道德与文明》2010 年第 2 期。

② 萧功秦：《儒家文化的困境——中国近代士大夫与西方挑战》，四川人民出版社 1986 年版，第 63 页。

③ 何怀宏：《良心论》，上海三联书店 1994 年版，第 46 页。

④ 何怀宏：《底线伦理的概念、含义与方法》，《道德与文明》2010 年第 1 期。

就不是禁约性的,而主要是导向性的、引领性的和目标性的。"①二者的联系在于,(1)"底线伦理与终极价值都是人之为人的伦理价值规范","终极价值与底线伦理都是'展示人生必须以何种方式渡过',即人之为人的两种不可缺少的伦理价值规范"②;(2)"底线伦理与终极价值是价值观念的逻辑优先性与逻辑发展必然性的统一。底线伦理的逻辑优先性并不否定终极价值的逻辑发展的必然性。"③而"生存乃是自身存在,它跟它自己发生关系并在自身中与超越者发生关系,它知道它自己是由超越者所给予,并且以超越存在为根据。"④"终极价值"正是在这个意义上说明了人的更高层次的追求的正当性。陈泽环教授也就此问题,提出了他的"三维异质道德结构论":"当代开放、平等、多元社会的道德结构应当包括底线伦理、共同信念和终极关怀三个基本要素。其中,得到普遍承认的底线伦理处于基础地位,经过民主商谈而达成的共同信念处于中心地位,源远流长、开放常新的各种终极关怀则处于反思地位。正是它们之间的积极互动形成了当代社会的合理道德结构。"⑤

而就何怀宏教授的观点来看,将"底线伦理"与"终极价值"做出区分的重点是为了给"底线伦理"做出明确的理论界定,至于其与"终极价值"的关系问题,并不是一个紧迫的问题。因为无论是批评"底线伦理"自我设限,还是追求"至善"价值,都是在"共享着同一种传统的'道德'观念。而追求一种过分庞大,甚至想无所不包的伦理学体系,有可能使我们恰恰忽略了当今社会最重要和最迫切的道德问题。"⑥但问题的关键是,"底线伦理"与"终极价值"真的能够明确分开吗?我们谨以儒家文化为例,儒家在强调作为"底线伦理"的做人的基本义务时,提出"何谓人义?父慈、子孝、兄良、弟悌、夫义、妇听、长惠、幼顺、君仁、臣忠十者,谓人之义"。⑦ 而在谈到其"终极价值",则提出有关"以正君臣,以笃父

① 谭培文:《从底线伦理到终极价值的转换和实现——兼以社会主义核心价值认同为视角》,《道德与文明》2010 年第 1 期。

② 谭培文:《从底线伦理到终极价值的转换和实现——兼以社会主义核心价值认同为视角》,《道德与文明》2010 年第 1 期。

③ 谭培文、肖祥:《从底线伦理到终极关怀——社会主义和谐价值观研究》,广西师范大学出版社 2009 年版,第 134 页。

④ [德]雅斯贝尔斯:《生存哲学》,王玖兴译,上海译文出版社 1992 年版,第 19 页。

⑤ 陈泽环:《道德建设的文化根基性》,《上海师范大学学报》2007 年第 5 期。

⑥ 何怀宏:《底线伦理的概念、含义与方法》,《道德与文明》2010 年第 1 期。

⑦ 《礼记·礼运》,引自杨天宇:《礼记译注(上)》,上海古籍出版社 2004 年版,第 275 页。

子，以睦兄弟，以和夫妇”①的“小康”的社会理想。可见，在儒家文化中，有关“君臣、父子、兄弟、夫妻”关系的道德规范，既是“底线伦理”，又是“终极价值”。“底线伦理”与“终极价值”在其中很难明确区分。但是，如果按照普遍主义和“底线”主义的要求，“父慈子孝”也不能算作“底线伦理”；而“己所不欲，勿施于人”虽然符合普遍主义和底线主义的要求，但它在不同的文明中显然并不总是作为“底线伦理”被接受，像在伊斯兰文明中，信奉安拉、先知才是底线的。换句话说，即便满足了普遍主义与底线主义的要求的道德原则，在不同文化中的理解和运用的分歧依然无法消除。而“道德从一开始就是深厚的，在文化上是一体的，是能引起充分共鸣的，只是在某些特殊的场合，当道德语言被转用于某些特殊的目的时，道德才显示为淡薄”。② 因此，“底线伦理”与“终极价值”的关系问题看似不紧迫，但“底线伦理”的明确理论界定却恰恰是以“底线伦理”与“终极价值”可以被明确地区分作为前提预设的。而尝试对其进行区分的任何努力，要么使“底线伦理”缺乏现实问题的解释力，要么使“终极价值”在道德生活中丧失导向、引领的地位。“我宁愿在宝马车里哭，也不愿坐在自行车后笑”，这就是当下许多城市青年的择偶标准。因不符合普遍主义和底线主义的要求，“底线伦理”将其拒之门外。从道德直觉上讲，我们通常都会很反感这种行为，但这种行为究竟错在哪里了呢？这难道不是关于人生的“自主”选择吗？现实结果就是，自我尊严、独立人格、高尚的精神追求，这些“终极价值”在此纷纷失语。可见，“底线伦理”与“终极价值”从始至终都是一以贯之的，坚持“底线伦理”与“终极价值”可以被明确地区分，要么是无效的，要么是没有必要的。

5.“底线伦理”面临的现实问题与理论挑战

既然“底线伦理”是普遍主义的和最低限度的，那么它们就应该是容易遵循且被严格遵循的，然而“为什么人们会认为当代中国出现了‘底线伦理的崩溃’和‘终极关怀的缺失’的‘道德危机’”③呢？学术造假抄袭，吏治滥权腐败，经商唯利是图、不择手段，各种各样的“潜规则”充斥在社会的各个阶层，对“底线伦

① 《礼记·礼运》，引自杨天宇：《礼记译注（上）》，上海古籍出版社2004年版，第266页。

② ［美］迈克尔·沃兹尔：《厚与薄——道德论证的内与外》，唐文明译，引自万俊人（主编）：《20世纪西方伦理学经典（IV）》，中国人民大学出版社2005年版，第289页。

③ 谭培文、肖祥：《从底线伦理到终极关怀——社会主义和谐价值观研究》，广西师范大学出版社2009年版，第15页。

理”的践踏触目惊心。如果这一危机的存在是可以得到认定的，那么，“底线伦理”的处境将变得十分尴尬。提出“底线伦理”的初衷，是为了解决社会转型所引起的“道德危机”，然而“底线伦理”并没有如预期中那样，明确“道德底线”，唤醒“良知”，使社会向着良善、和谐转变。比如，我坚守“不阿谀逢迎上司”的道德底线，但上司对“阿谀逢迎”有所偏爱，对坚守底线的我非常不满，阻碍我的正常升职。在这种情况下，保证我继续坚守道德底线的条件是，存在着允许投诉不良上司，并能秉公办理的机制。否则，在基本权益不能得到保障的前提下，对当事人提出的一切道德要求都是不正当的。此种情况下的道德行为都转变为“分外义务行为”，这也就是会计不做假账、运动员不踢假球、牛奶不掺三聚氰胺反而值得赞扬的原因。“底线伦理”的实现，不仅需要“个人努力，还需要有制度和社会氛围的改善”。① 但这样一来，就意味着“底线伦理”仍然需要前提条件加以保证，需要比“底线伦理”更基本，或者更有力的观念对“底线伦理”予以支持。“底线伦理”就是“底线义务”，那么“底线义务”从何而来呢？改革开放以前，在传统的自给自足的小农经济及高度集中的计划经济中，人们的义务都是由其在所处社会中的身份关系所决定的，而改革开放后，市场经济下的人们日渐成为平等的自由主体。义务已经不再诉诸身份关系的识别，而需要来自行动者主体的更有力的道德理由。正因为如此，陈泽环教授对“底线伦理”的内涵做出了调整，他认为，“不同于传统的国家和社会，现代国家是或者应该是按照公民权利本位原则组织起来的。因此，在道德生活中，首先要强调的是国家和社会保障公民权利的义务，其次才是公民履行对国家和社会的义务。这就是当代社会道德结构中的‘底线伦理’，即国家和公民之间相互性的权利和义务关系的基本原则。”②但这样就引入了另外一个概念——“权利”，使得“底线伦理”失去了既有的“义务论”的理论实质，其内涵也变得复杂，失去了理论的单纯性。同时，我们不禁追问，“权利”与“义务”概念，是如其所说，具有相互性，还是哪一个更具有逻辑优先性呢？

“底线伦理”虽然在转化中国传统伦理道德的过程中，避免了“高蹈道德”的重蹈覆辙，对过于玄妙、模糊的传统概念进行了现代转换，但其坚持认为在时间

① 何怀宏：《底线伦理的概念、含义与方法》，《道德与文明》2010 年第 1 期。

② 陈泽环：《道德结构与伦理学——当代实践哲学的思考》，上海世纪出版集团 2009 年版，第 150 页。

上，可以保持伦理道德的连续性，"道德的核心部分有某些不变的基本成分"①，因而仍然坚持"义务本位"的传统伦理特征，并相信仅通过理性说服的方式是可以延续传统伦理道德的精髓的。但是，传统社会中，道德义务也是有前提条件的，或基于宗教信仰，或基于社会身份，但这些都是外在情境而不能满足普遍主义的要求，正如前文所述，传统的伦理道德要真正实现自身的超越而成为现代社会的伦理，必然涉及其理论的根本前提的改变，因此，"底线伦理"必须将既有的道德义务的前提条件取消，而只保留道德义务自身，并将普遍主义规定为其内在条件，再以底线主义为其辩护。诚然，在现代社会中，人们履行义务，不再是基于外在的情境，而是基于内在的获得论证的理由。但更重要的是，现代社会中的人"都是独立自主、拥有尊严的主体"。换句话说，其"道德义务根植于作为该义务载体的行为主体自主的意愿，取决于其根据自身利益需求独立做出的价值选择，一句话，义务来源于行为主体作为人权的自主选择的权利"。② 虽然"底线伦理""并不否认道德与生命的联系"③，但在论证行为主体自身权益的道德诉求时，"底线"主义显然要比"权利"概念弱很多。比如，弱小个体在强大个体面前捍卫自己的权益，诉诸"己所不欲，勿施于人"的"底线伦理"，即要求强大个体以"己所不欲，勿施于人"为行动底线，但弱小个体为什么可以要求强大个体这样做呢？由于"底线伦理"是"义务本位"的，它只能约束行动主体自身的言行，而不能要求他人为行动主体尽义务。对上述要求的解释，"底线伦理"只能进而诉求人类共通的道德感，而这种道德感是否必然是共通的呢？其论证将更加烦琐复杂；如果转而诉求普遍主义的规定，则无异于循环论证。而"权利"概念则不然，"权利，即采取或不采取某种行动或者处于或不处于某种状态中的资格；或者，即，使他人采取或不采取某种行动或者处于或不处于某种状态中的资格"。④ 由此可见，"权利"概念可以用来捍卫行动主体的权益，使行动主体有资格要求他人为其尽义务，这一点要比诉诸"底线伦理"强势得多。

6. 从"底线伦理"到"权利本位"的现实趋势

从现实诉求到理论推演，我们不难看出，从"底线伦理"到"权利本位"的发

① 何怀宏：《一种普遍主义的底线伦理学》，《读书》1997 年 4 月号。

② 甘绍平：《论道德义务的人权基础》，《哲学动态》2010 年第 6 期。

③ 何怀宏：《一种普遍主义的底线伦理学》，《读书》1997 年 4 月号。

④ *Rights*，http://plato.stanford.edu/entries/rights，浏览时间：2010 年 10 月 13 日。

展趋势。“权利本位”的道德理论不仅认为权利与义务的相互性,更认为权利相对于义务具有逻辑优先性。“义务来自于权利、以权利为本,正是行为主体维护自身权利的需求才决定了他(她)拥有维护他人权利的义务与责任。”“从逻辑上讲,伦理道德论证的基点并非是义务的履行与责任的担当,而是对人的基本权益的保护。”①这也就是说,“权利本位”的道德范式蕴含“义务本位”的道德范式。因此,前文所提到的将“义务本位”的“底线伦理”转变为“‘权利蕴含义务’本位”的“底线伦理”的做法,在逻辑上是冗余的。因为“‘权利蕴含义务’本位”完全可以简化为“权利本位”。相反,“权利本位”的道德理论能够解释的伦理问题,“义务本位”的“底线伦理”无法解释。比如,根据“己所不欲,勿施于人”的底线原则,如果你不希望别人在任何情况下终结你的生命,那么你也不要在任何情况下终结别人的生命。可是,如果有人患了不治之症且生活在极度痛苦之中,如果他(她)提出了对其实施安乐死的请求,那么包括你在内及和你坚守同样道德底线的人是否就要眼睁睁看着这个人继续痛苦下去呢?如果别人对其实施了安乐死,那么你是否要予以谴责呢?答案是肯定的。而事实上,有越来越多的人认同安乐死的做法。根据“权利本位”的道德理论对其就可以有很好的解释,每个人都拥有自主的生命权利,安乐死是当事人以自己选择的方式结束自己的生命,没有伤害到任何人,因此不关任何人的事。当然,也许你会有不同的意见,但至少“权利本位”的道德理论使安乐死问题变成了开放性问题,而不像“底线伦理”使该问题封闭起来。

“权利意味着对自我利益的主张与维护,义务则意味着对自我欲望的控制与约束。但人对义务的履行并不服务于外在的目的,最终还是为了自己人权的保护。”“人权是普世性的,所谓普世并不是指适用于任何时空,不是指一种历史与现实的存在状况,而是指价值层面的应当。”②这就意味着,人权作为道德义务的最终指向,是不同于“底线伦理”的。“底线伦理”的内在要求是最低限度的,而人权则不然,它是决定性的、核心的社会观念。换句话说,二者在概念原点上可能都是最低限度的,以保证其有效性;但在社会实践层面,人权的实现必须积极地诉诸人际,诉诸对话,因为“个体权利的自然边界在于他人的权利”,比如你

① 甘绍平:《人权伦理学》,中国发展出版社 2009 年版,第 35 页。

② 甘绍平:“论道德义务的人权基础”,《哲学动态》2010 年第 6 期。

做某事不想被别人干扰，那你就必须知道此事是否干扰到别人，相反，“底线伦理”则没有这样的内在要求，谨以“己所不欲，勿施于人”为例，该原则在个体自我省思的过程中，即可证成，而不必诉诸人际，诉诸对话。“权利”概念既是一个社会的道德底线，又是其发展的核心目标。这就使得“权利”概念回避了“底线伦理”必须面对的“底线伦理”与“终极价值”的区别与联系的问题，因为人权是否得到保障，是评价一个社会或“好”或“坏”的核心标准，而满足“底线伦理”的社会则只能说是个“不坏”的社会。比如，考试不抄袭，满足“底线伦理”的要求，但都不及格，这显然不是好的结果，因为没有保障学生们的受到良好教育的权利。

需要特别指出的是，自联合国《世界人权宣言》1948 年在联合国大会上通过，并在其基础上于 1966 年通过了两项国际公约（即《经济、社会及文化权利国际公约》和《公民权利和政治权利国际公约》）以来，1997 年我国政府正式签署联合国《经济、社会及文化权利国际公约》，2001 年第九届全国人大常委会第二十次会议做出批准该公约的决定。1998 年我国政府正式签署联合国《公民权利和政治权利国际公约》，2004 年第十届全国人大第二次会议将“国家尊重和保障人权”写入宪法，使人权保护上升为宪法原则。这说明，“人权观念已经成为中国人民共同的行为准则和价值基准”。① 从“底线伦理”到“权利本位”，这一清晰的现实趋势与思想演绎过程呈现的是中国社会价值观念主轴的重大转换，由此而引发的中国文化从“高蹈道德”到“底线伦理”，再从“义务本位”到“权利本位”的巨大转型昭示着中国社会最深刻的价值变迁。

三、道德权利处于“道德领域的核心部分”

“道德权利”可以导引出“消极义务”和“积极义务”，如果行动者 A 处于不利状况需要他人的援助；但行动者 A 并没有权利要求行动者 B 对其履行“积极义务”，即要求行动者 B 对行动者 A 进行援助；并且，行动者 A 处于不利状况并不是由行动者 B 造成的，而且行动者 B 不是唯一在场的旁观者；行动者 B 不救助行动者 A 是对行动者 A 履行某种“消极义务”（因为施救过程中可能会造成

---

① 甘绍平：《人权伦理学》，中国发展出版社 2009 年版，第 31 页。

行动者 A 处境恶化），那么，如果行动者 B 不愿意援助行动者 A，那么行动者 B 相对于行动者 A 不犯有任何“道德错误”。（第二章第二节第二目）这很容易让人联想起，近几年来，经常发生倒在路边的老人、小孩儿在“众目睽睽”之下，却没有人愿意伸出援手加以帮助的境况，有的延误了及时救治的最佳时机，甚至为此付出了生命的代价。在这种情况下，感叹“世风日下”，疾呼“社会良知”，还恐不及；“道德权利”竟然为那些“冷漠”、“麻木”的“围观者”提供理论上的支持?！其实，这样的看法都是对“道德权利”的误解，而种种不齿行径正是由于忽视了对施救者“权利”的保障所致。在考虑上述情况时，我们必须注意到如下问题：第一，我们不应该低估人类自身的“趋利避害”的本性，自愿“无私”助人的毕竟是少数；第二，我们也不应该无视很多自愿“无私”提供帮助的人总是被他们帮助的人冤枉，诬为肇事者的情况；第三，很多需要救助的情况，实际上，只要有一、两个人提供帮助，问题就能够解决；第四，也是最为重要的，援助被救助者在道德上是应该的，但是否必须使救助者承担权利被侵犯的风险呢？有的人提出“即使被冤枉也要救人”，这仅仅是空洞的道德说教，毫无用处。我们必须在整个救助行为过程中及救助过程结束后保护其中的每一个人（包括救助者与被救助者双方及可能波及的第三方）的权利不被侵犯。为防止出现求助者处于明显容易施救的不利境况而未被救助的局面发生，欧美许多国家出台了免除救助者对救助过程中可能出现的不良后果的相关责任，保障那些“见义勇为”者的权益，这就是著名的“善良的撒玛利亚人法”（Good Samaritan law）①。由于某些少数有帮助他人意愿的人没有了后顾之忧，“助人者诬为肇事者”的情况少了，“见死不救”的情况也就少了。必须强调的是，“善良的撒玛利亚人法”的核心原则是，该法律并不要求或鼓励公民必须救助处于不利状况的他人。这样一来，运用“道德权利”进行辩护，不仅维护了救助者与求助者及可能波及的第三方的权益，并且，将“即使被冤枉也要救人”的空洞说教转变成现实良法。尤为重要的是，通过对上述“见义勇为”境况的分析，我们证明了即便是在紧急状态中，对“权利”的保障在道德考虑中也是优先于人们一般所认为的“无私奉献”的道德直觉的。因此，“道德权利”确实处在道德领域的核心地带。

---

① Legal Encyclopedia. “Good Samaritan Doctrine”, http://www.answers.com/topic/good-samaritan-doctrine，浏览时间：2006 年 9 月 6 日。

第三节　契约主义道德原则的“次阶性质”

如果对“道德领域的核心部分”的确认，旨在说明通过契约主义所确认的道德原则如何在缺乏完备性的条件下保证其有效性，那么，表明契约主义道德理论的次阶性质，就是意在规避通过契约主义所确认的道德原则在道德辩护的过程中可能出现的不融贯性，即在第四章第一节中提到的“契约主义原则辩护作为辩护性理由的道德权利”的第5种情形。“道德原则 p_1 不支持道德权利 r_1 作为‘行动者A采取行动a是正当的’的辩护（支持）性理由 r_1”，且“道德原则 p_2 不支持道德权利 r_2 作为‘行动者A采取行动a是正当的’的辩护（反对）性理由 r_2”。此情形不同于情形Ⅳ，契约主义道德原则并没有否定道德权利作为“行动者A采取行动a是正当的”的辩护性理由，而仅仅是“不支持”。这说明，道德权利 r_1 与道德权利 r_2 处于契约主义道德原则的有效界限之外。如果需要确认道德权利 r_1 与道德权利 r_2 的正当性，我们就需要就道德权利 r_1 与道德权利 r_2 的内在结构、辩护责任、有效限度做进一步的探究；如果道德权利 r_1 与道德权利 r_2 的正当性得以确认，我们就需要说明这一点并不影响契约主义道德理论的有效性。笔者谨以“动物权利”为例，说明上述情形及契约主义的“次阶性质”是如何规避这种情形的诘难的。

一、对“动物权利”的确认与辩护

2012年2月1日，一家以熊胆汁为制药原材料的药业公司申请上市，一时间，关于“活熊取胆”的道德争议成了社会热门话题。2月22日，该药业公司向媒体记者开放其养熊基地，演示“活熊取胆”过程，以驳斥外界对其活熊取胆过程中存在着严重虐待行为的质疑。并且，同时邀请国内数名中医界、科学界的专家学者出席专家—媒体座谈会为其活熊取胆汁的行为辩护。但社会各界仍然对“活熊取胆”行为抱以愤怒与谴责。①

---

① http://money.163.com/12/0222/14/7QSGUQJ900253B0H.html，浏览时间：2012年3月11日。

双方的论争聚焦在如下几个问题:(1)熊胆的药用疗效是否显著?(2)熊胆作为药用品是否有不带来纷争的替代品呢?(3)活熊取胆的过程中对黑熊造成的伤害是否能够控制到最低(达到可以忽略的程度)?可以说,论争双方就上述三个问题的回答是完全对立的。反对"活熊取胆"的方面认为,熊胆药用疗效很难确证;熊胆作为药材,存在着大量的天然替代品,且人工替代品也已研制成功;取胆汁过程中对黑熊造成的伤害根本是不可控的。而支持"活熊取胆"的方面则认为,熊胆药用疗效价值很高,能够治疗小儿惊痫、疳疾、目赤肿痛、翳障、喉痹、黄疸、胆石疝痛、胃痛、下痢、疮痈肿毒、痔疮等病症;熊胆独特的止痛消炎功效目前尚无其他药物可替代,人工合成的熊去氧胆酸,只是熊胆五大类成分之一——胆汁酸中的一个成分,不具有熊胆的多种功效,不能完全替代熊胆;最新的、第三代"引流"技术时间短、疼痛小,有专家表示,引流熊胆汁的疼痛感类似女生打耳洞、为奶牛挤奶以及婴儿吮吸母乳。①

笔者认为,"活熊取胆"的反对方诉诸的上述三个问题对于他们的主张而言,在论证的有效性方面是有限的:疗效是可以检测的;替代品与原品的差距也是可以检测的;由于引流技术的更新,取胆汁过程给黑熊造成的伤害可以被控制在极低的范围内,同样是可以被检测的。一旦上述三项检测都达到了检验标准,难道"活熊取胆"的反对方会接受"活熊取胆的行为是正当的"的结论吗?显然不会。需要特别说明的是,反对方倾向于将焦点锁定在"活熊取胆不是不可替代的"问题上,并援引"西方人不用熊胆做药、熊胆粉多用于奢侈保健品、人工熊胆粉已经研制成功"等证据。但是,笔者认为,这并不是非常有力的辩护。因为即便"活熊取胆"是可替代的,也并不意味着"活熊取胆"就是不正当的,所以,仅就事实性问题的角度想驳倒支持"活熊取胆"的辩护是非常困难的。"活熊取胆"的反对方如果不诉诸道德辩护,那么,"活熊取胆"的支持方就总是保有证明其观点正当性的可能条件。如果就"反对'活熊取胆'"进行道德辩护,那么,最终必将诉诸"道德权利"作为其辩护理由,因为其他任何理由(比如人类的长远利益、动物的福利等)一旦遭遇到与人类的权益发生冲突的情况,就必然让位于后者。也就是说,只有黑熊与人类获得同等的道德考虑的情况下,"活熊取胆"

① http://finance.sina.com.cn/stock/newstock/zxdt/20120306/194211527518.shtml,浏览时间:2012 年 3 月 11 日。

的行为才因侵犯了黑熊的“权利”而被确认为是不道德的,不论这一行为给黑熊造成的伤害是否被控制在可以忽略的范围内。如果诉诸“道德权利”的辩护理由是成立的,那么,“活熊取胆”的行为在道德上就不具有任何正当性了。人类在“保护动物 vs.利用动物”的道德冲突的焦点最终必将集中在“动物权利”的议题上。

根据第二章第一节中论述的道德权利的三种辩护模式,“动物权利”的构建相应地也有三种方式。依据基本善—辩护模式,“内在善”的承载者即“道德权利”的拥有者;也就是说,动物的“道德权利”可以基于动物自身的“内在善”而构建。虽然动物的“内在善”(诸如生命、快乐等)没有人类的“内在善”(诸如知识、宗教等)复杂、精致,但是只要动物具有“内在善”的观点是成立的,动物就具有“道德权利”,只不过当人类的道德权利与动物的道德权利都作为辩护性理由被道德冲突双方援引时,动物基于“内在善”的“道德权利”作为辩护性理由并不总是压倒性的。依据利益—辩护模式,利益获得者即“道德权利”的拥有者;也就是说,动物的“道德权利”可以基于动物所持有的“利益”而构建。尽管动物不能表达其利益的内容与范围,但动物的利益的增损是可以通过经验观察的,因此,与人类一样,动物的确拥有利益,尤其是免于遭受痛苦的利益①。当行动者 A 被认为拥有道德权利 r 时,就意味着行动者 A 的利益与任何其他行动者的相似利益是等同的,因此,行动者 A 的道德权利 r 表明行动者 A 应该受到与其他任何行动者同等的道德考虑。如果将“行动者 A”由人类替换成动物是成立的,动物就具有“道德权利 r”,即动物免于遭受痛苦的利益与人类免于遭受痛苦的利益将受到同等的道德考虑。虽然当人类的道德权利与动物的道德权利都作为辩护性理由被道德冲突双方援引时,动物基于“利益”的“道德权利”作为辩护性理由并不总是压倒性的,但绝不会被相似的辩护性理由所压倒。依据选择—辩护模式,行动选择者即“道德权利”的拥有者;也就是说,动物的“道德权利”可以基于动物所持有的“自由选择”而构建。虽然动物的“自由选择”是无法表达的,但是选择—辩护模式保护人类的自由选择不被干涉,也不是以行动者的“道德自主性”(即行动者能够超越个人偏好,在审慎思考过程中以不偏不倚原则限定

① Feinberg, Joel, "The Right of Animals and Unborn Generations", in *Philosophical Environmental Crisis*, ed. W. Blackstone, Athens: University of Georgia Press, 1974, pp.57-59.

自己的辩护性理由）为必要条件的，而仅以“偏好自主性”（即行动者具有偏好，且有能力通过审慎思考确定行动以实现自己的偏好）为必要条件。如果动物被认为拥有上述“偏好自主性”，那么动物就具有“道德权利 r”，即对动物的保护即便在诉诸绝大多数人的公共利益的情况下也是成立的。当人类的道德权利与动物的道德权利都作为辩护性理由被道德冲突双方援引时，动物基于“自由选择”的“道德权利”作为辩护性理由将总是压倒性的。必须指出的是，无论上述哪一种辩护模式，根据第一章第二节中的辩护责任指派规则，动物拥有“道德权利”意味着，持有“动物不应该受到保护”的观点的行动者有责任为“使动物遭受痛苦或者被杀戮”的行为提供道德辩护。

二、“动物权利”：与契约主义不相关的道德权利

20 世纪 60 年代欧美兴起“动物权利”运动以来，就“动物是否拥有权利”的话题的讨论日渐热络与成熟。反对“动物拥有权利”的理据多诉诸物种差异、美德、功利主义、人格尊重、福利体验、固有价值等观点①；笔者在此仅想表明，契约主义的道德理论并不否认“动物拥有道德权利”，但也不支持“动物拥有道德权利”。

契约主义道德理论的确将道德权利保护对象限制在道德行动者（moral agents）身上，而不包括道德被动者（moral patients）。这一点与道德权利的选择—辩护模式一致。正如第二章第一节第三目中提到的，道德行动者，即在审慎思考过程中，以不偏不倚原则限定自身行动的辩护性理由，且根据相应的道德要求选择是否行动的行动主体。道德被动者，即缺乏能够以对自身行为负有道德责任的方式控制自身行为的能力的行动主体，也就是说，这类行动主体没有能力辨明什么是正当的，什么是不正当的；即便他们采取不正当行为，也不能视为不道德。由于道德被动者不能自己提出道德诉求，契约主义道德理论内在地就将道德被动者排除出其关切的范围。这一问题一直是反契约主义者的主要攻讦点。有学者试图修正这一观点，他们的思路有两种：第一，虽然契约主义道德理论不认为

① ［美］汤姆·雷根、卡尔·科亨：《动物权利论争》，杨通进、江娅译，中国政法大学出版社 2005 年版，第 475—477 页。

道德被动者拥有道德权利，却认为道德行动者具有与道德被动者相关的道德义务，比如我们照顾残疾人，并不是因为残疾人有道德权利，而是我们作为道德行动者有义务出于人类、族群、地域或者信仰等等原因照顾道德被动者。换句话说，虐待残疾人的行为并没有直接伤害到我们，但是虐待残疾人会使我们变得残忍、冷酷，并且虐待残疾人并不能必然给我们带来没有任何益处。这种修正是很难成功的，因为当残疾人的利益与正常人的利益发生冲突时，我们没有压倒性的理由足以使正常人不侵犯残疾人的利益。第二，将“谁能成为道德行动者?”转变为“谁或什么能被道德行动者予以道德考虑?”①这一做法的确扩大了道德权利的保护对象，但是，这将迫使契约主义接受价值客观性预设。而契约主义道德理论与在第二章第一节第三目中已经表明的道德权利的选择—辩护模式一样，不能预设价值的客观性，最多只能做到价值多元，悬置价值的“主观性”与“客观性”。但是，如果我们追问，道德权利为什么将婴儿、残疾人等列入保护范围?除了赋予道德被动者客观的道德地位，我们别无他法。这其中的主要原因在于，契约主义道德理论的内在条件约制，因为，“一个道德理论 T 是契约主义的，当且仅当，它所关切的道德领域的核心的道德原则都是由契约推导出的或者都是建立在契约之上的，无论这个契约是明确的、隐含的或是虚拟的。根据这个定义，假如在一个理论 T 中，有某些原则并非由契约这个概念所导出或并非建立在契约这个概念之上的，或者，在订立契约之前，立约者们已经接受了某些道德原则及信念，而这些原则及信念对于理论 T 而言，是不可或缺的，则理论 T 不是一个‘契约主义’的道德理论。”②在推导道德原则前，预设道德权利的客观性，这不符合契约主义道德理论的内在条件，如果这一点能够成立，那么该道德理论也不能算是契约主义的了。因此，契约主义道德理论必须承认这一局限，即便道德行动者与道德被动者可以形成某种“托管关系”(trusteeship)③，但这种道德立场不可能来自契约主义。

但是，契约主义的有效理论界限没有涵盖道德被动者，并不仅仅意味着反对

① O'Neill, Onora, *Towards Justice and Virtue: A Constructive Account of Practical Reasoning*, Cambridge: Cambridge University Press, 1996, pp.98-100.

② 石元康：《罗尔斯》，广西师范大学出版社 2004 年版，第 100 页。

③ Scanlon, T.M., *What We Owe to Each Other*, Cambridge, Mass.: Harvard University Press, 1998, p.183.

道德被动者拥有道德权利，还蕴涵着另一种含义，即不支持道德被动者拥有道德权利的。笔者认为，其主要的理论指向在后者。如果这一点是成立的，那么，指责契约主义道德理论反对道德被动者拥有道德权利的攻讦就犯了“虚假两难”（false dilemma）谬误。在面对“道德被动者是否拥有道德权利”的问题上，只有支持或否认两种选择，没有第三种选择，凡是“不支持”就是“反对”。笔者谨以通常被认为被契约主义道德理论所“反对”的“动物权利”为例，说明即便契约主义道德理论“反对”该项权利（实质上，仅仅是不支持），其仍然有效。

“动物权利”是建诸在与“基本善”、“内在善”类似，但又截然不同的概念上的，即“固有善”（inherent good）①。“固有善”具有如下属性：（1）“固有善”是独立的，既不能还原为“内在善”，也不能与其通约，即动物拥有道德权利与我们是否了解动物的内在体验无关；（2）每一个道德个体拥有的“固有善”是同等的，既不会增加，也不会减少，就是说动物个体拥有道德权利的份额与人类个体是一样的，并且与为世界、为整个生存环境做出的贡献无关；（3）“固有善”与其他行动者的道德判断不相关，这一点至为关键，即“固有善”不以其他道德主体的共识与认同为前提，不论人类是否承认动物拥有道德权利，动物与生俱来的“固有善”都决定其拥有道德权利。“固有善”显然在此作为动物拥有道德权利的“形而上学依据”。所谓“形而上学依据”，即非自然存在的，但必定实存于超感官之中的实在。“固有善”就是这种看不见、摸不着的“善”。问题是，你怎么知道这种“善”是的确存在的呢？逻辑上无法演绎，经验上无法观察，这种模糊的“善”概念曾经引发了哲学史上无尽的纷争。如果行动者就这类“形而上学”意义上的“善”概念无法达成共识与一致遵从，那么，它就毫无实践意义；当然，这并不意味着，它必定无法达成共识与一致遵从。但依据契约主义道德理论，行动者完全可以在不做出任何“形而上学”预设的情况下，就某些事（比如合作，即便行动者间并没有共同目的）达成共识与一致遵从。可见，契约主义道德理论仅仅是不支持这类“形而上学”意义上的“善”概念，它并没有断言行动者就诸如“固有善”这样的形而上学概念必定无法达成共识与一致遵从的；同理，契约主义道德理论也不支持以“固有善”为基础的道德权利。那么，基于“固有善”构建的动物

① Regan, Tom, *The Case for Animal Rights*, Berkeley and Los Angeles: University of California Press, 2004, pp.235-239.

权利为什么仍然可能是有效的呢？因为，一方面，基于“固有善”构建道德权利的方式并不反对基于“利益”、“基本善”、“选择”构建道德权利，而仅仅是在强调我们不能忽略所有道德个体共同拥有的“固有善”属性。这与基于“利益”、“基本善”、“选择”的道德权利构建之间的对立关系完全不同：“利益”、“基本善”模式肯定“排序”，而“选择”模式反对“排序”；“利益”是允许比较的，但“基本善”、“选择”是不允许比较的；等等。另一方面，基于“固有善”构建的道德权利在保护对象、边际约束、道德谓词三个方面，也是关注个体，而不是群体；拒斥“积聚性”概念、“至善性”概念；以“正当”/“不正当”作为判断谓词的；这与契约主义道德理论的内在特征又是一致的。正是基于上述分析，笔者认为，契约主义道德理论不支持基于“固有善”构建的“动物权利”，而不是反对基于“固有善”构建的“动物权利”，根据“契约主义原则辩护作为辩护性理由的道德权利”的第5种情形，除非道德权利 r 为契约主义道德原则 p 所排除，否则该项权利 r 仍然有效，“动物权利”便是该情形的典型范例。

三、作为“初阶”与作为“次阶”的道德原则

当道德权利在契约主义道德理论的有效界限外时，契约主义道德理论的理论有效性是否会受到影响呢？答案是否定的。因为，通过契约主义确认的道德原则是次阶的(second-order)，而不是初阶的(first-order)。说道德原则 p 是初阶的，即道德原则 p 直接作为辩护性理由 r 辩护行动 a 的正当性；说道德原则 p 是次阶的，即道德原则 p 不直接作为辩护性理由 r 辩护行动 a 的正当性，或者(1)间接支持辩护性理由 r 辩护行动 a 的正当性，或者(2)通过道德原则 p 检测行动 a 的辩护性理由 r 是否有效，是否为不同行动者无法合理地拒斥；只有当道德原则 p 否定辩护性理由 r 的有效性时，道德原则 p 才作为辩护性理由 r 的替代者辩护行动 a 的正当性①。

让我们第三次考虑本章第一节第二目中那两个经典案例：“出于利他动机而撒谎的假设权利”情境与“著名的火灾危机”情境。“诚实原则”在义务论道德理论中是“绝对命令”；“功利原则”在功利主义道德理论中是“唯一原则”。同

① Raz, Joseph, *Practical Reason and Norms*, Oxford: Oxford University Press, 1999, p.46.

时，这两个原则分别在上述两个情境中作为初阶的辩护性理由直接为对歹徒透露受迫害者的真实行踪与救伟人不救亲人的行为做出道德辩护。当道德冲突发生时，“诚实原则”与“功利原则”的有效性受到质疑，当然，我们可以修正上述两个原则，但至少必须承认“诚实原则”与“功利原则”并没有想象中那么有效，能够实现其理论完备性的诉求。由于理论完备性诉求是义务论与功利主义道德理论的必要条件，“诚实原则”与“功利原则”不能被修正为“次阶”原则，这种内在的不融贯导致这两个道德理论的有效性大打折扣。可见，作为“根本性原则”的道德原则，同时作为初阶辩护理由，这一强势的理论完备性诉求是行不通的。

而契约主义确认的道德原则是次阶的，因此能够规避上述理论困境。当针对某一行动的赞成与反对都诉诸“道德权利”作为辩护性理由时，产生权利冲突。契约主义确认的道德原则通过支持“赞成与反对该行动的辩护性理由的任意一方”的方式，使得它所支持的一方成为权利冲突的最终解决方案。也就是说，契约主义确认的道德原则即便支持某一行动的正当性，也是通过支持其辩护性理由的方式间接予以辩护的，而不是替代其辩护性理由。这虽然在诉求理论完备性方面有所损失，但是在遭遇类似“动物权利”这种理论界限以外的道德权利的挑战时，仍然可以保有理论的有效性：就“行动 a 的正当与否”而言，道德权利 r_1 与道德权利 r_2 作为对立双方的辩护性理由，如果道德权利 r_1 处于契约主义道德理论的有效界限之外，道德权利 r_2 处于契约主义道德理论的有效界限之内，契约主义确认的道德原则 p 支持道德权利 r_2 作为行动 a 的辩护性理由，由于契约主义确认的道德原则 p 不支持道德权利 r_1 作为行动 a 的辩护性理由，并且由于道德原则 p 的次阶性质，道德原则 p 不能替代它所支持的道德权利 r_2 直接作为行动 a 的辩护性理由（只有当道德原则 p 否定道德权利 r_2 作为行动 a 的辩护性理由时，道德原则 p 才有可能替代道德权利 r_2 直接作为行动 a 的辩护性理由；但在这种情形下，处于契约主义道德理论的有效界限之外的道德权利 r_1 就作为行动 a 的辩护性理由成为上述道德冲突的最终解决方案），因此，道德权利 r_1 与道德权利 r_2 作为对立双方各自的辩护性理由所引起的道德冲突没有得到解决，仍然需要进一步研判，但是契约主义确认的道德原则 p 的有效性因其没有直接与道德权利 r_2 发生冲突而没有受到影响。这较义务论、功利主义道德理论诉诸强势解决最终仍然无法解决而言，留下了进一步的、有待探讨的理论空间与回旋余地。

"不偏不倚原则"(principle of impartiality)在义务论、功利主义道德理论与契约主义道德理论中的不同用法,能够进一步说明契约主义确认的道德原则的"次阶"性质。让我们第四次考虑本章第一节第二目中那两个经典案例:"出于利他动机而撒谎的假设权利"情境与"著名的火灾危机"情境。"诚实原则"与"功利原则"之所以能够成为"根本性原则",就在于它们都是"不偏不倚"的,"诚实原则"甚至可以通过"契约主义检测"成为契约主义确认的道德原则。问题在于,通过"契约主义检测"的道德原则仅仅是在"次阶"意义上是不偏不倚的,即该道德原则无法被其他行动者合理地拒斥,或者为其他行动者自由、平等地接受。没有任何理据可以证明,在"次阶"意义上,获得不偏不倚辩护的道德原则能够直接作为初阶辩护性理由。义务论者与功利主义者恰恰混淆了"初阶"与"次阶"意义上的"不偏不倚原则"。更清楚地说,"不偏不倚原则"在"初阶"意义上是道德原则,在"次阶"意义上是道德辩护原则,这是截然不同的。前者要求行动者不偏不倚地采取行动,而后者仅在"寻求合理条件下取得一致的人们自由达成共识的基础"①。可以说,通过"契约主义检测"的道德原则都是不偏不倚的,但契约主义道德理论并不要求将通过"契约主义检测"的不偏不倚的道德原则直接作为对行动者的道德要求,甚至反对这样做。行动者在"缔结契约"阶段,确认道德原则,以及道德正当性的标准,因此,在"遵从契约"阶段,行动者的行动理由也好,辩护理由也好,并不一定必须是不偏不倚的②。"不偏不倚原则"在"初阶"意义上的应用,不仅是不必要的,而且是不正当的。本章第一节第二目中那两个经典案例:"出于利他动机而撒谎的假设权利"情境与"著名的火灾危机"情境,已经清楚地表明了这一点。

---

① Barry, Brian, *Justice as Impartiality*, Oxford: Clarendon Press, 1995, p.11.

② Barry, Brian, *Theories of Justice*, Berkeley and Los Angeles: University of California Press, 1989, p.336.

第六章　道德权利及契约主义道德理论的社会哲学推衍

笔者将在这一章讨论道德权利、契约主义道德理论在社会哲学层面推衍、运用的境况。首先,围绕美国社会哲学家托马斯·博格的"免于贫困的人权",尝试厘清其构建思路,并就其持续援助全球极端贫困人群的责任指派的困境,同时结合笔者对"道德权利"的理解与认知,谈谈"免于贫困的人权"作为一项道德权利的内在逻辑与适用界限。其次,笔者尝试从契约主义道德理论"合理拒斥"道德原则的角度,辨析罗尔斯为什么不同意将他的"平等主义分配正义原则"推衍到全球范围,并用"不同'人民'之间的正义原则"替代前者的合理性。最后,笔者考察了罗尔斯主义、马克思主义、社群主义、功利主义、自由至上主义等分配正义原则在应对环境正义难题的现实情境中遭遇到的挑战,除反思、权衡正义原则在具体的环境议题中的适用性以外,更应该结合契约主义道德理论积极、理性地构建符合生态文明发展目标要求的环境制度与评价体系。

第一节　"免于贫困的人权"的确证与反驳

在探究和解决全球极端贫困问题的不同主张中,美国哲学家托马斯·博格(Thomas Pogge),"全球正义"理论的领军人物之一,秉持"全球性平等主义的分配正义"立场,坚持认为:现行的国际经济、政治秩序是造成全球极端贫困现象持续存在的根本原因①;这一秩序已经构成对全球贫困人口的人权的集体性侵

① Pogge, Thomas W., "Priorities of Global Justice", in Thomas Pogge ed., *Global Justice*, London: Blackwell Publishers, 2001, p.17; Pogge, Thomas W., "Recognized and Violated by International Law: The Human Rights of the Global Poor", *Leiden Journal of International Law*, 18, 2005, p.734.

犯，而世界上大多数富裕国家都参与其中，却没有做出任何补偿[①]；因此，富裕国家的政府及民众负有持续援助全球极端贫困人口的义务。他将批判现行的国际经济、政治秩序的不正义性的道德论证建构在一项被他称作"免于贫困的人权"(a human right to freedom from poverty)[②]的基础上。而这一人权的内涵是基于1948年《世界人权宣言》第25条的推论(《世界人权宣言》第25条："人人有权享受为维持他本人和家属的健康和福利所需的生活水准，包括食物、衣着、住房、医疗和必要的社会服务；在遭到失业、疾病、残废、守寡、衰老或在其他不能控制的情况下丧失谋生能力时，有权享受保障。")笔者将就博格对"免于贫困的人权"的论证以及持续援助全球极端贫困人群的责任指派的论证加以述评，并提出自己不同的见解。需要说明的是，即便博格对"免于贫困的人权"的论证存在缺陷，也并不等于"免于贫困的人权"是不可能实现的。

一、对"免于贫困的人权"论证的辨析

博格是通过如下思路确认其"免于贫困的人权"，并论证其持续援助全球极端贫困人群的责任指派的：

(1)"免于贫困的人权"是一项道德权利；

(2)"免于贫困的人权"仅向其义务承担者施加消极义务；

(3)"免于贫困的人权"仅向义务承担者施加"制度性"消极义务(或者说，在此仅考虑这一方面即可)；

(4)当前的国际政治、经济秩序是造成全球极端贫困事实——导致"免于贫困的人权"缺失——的根本原因；

(5)富裕国家的政府与民众因构建、参与、维护当前的国际政治、经济秩序而获益最多。

因此，富裕国家的政府与民众对解决全球极端贫困问题负有根本责任，也是全球极端贫困人群实现其"免于贫困的人权"的"制度性"消极义务的承担者。

---

① Pogge, Thomas W., "Recognized and Violated by International Law: The Human Rights of the Global Poor", *Leiden Journal of International Law*, 18, 2005, p.721.

② Pogge, Thomas W., 'Recognized and Violated by International Law: The Human Rights of the Global Poor', *Leiden Journal of International Law*, 18, 2005, p.720.

接下来,笔者将结合自己对"道德权利"基本理念的理解对上述五个要点逐一做出评述,并提出自己不同的意见。

1."免于贫困的人权"是一项道德权利

法律权利是评价产生该法律权利的法律体系的正当性标准,即在该法律体系内部评估其是否符合自身所承认的法律权利;但这一标准容易受到法律体系内部变动的影响,而缺乏稳定性。道德权利则不会如此,它既不依赖于任何现实的规则体系,也不依赖于任何机构或者组织成员的同意①;同时,只要道德权利是正当、有效的,那么,它就必然普遍、平等地适用在任何一个行动者身上,因此,作为评价某项社会制度是否正当的标准,相较于法律权利,道德权利更为坚实有力。"权利的本质就是要说明强迫他人按照与他自己的利益相反的方式行动的正当理由。"②也就是说,如果某项道德权利是成立的,那么,相对应的法律权利或者维护该项道德权利的法律一定也是成立的。如果"免于贫困的人权"是一项道德权利,那么,任何试图取消该项权利的法律制度都是不正当的,并且与之相对应的法律权利必须得到承认与实现。

权利的构成通常被区分为4个基本要素:自由权(liberty)、要求权(claim)、权力(power)与豁免权(immunity)③。道德权利的分析通常与"自由权"和"要求权"密切相关,因为二者都表明了行动者可以"避免"什么、可以"获得"什么,什么样的现实行为在道德上是被禁止的、被允许的,甚或被要求的。而二者的区别则在于,"自由权"是某人愿意做什么或不愿意做什么的权利,因此其核心是"自由";"要求权"是要求他人做某事或不做某事的权利,因此其核心是"要求"。其中,只有"要求权"与义务(duty)相互关联,而"自由权"与义务并不相互关联。自由权,即行动者既有权利采取她没有义务不采取的行动,又有权利不采取她没有义务采取的行动;要求权,即某一行动者有权利要求另一行动者采取(或不采取)行动,且后一行动者有义务为前一行动者采取(或不采取)行动。也就是说,"要求权"具有将义务承担者置于满足行动者权利的义务中的属性,"我对某事

① Hoekema, David A., *Rights and Wrongs: Coercion, Punishment, and the State*, Selinsgrove, Pennsylvania: Susquehanna University Press, 1986, p.89.

② Flathman, Richard E., *The Practice of Rights*, Cambridge: Cambridge University Press, 1976, p.159.

③ Hohfeld, W.N., "Some Fundamental Legal Conceptions as Applied in Judicial Reasoning", *The Yale Law Journal*, Vol.23, No.1, Nov., 1913, pp.28–30.

拥有道德权利意味着他人(在客观意义上)受到道德约束以某种方式去做或去制止某事,如果我想要他去的话。"[①]这种道德约束甚至可以是"权利载体在要求得不到满足的情况下可以追索权利的应答者或责任者相应的义务"[②]。因此,就道德辩护的力度而言,"要求权"优于"自由权"。(第一章第一节)从博格要将"持续援助全球极端贫困人群的义务"指派给"富裕国家的政府及民众"的论证目标来看,"免于贫困的人权"显然是被设定为一项"要求权"。那么,该如何确定两个行动者间的"权利—义务"关系呢?假定行动者 A 与行动者 B,行动者 A 拥有要求行动者 B 采取(或不采取)行动 x 的道德权利,当且仅当,(1)行动者 B 采取(或不采取)行动 x 是正当的;(2)行动者 B 有义务采取(或不采取)行动 x;(3)行动者 A 针对行动者 B 采取(或不采取)行动 x 的要求,是正当的。[③] 也就是说,"免于贫困的人权"是一项"要求权",当且仅当,(1)义务承担者促进权利拥有者"维持他本人和家属的健康和福利所需的生活水准",是正当的;(2)义务承担者对权利拥有者"维持他本人和家属的健康和福利所需的生活水准"负有义务;(3)权利拥有者针对义务承担者促进"维持他本人和家属的健康和福利所需的生活水准"的要求,是正当的。然而,如果"免于贫困的人权"是一项作为"要求权"的道德权利,那么,仅凭上述 3 个条件是不能确认两个行动者间的"权利—义务"关系的。谨以条件(2)为例,如果义务承担者是难以"维持他本人和家属的健康和福利所需的生活水准"的穷人,权利拥有者是轻易"维持他本人和家属的健康和福利所需的生活水准"的富人,那么,穷人还对富人"维持他本人和家属的健康和福利所需的生活水准"负有义务吗?

2."免于贫困的人权"仅向其义务承担者施加消极义务

通常,我们根据是否需要义务承担者采取积极行动,而将"义务"区分为"消极义务"与"积极义务":"消极义务",即义务承担者不得采取任何行动妨碍权利拥有者权利的实现;"积极义务",即义务承担者必须采取积极行动促进权利拥有者权利的实现。"消极义务"的实现似乎较为简单,只要义务承担者不采取行动即可;而"积极义务"由于要求义务承担者采取积极行动,所以,很可能导致义

---

① Brandt, R.B., *Ethical Theory: The Problems of Normative and Critical Ethics*, Englewood Cliffs, NJ: Prentice-Hall, 1959, p.436.

② 甘绍平:《人权伦理学》,中国发展出版社 2009 年版,第 3 页。

③ [英]约翰·穆勒:《功利主义》,徐大建译,上海人民出版社 2008 年版,第 51 页。

务承担者处于不确定的风险中,付出其不愿或不能负担的代价。任何人都没有义务通过损害自身权益的方式向他人提供援助或合作,除非她是自愿的。因此,施以义务承担者"积极义务"的(道德)权利一直饱受争议。为使"免于贫困的人权"能够被更多人所接受,博格规定其仅向义务承担者施加"消极义务",即不得采取任何行动妨碍权利拥有者"维持他本人和家属的健康和福利所需的生活水准"的权利的实现。

但实质上,"免于贫困的人权"的内涵并没有因此而改变,即"免于贫困"与"维持他本人和家属的健康和福利所需的生活水准"的内涵是一致的,反而更加难以拒斥。因为拒斥一项"消极义务"与拒斥一项"积极义务"的辩护责任是不同的,前者的辩护责任在拒斥者身上,而后者的辩护责任在被拒斥者身上。也就是说,当你拒斥一项"消极义务"时,你有责任给出拒斥的正当理由;当你拒斥一项"积极义务"时,被拒斥方反而有责任给出你不得拒斥的正当理由。比如,当你拒斥"保持安静"的课堂纪律时,你有责任给出理由辩护你为什么可以不保持安静;当你拒斥"上课必须发言"的规则时,提出"上课必须发言"要求的一方有责任给出理由辩护为什么上课必须发言。仅与"消极义务"相关的"免于贫困的人权"相较于与"积极义务"相关的"免于贫困的人权",在实践层面似乎更容易接受,但在辩护层面却将辩护责任由权利拥有者身上转移到义务承担者身上。

3."免于贫困的人权"仅向义务承担者施加"制度性"消极义务(或者说,在此仅考虑这一方面即可)

博格进一步将"消极义务"分为两种类型:"互动性"与"制度性"。他以"免于折磨的人权"为例,说明了这两种类型的"消极义务"的区别:冒犯他人"免于折磨的人权"的行为,不仅包括直接折磨他人的人际互动,还包括间接折磨他人的社会制度。"免于折磨的人权"作为一项道德权利,并且仅向义务承担者施以消极义务:"互动性"消极义务要求义务承担者不得采取折磨权利拥有者的行动;"制度性"消极义务要求义务承担者不得参与可以预见到的缺失"免于折磨的人权"的社会制度。因此,"制度性"消极义务的承担者就不仅包括容许、甚至命令折磨权利拥有者的统治者,还包括参与构建导致"免于折磨的人权"缺失的社会制度且没有对受害者做出任何补偿的普通民众。

"免于贫困的人权"与"免于折磨的人权"类似,作为一项道德权利,它也仅向义务承担者施以消极义务:"互动性"消极义务要求义务承担者不得采取任何行动妨碍权利拥有者“维持他本人和家属的健康和福利所需的生活水准”；“制度性”消极义务要求义务承担者不得参与可以预见到的缺失“免于贫困的人权”的社会制度。那么，“免于贫困的人权”的“制度性”消极义务的承担者不仅包括容许，甚至批准对权利拥有者“维持他本人和家属的健康和福利所需的生活水准”造成负面后果的政策的决定者、领导者，还包括参与构建导致“免于贫困的人权”缺失的社会制度且没有对极端贫困人群做出任何补偿的普通民众。因此，博格将“免于贫困的人权”界定为一项仅向义务承担者施加“制度性”消极义务（或者说，在此仅考虑这一方面即可）的道德权利。

然而，博格对“免于折磨的人权”的“制度性”消极义务的构建并没有想象中那么合理。如果缺失“免于折磨的人权”的社会制度是不正义的，那么，任何人都不应该被强迫参与该社会制度。也就是说，任何人都有权利不参与缺失“免于折磨的人权”的社会制度，而不是任何人都有义务不参与缺失“免于折磨的人权”的社会制度。那些被迫参与的人也是该社会制度的受害者，只有当他们的个人行为造成他人的可追溯的伤害时，他们才负有“加害者”的责任。不参与缺失“免于折磨的人权”的社会制度的义务，对个体行动者而言，是一项“分外义务”（supererogation）。因为个体行动者拒绝参与缺失“免于折磨的人权”的社会制度，甚或秘密抵抗该社会制度，是有生命之虞的。任何人都没有义务通过牺牲自己的方式对抗不正义的社会制度，除非她是自愿的。奥斯卡·辛德勒之所以伟大，受人敬仰，正是因为他冒着生命危险保护犹太人的行为是“分外义务”。将“分外义务”视作“义务”，就会导致对行动者提出过分的要求。行动者因不履行“分外义务”而遭受惩罚，是不正当的。1952年至2013年间，德国政府与民众陆续赔偿战时遭受迫害的犹太人达700亿欧元，获得世界各国的广泛赞誉。这一事实至少表明，赔偿并不是基于未履行“不参与缺失‘免于折磨的人权’的社会制度”的义务而做出的；否则，是不会被称赞的。

同样道理，如果缺失“免于贫困的人权”的社会制度是不正义的，那么，任何人都不应该被强迫参与该社会制度。也就是说，任何人都有权利不参与缺失“免于贫困的人权”的社会制度，而不是任何人都有义务不参与缺失“免于贫困的人权”的社会制度。事实正是如此，参与目前缺乏“免于贫困的人权”的社会制度的民众并不是被胁迫的，至少不参与、甚或反对该制度的民众也没有遭受迫害，政策、制度的决定者、执行者大多数都是通过合法的选举程序产生的，政策、制度的决定、执行过程也多是公开、透明的。这与缺乏“免于折磨的人权”的社会制度是截然不同的。在此情形下,我们不禁要问,缺乏“免于贫困的人权”的社会制度究竟是怎样“恶劣”的制度?或者说,事实上,人类根本就没有能力最终消除全球极端贫困问题?还是构建“免于贫困的人权”的思路在问题的开始就判断错了方向?

4. 当前的国际政治、经济秩序是造成全球极端贫困事实——导致“免于贫困的人权”缺失——的根本原因

博格认为,当前的国际政治、经济秩序有利于富裕国家,而不利于贫困国家。富裕国家长期凭借配额、关税、反倾销责任、质量检测和补助国内厂商等措施,来保护自己的市场;而这些措施,要么根据国际政治、经济秩序,不允许发展中国家使用,要么由于发展中国家自身的实力薄弱而无法使用①。为证明当前的国际政治、经济秩序是造成全球极端贫困事实的根本原因,博格给出了一个类比论证:一个班级的学生在其行为表现上可以存在着很大差别,这些差别必定是和学生自身特有的因素相关。但这不能说,这些“局部性”因素可以充分说明一个班级的表现。教学质量、教学次数、阅读材料、图书馆以及其他“全局性”因素也可以起到重要作用。因此,在学生当中,成功和失败的强烈对比并不表明全局性因素没有任何因果作用。② 比如,课堂教学质量的提高会促进班级整体成绩的提高;根据学生不同的兴趣、爱好,可以影响图书馆资源的分配;任课教师性格偏文静,会抑制班级中活泼、爱表现的学生的个性。与此相似,当前的国际政治、经济秩序对世界范围内的极端贫困的持续也可以产生重大影响。此外,当前的国际政治、经济秩序还纵容专制国家的统治集团滥用“国际借贷特权”(以国家的名义向外国借款)与“国际资源特权”(自由处置该国的自然资源),这些独裁统治集团凭借西方发达国家的借款和向西方发达国家出售本国自然资源获得的收益购买武器、组建军队,以便维系自身的强权,而几乎不会考虑改善贫困同胞的生活。③ 像印度尼西亚的苏哈托政权、伊拉克的萨达姆政权、利比亚的卡扎菲政

① Pogge, Thomas W., “Recognized and Violated by International Law: The Human Rights of the Global Poor”, *Leiden Journal of International Law*, 18, 2005, p.725.

② Pogge, Thomas W., “Recognized and Violated by International Law: The Human Rights of the Global Poor”, *Leiden Journal of International Law*, 18, 2005, p.723.

③ Pogge, Thomas W., “Recognized and Violated by International Law: The Human Rights of the Global Poor”, *Leiden Journal of International Law*, 18, 2005, pp.734-736.

权……这些独裁政权在被推翻之前都曾经与西方发达国家有过密切的能源合作。在上述资源、金融、商贸交易过程中，只有富裕国家的政府和民众、专制国家的统治集团获得了暴利，而全球极端贫困人群的利益则持续受到忽视与损害。

美国哲学家约翰・罗尔斯，在经过与博格的长期论战以后，仍然坚持自己截然不同的答案："造成差异的关键因素在于这个国家的政治文化、政治美德和市民社会，在于该国成员的正直、勤勉、创新能力……还在于这个国家的人口政策。"①他甚至愿意进一步推测，"世界上绝没有这样的社会——除去某些边缘状况——资源匮乏到如此程度，以至于，即便组织与管理都合情合理，也无法形成良好秩序。"②正如前文引述的、关于"全局性因素"的类比论证，博格并不同意罗尔斯的观点。但需要说明的是，他的论证只能表明"全局性因素"是重要的，并不能表明其总是相关的。更重要的是，他忽略了一个关键，即罗尔斯并不是在判断什么因素是导致极端贫困的根本性原因，而是在判断什么因素是消除极端贫困的相关性原因。也就是说，罗尔斯认为，"专制、独裁的政治文化"是消除极端贫困的相关性因素。根据"因果论证"的规则，通常，如果我们为了阻止某个事态的发生，我们会去寻找这一事态发生的必要条件。我们提出"全球极端贫困"的问题，是为了消除这一问题，即我们必须找到发生"全球极端贫困"问题的必要条件（至少一个）。那么，我们该如何确认"必要条件"呢？根据"因果论证"规则：条件 p 是事件 a 发生的必要条件，当且仅当，如果缺乏条件 p，事件 a 必定不发生；我们可以先假定罗尔斯的判断是成立的，即"专制、独裁的政治文化"是国家"极端贫困"的必要条件。然后，我们若想推翻这一假设，那么，只要找到一例现实情况，即"专制、独裁的政治文化"没有出现，某个国家仍然出现了"极端贫困"的境况。

印度经济学家阿玛蒂亚・森对各国"饥荒"问题的研究有力地回应了上述假设。他发现"事实上，从来没有任何重大饥荒曾经在一个民主国家中发生，不管它是多么贫困。这是因为如果政府致力于防止饥荒的话，饥荒是极其容易防止的，而在有选举和自由媒体的多党制民主中的政府有强烈的政治激励因素去

① Rawls, John, *The Law of Peoples, with "The Idea of Public Reason Revisited"*, Cambridge, MA: Harvard University Press, 1999, p.108.

② Rawls, John, *The Law of Peoples, with "The Idea of Public Reason Revisited"*, Cambridge, MA: Harvard University Press, 1999, p.108.

防止饥荒"。[①] 在1979—1981、1983—1984年间,博茨瓦纳与津巴布韦的粮食生产分别下降了17%和38%,而同一时期,苏丹和埃塞俄比亚的粮食生产仅仅分别下降了11%和12%。但是,粮食产量下降较少的苏丹和埃塞俄比亚却发生了大规模饥荒,而博茨瓦纳和津巴布韦却安然无恙,这在很大程度上要归功于这两个国家的及时和广泛的饥荒防范政策。[②] 因为,假若博茨瓦纳和津巴布韦的政府未能及时采取行动,它们就会受到反对党的严厉批评,还会受到舆论的猛烈抨击;然而,苏丹和埃塞俄比亚政府就没有这样的顾忌,民主制度提供的政治激励在这两个国家并不存在。罗尔斯甚至还发现,"每一个西方民主国家都出现过大规模饥饿现象,却都没有救助失业的方案。"[③]由此,我们可以判定,罗尔斯的判断是成立的,即"专制、独裁的政治文化"是国家"极端贫困"的必要条件。根据下列"因果论证"规则:条件p是事件a发生的必要条件,当且仅当,如果缺乏条件p,事件a必定不发生;消除国家内部的"专制、独裁的政治文化"是该国摆脱持续极端贫困的有效途径。而博格虽然始终在强调当前的国际政治、经济秩序是造成全球极端贫困持续的根本性原因,但这一点对我们消除全球极端贫困现象并没有什么帮助:因为我们在现实中无法找到在缺乏当前国际政治、经济秩序的条件下,全球极端贫困现象未曾出现的境况。

5. 富裕国家的政府与民众因构建、参与、维护当前的国际政治、经济秩序而获益最多

在当前国际经济秩序下,全球最富有的200人拥有高达约2.7万亿美元的财富,而最穷的35亿人的财富总和却只有2.2万亿美元;尤其是,最近20年来,全球最富的1%人口的收入激增了60%。与此同时,全球贫富差距在日益扩大。20世纪初,全球富裕国家与贫穷国家的人均收入比还是11∶1,到了本世纪初,这一差距已经接近80:1。[④] 仅上述数据就足以表明,富裕国家的政府和民众的确是当前国际经济、政治秩序的最大受益者。

综述博格上述5个要点:造成全球极端贫困持续的根本原因是当前的国际

---

① Sen, Amartya, *Development as Freedom*, New York: Alfred A. Knopf, Inc., 2000, p.52.

② Sen, Amartya, *Development as Freedom*, New York: Alfred A. Knopf, Inc., 2000, p.179.

③ Rawls, John, *The Law of Peoples, with "The Idea of Public Reason Revisited"*, Cambridge, MA: Harvard University Press, 1999, p.109.

④ http://wdi.worldbank.org,浏览时间:2014年6月20日。

经济、政治秩序；依据对仅向义务承担者施加“制度性”消极义务的“免于贫困的人权”的道德确证，富裕国家的政府与民众因参与、构建、维护这一缺失“免于贫困的人权”的全球性制度安排而获益最多，并且没有对因此形成的全球极端贫困人群做出任何补偿；所以，消除全球极端贫困持续的责任就指派在富裕国家的政府与民众身上。

笔者并不试图否认“富裕国家的政府和民众是当前国际经济、政治秩序的最大受益者”的事实，但需要指出的是，博格诉诸如此复杂的论证，旨在表明，关于“消除全球极端贫困持续”的责任指派是基于承担者的行为后果，而不是基于承担者的偿付能力；这一做法并不成功。请设想下列情境：“免于贫困的人权”是一项作为“要求权”的道德权利，行动者 A 没有实现其“免于贫困的人权”，行动者 B 负有实现或补偿行动者 A 的“免于贫困的人权”的责任，不论该责任是消极的、还是积极的。那么，在下列 4 种情况中，即 A 和 B 都是贫穷的；A 和 B 都是富裕的；A 富裕且 B 贫穷；A 贫穷且 B 富裕，只有最后一种情况，行动者 A 实现其“免于贫困的人权”或者获得相应的偿付是合情理的。这与澳大利亚哲学家彼得·辛格的“浅池塘情境”①如出一辙，但后者仅仅诉诸“义务”的思路，更为简明。

退一步讲，即便是基于承担者的行为后果，将“消除全球极端贫困持续”的责任指派给富裕国家的普通民众，也是不合理的。请设想一项“免于‘雾霾污染’的人权”，考虑如下情境：某城市实行自由购买机动车、申请车牌即得的机动车管理制度，据环境部门调查，机动车尾气是城市雾霾污染的原因。行动者 A 由于长时间在街面卖早餐，吸入雾霾颗粒，导致其患有肺病；行动者 B 每天驾驶自己的汽车上班、下班、接家人。就该城市的机动车管理制度而言，B 是获益者，A 是受害者。根据类似博格的责任指派，B 的行为妨碍 A 实现其“免于‘雾霾污染’的人权”，因而有义务为 A 应获得的补偿做出自己的贡献（份额远低于 A 治好肺病的费用）。但是，B 个人的汽车尾气排量是不足以导致任何人患肺病的，

① 所谓“浅池塘情境”，即“小林经过一个很浅的池塘，看到池塘里有一个孩子快要淹死了，小林走进池塘，趟水过去，把孩子拉出池塘，结果小林的衣服沾满了污泥，不过小林觉得这不重要，一个孩子的死亡，才是相当严重的事情。请问，如果你是小林，有什么理由可以足以令你不这样做吗？”Singer, Peter, “Famine, Affluence, and Morality,” *Philosophy and Public Affairs*, 1, No. 3, Spring 1972, p.231.

那么,B 为什么要为并非他的行为造成的伤害负责呢?可见,对责任指派的论证最终还是要诉诸偿付能力、偿付数额极低等因素。

二、"免于贫困的人权"作为一项"自由权"的道德权利

笔者认为,如果"免于贫困的人权"是一项道德权利,那么,它作为"自由权"比作为"要求权"将更为简洁、清晰,更易得到辩护。如前文所述,"自由权"与"义务"并不相关,而仅受到一条原则的限制。该原则就是"自由至上主义原则"(libertarian principle),即普遍禁止暴力侵犯的原则(a principle of a general prohibition on aggression)①。(第四章第二节第一目)该条原则的精髓,并不在于规定行动者 A 自身的利益不是对行动者 B 施以强制的正当理由,而在于规定行动者 B 对行动者 A 的侵害是对行动者 B 施以强制的唯一的正当理由。也就是说,如果"免于贫困的人权"是一项"自由权",即满足"自由至上主义原则",那么,在没有暴力侵犯其他行动者的条件下,权利拥有者"维持他本人和家属的健康和福利所需的生活水准"是正当的。

再者,仅向义务承担者施以消极义务的"免于贫困的人权"对"自由至上主义原则"构成冒犯。"免于贫困"与"维持他本人和家属的健康和福利所需的生活水准"的内涵是一致的。如果像博格所说的,它仅仅是指"不得折磨、不得掠夺、不得毁坏穷人赖以生存的农作物与家畜"②,那么,根据"自由至上主义原则","免于贫困的人权"就是一项"自由权"。这也就无从争议了。但是,博格所建构的"免于贫困的人权"并不旨在免于由暴力侵犯所导致的贫困,而旨在免于由市场竞争所导致的贫困。因此,"免于贫困的人权"必须是一项与消极义务相关的"要求权"。也就是说,在市场经济中,尤其是全球自由贸易过程中,应该避免导致极端贫困人群生产、生活指数下降的任何商业竞争;为使他们能够"维持他本人和家属的健康和福利所需的生活水准",对他们所从事的产业实行消极的贸易保护。这样的"消极权利"与通常我们所谓的"消极权利"是截然不同的,

---

① Narveson, Jan, Libertarianism, in *The Blackwell Guide to Ethical Theory*, ed. Hugh LaFollette, Oxford: Blackwell, 2000, p.306.

② Pogge, Thomas W., "Recognized and Violated by International Law: The Human Rights of the Global Poor", *Leiden Journal of International Law*, 18, 2005, p.719.

请比较：拥有“免于贫困的人权”的行动者 A 已经实现“维持他本人和家属的健康和福利所需的生活水准”，即行动者 B 负有不得妨碍 A“维持他本人和家属的健康和福利所需的生活水准”的消极义务；拥有“免于贫困的人权”的 A 尚未实现“维持他本人和家属的健康和福利所需的生活水准”，即 B 负有不得妨碍 A 去获得“维持他本人和家属的健康和福利所需的生活水准”的消极义务。我们不禁会问，“维持他本人和家属的健康和福利所需的生活水准”的相关资源尚不属于 A，B 在追求和实现其“维持他本人和家属的健康和福利所需的生活水准”的过程中，并没有暴力侵犯 A 的自由权；为什么 B 要承担不得妨碍 A 去获得“维持他本人和家属的健康和福利所需的生活水准”的消极义务？“免于贫困的人权”构成对 B 的自由权的暴力干涉，是对“自由至上主义原则”的冒犯。为什么 A 的“要求权”优先于 B 的“自由权”？辩护责任显然在提出“免于贫困的人权”的一方，而博格对此并没有予以重视与解释。

此外，当前反对“免于贫困的人权”的意见中最为普遍的是，“免于贫困的人权”是权利话语泛滥的后果。今天，当不同的利益、价值观发生冲突时，人们为证明自身利益、价值观的正当性和优先性，往往会诉诸“权利”作为辩护理由，因为“与单纯的迫切需要、审慎权衡、对模糊理念的诉求或者其他类似因素不同，权利与义务（不论它们是道德的还是法律的）代表着人类决断中的关节点。在适当的情况下它们可以被限定，但它们也可以作为抵制限定的因素”①。但是，由于论争双方都是从自己认可的理论框架内援引“权利”概念，不同的理论框架的有效性又无法在客观上做出比较，所以，不同的“权利”概念要么无法公度，要么同样有效。（“产生不同‘权利’概念的理论框架的有效性是无法客观比较的”与“不同的‘权利’概念本身是同等有效的”并无矛盾。）因此，这将产生两个“不可能”推论：（1）权利诉求不可能是不正当的；（2）权利诉求不可能是冲突的。推论（1）导致权利话语只能增加；推论（2）导致权利话语不能减少。各自有各自的根据，不同的权利诉求都应该获得满足，既不能消减，也不能排序。人们开始忧心，权利话语的不断膨胀，可能会导致权利在道德论争中的日渐失效。“一个能论证所有问题的理论事实上什么都论证不了。当权利要求出现在所有公共问题的所有方面时，权利就不会再受到认真地对待，就不会再被当作解决问题的手

① ［美］富勒：《法律的道德性》，郑戈译，商务印书馆 2009 年版，第 36 页。

段。……这就像通货膨胀时纸币贬值一样,权利话语的滥用只能削弱权利的辩护力度。”[①]但笔者认为,这种忧虑是不必要的,因为随着科学技术的不断进步,社会财富的不断积累,人类的权利话语必定是不断增长的,诸如,网络自由、同性婚姻、基因隐私……这些都是人类文明、进步的成果与标志。1791 年,詹姆斯·麦迪逊在美国宪法“修正案第 9 条”中清楚表明“本宪法对某些权利的列举,不得被解释为否定或轻视由人民保留的其他权利”。这为无尽的人类“权利”清单打下了基础。人类是不可能将一切自由从事的事项都列明的:我有权早上不起,晚上不睡;有权决定戴眼镜或是不戴;有权欣赏肖邦、舒伯特或是 Lady GaGa……,“若要将能做的事情全部列明,那么这个清单肯定会没完没了。”[②]当然,这些权利都是“自由权”,而仅受“自由至上主义原则”的限制。并且,它们的确是只增不减,毫不冲突。但是,如果在道德论争中不断构建的是类似托马斯·博格所诉诸的对他人施以义务的“要求权”,那么,我们就必须恒常地保持警醒了。

另一面向的思考:以小额贷款与减贫路径的市场化为例[③]。

著名经济学家、联合国千禧年发展项目特别顾问杰弗里·萨克斯(Jeffrey Sachs)说过,消除极端贫困的关键在于,让贫困的穷人踏上发展的阶梯。为穷人提供一笔必要的资金,使他们得以立足,将是他们踏上发展阶梯的最初动力。孟加拉国的银行家穆罕默德·尤努斯(Muhammad Yunus),无疑是这方面的典范。从 1976 年起,尤努斯就开始致力于通过向穷人提供小额信贷以改变他们的生存境遇的研究与社会实践。小额信贷,即向低收入人群和微小企业提供的额度较小的持续信贷服务。1983 年,尤努斯创立了旨在向贫困人群提供小额信贷的格莱珉乡村银行。时至今日,该银行服务的对象已经超过 600 万,贷款总额高达 7 亿美元。2006 年,尤努斯与格莱珉乡村银行获得诺贝尔和平奖。他们的成功鼓舞了数以百万计的追随者。目前,已经有超过 1000 家小额贷款组织遍布全球,为近 2 亿客户提供服务。

小额信贷的成功无疑是令人欣喜的,但问题也随之而来。2 亿客户,相较于

---

① Sumner, L.W., *The Moral Foundation of Rights*, Oxford: Oxford University Press, 1987, p.9.

② De Jasay, Anthony, *Before Resorting to Politics*, Cheltenham: Edward Elgar, 1994, p.24.

③ 这部分内容参考了[美]迪恩·卡尔兰、[美]雅各布·阿佩尔:《不流于美好愿望:新经济学如何帮助解决全球贫困问题》第四章的内容。

全球贫困人口的总数而言,诚可谓杯水车薪。目前,全球贫困人口 30 亿,占全球人口的 50%以上,是小额信贷用户的 20 倍,他们每人每天的生活费不足 3 美元。因此,即便小额信贷的客户全部是穷人,也仅占全球贫困人口的 5%。我们可以断言,小额信贷的推广正在遭遇瓶颈,而始终没有突破。其原因何在呢?

美国经济学家、扶贫行动创新研究会创始人迪恩·卡尔兰(Dean Karlan)在菲律宾的调查研究似乎可以解释上述问题。谨以遍布菲律宾城乡的"萨利萨利杂货店"(Sari Sari Store)为例,卡尔兰发现,这种面向底层民众的小型日用杂货店的老板即便开始会到非营利银行去进行小额信贷,但最终却都宁愿选择高利贷。问题究竟出在哪里呢?第一,小额信贷虽"小",但对于这些杂货店老板而言,还是太"大"了。他们没有办法将所借到的钱一次性地投入到生意上。不是货品保鲜会受到影响,就是没有足够大的库房。如果借款有所剩余,问题则变得更为棘手。因为到处都是改善生活的"诱惑",不然你就是"傻"到借钱是为了存钱。第二,杂货店老板就库存所需会定下一个贷款上限,以抵御各种改善生活的消费"诱惑"。但是,非营利性银行的放贷周期一般是半年一次,而杂货店则需要每两个月就补一次货。既不能只借补一次货的钱,又不能一次借补三次货的钱。小额信贷往往让这些杂货店老板茫然不知所措。第三,用剩余的贷款改善生活,比如买衣服、买电视机,很可能导致无法按时还贷。为防止上述情况发生,银行有时会对客户小额贷款的投资项目进行考察、监督。这样的做法,也使很多穷人望而却步。因为很多穷人虽然不至于用贷款去买新衣服、新电视机,却常常拿贷款修理自己的汽车、摩托车,或者把钱直接寄给乡下生活贫困的亲属。他们这样做的原因只有一个,就是避免失业。修理自己的汽车、摩托车,是为了准时上班;寄钱给乡下亲属,总比失去工作回乡探亲划算。但这些做法显然是不符合小额信贷的相关规定的。相比之下,当地的高利贷者就宽松多了。不论是贷款周期,还是贷款数目,都根据杂货店老板的要求而定,而且,还可以随时提出新的贷款要求;至于贷款干什么,只要能收得回钱,他们才不管呢。当然,由于利率较高,高利贷者会每天都到杂货店来收钱。但即便如此,很多杂货店老板还是乐意向他们借钱。

小额信贷的支持者之所以向穷人推行小额信贷,是因为他们坚信,穷人已经发现了改善自身生活境况的经济机会,只是苦于没有利用这些机会的资金。但是,他们往往忽略了一个更重要的事实:只有在贷款者偿还贷款的情况下,贷款才是有效的。换句话说，即便改善生活境况的经济机会随处可见，也不意味着，每一个穷人都有能力可以利用这些机会。在对那些面向穷人放高利贷的组织的调查中，卡尔兰发现，这些高利贷者的贷款年利率均在200%左右，远远超过发放小额贷款的非营利性银行，虽然非营利性银行的收益其实也不低，年利率也都在20%—60%。令人震惊的是，这些高利贷者大部分的营业时间都是在拒绝贷款申请，事实上，50%的贷款申请都被他们拒绝了。因为他们只关心一件事：贷款者是否有偿还贷款的能力。那么，高利贷者的贷款标准是否过于严苛，而让某些勉强具有还款能力的申请人没有获得贷款，因而失去改善生活境遇的机会呢？卡尔兰及他的研究团队建议这些高利贷者将对贷款申请的判断由“同意”与“反对”，改为“同意”、“反对”与“不确定”，然后将归入“不确定”的申请人随机排入“同意”或“反对”中。结果，他们发现，那些被归入“同意”类别中的“不确定”申请人的收入都有所提高，生活都获得了改善，当然，也都按时偿还了贷款。由此可见，高利贷的确存在着贷款标准过于严苛的问题，但绝非大众所想象的那样，将债务邪恶地压到借款人身上；对于改善穷人生活境况而言，高利贷是有益的。

今天，数以亿计的资金被投入到各式各样的发展援助项目当中，无非是我们心存善念：给穷人改善自己的生活境况提供一个机会。然而，仅有美好的愿望是不够的。在推行小额信贷的过程中，我们忽略了小额信贷只是手段，而不是目标。目标只有一个，那就是减少贫困。想到那些每日生活费用不足3美元的人们，我们为什么不能以更加包容的心态来看待那些行之有效、代价更小的路径呢？

第二节　“全球性平等主义的分配正义原则”的确证与反驳

美国政治哲学家约翰·罗尔斯的“平等主义的分配正义原则”为如何评价与构建一个正义社会提供了道德标准及合理辩护。那么，是否可以将适用于单一社会的分配正义原则推广到全球范围呢？如果答案是肯定的，那么，罗尔斯的两个分配正义原则就可以被称作“全球性平等主义的分配正义原则”。谨以“全球极端贫困问题”为例，根据“全球性平等主义的分配正义原则”，构建“持续援助、改善全球最贫困人口的生活福祉的财富分配制度"被认为是合理且必要的。但罗尔斯本人在与上述观点的长期论战中,提出了不同于前者的"全球正义"观——"万民法",即"不同'人民'之间的正义原则",明确表达了对"持续援助、改善全球最贫困人口的生活福祉的财富分配制度"的质疑。笔者试图借助契约主义道德理论证明,(1)从面向全球的"初始状态"中推演不出"全球性平等主义的分配正义原则"的;(2)将"持续援助、改善全球最贫困人口的生活福祉的财富分配制度"建构在富裕国家对全球极端贫困状况应负有的义务上,既不正当,也无必要;(3)而罗尔斯基于"不同'人民'之间的正义原则",将"援助责任"限定在"良序社会"的转型上,相较于前者,更加合理、简洁、务实,前景也更为清晰。

一、单一边界内的"分配正义"

当前,全球范围内的极端贫困、饥饿、疾病、贫富悬殊等社会问题的确令人触目惊心:目前,世界上22.2%的居民处于"极端贫困状态",即平均日消费额低于1.25美元(以2005年的购买力平价为基准),全球极端贫困人口的总数高达12.9亿,主要集中在非洲撒哈拉以南、印度、中国和拉美等国家和地区;极端贫困人群因营养不良而患病的几率达28%,而发达国家的几率只有10%;发达国家学生每年的人均教育费用是发展中国家的110倍,发达国家与发展中国家的初等教育师生比例分别为1∶14和1∶43……[①]近年来,为应对上述全球性问题,吁求建立全球范围内的公正、合理的社会分配秩序的呼声越来越高。美国道德哲学家约翰·罗尔斯的"分配正义"理论也因此日益受到人们的青睐。

约翰·罗尔斯在其代表作《正义论》中提出了一种适用于相对自给的、受到自身基本结构规范的、与其他社会相隔绝的、自由民主的社会形态的分配正义理论。[②] 他认为,"正义是社会制度的首要美德"[③]。而正义的"首要主题是社会的基本结构,或更准确地说,是社会主要制度分配基本权利和义务,决定由社会合

---

① 世界银行全球发展报告[EB/OL],http://wdi.worldbank.org,浏览时间:2012年6月22日。

② Rawls, John, *A Theory of Justice*, revised edition, Cambridge, MA: Harvard University Press, 1999, pp.4, 7, 401.

③ Rawls, John, *A Theory of Justice*, revised edition, Cambridge, MA: Harvard University Press, 1999, p.3.

作产生的利益之划分的方式。”①

分配正义理论的核心问题，即为评价社会基本结构提供有效的道德原则。罗尔斯提供的解决方案，即如下两个原则：

第一个原则：每个人对与所有人所拥有的最广泛平等的基本自由体系相容的类似自由体系都应有一种平等的权利。（平等自由原则）

第二个原则：社会和经济的不平等应这样安排，使它们：（1）在与正义的储存原则一致的情况下，适合于最少受惠者的最大利益（差别原则）；并且，（2）依系于在机会公平平等的条件下职位和地位向所有人开放（公平机会原则）。②

我们可以看到，这两个原则蕴涵着“平等主义”的意味：平等的自由、平等的机会，以及对“不平等”的优先关切。所以，我们通常将罗尔斯的两个原则称作“平等主义的分配正义原则”，尤其是“差别原则”，即对单一社会中最不利的个体的生活前景保持持续关注。

罗尔斯对上述两个原则的论证，使用了“初始状态”这一思想试验。他假设，自利、理性的人们在“初始状态”中选择并达成某些正义原则。初始状态“是一种其间所达到的任何契约都是公平的状态，是一种各方在其中都是作为道德人的平等代表、选择的结果不受任意的偶然因素或社会力量的相对平衡所决定的状态”。③ 在“初始状态”的诸多条件中，最为重要的就是“无知之纱”，它从“初始状态”中排除了相关各方的社会地位、阶级出身、自然资质、价值观、生活规划、心理倾向，以及所处的社会环境、世代背景等信息。相关各方唯一知道的，就是他们所在的社会受到“正义环境”的制约，以及所有影响正义原则选择的一般性事实。罗尔斯认为，在“初始状态”中的相关各方会选择上述两个原则作为他们所在社会的最根本的道德标准。

需要说明的是，什么是“正义环境”？简单而言，即在“正义环境”中，人类的合作既是可能的，也是必需的。行动各方为了彼此的利益展开合作，因为社会合

① Rawls, John, *A Theory of Justice*, revised edition, Cambridge, MA: Harvard University Press, 1999, p.6.

② Rawls, John, *A Theory of Justice*, revised edition, Cambridge, MA: Harvard University Press, 1999, p.266.

③ Rawls, John, *A Theory of Justice*, revised edition, Cambridge, MA: Harvard University Press, 1999, p.104.

作会使每一个人过上比各自努力、单独生存更好的生活；但是，行动各方也会产生利益冲突，因为任何人都不会对如何分配合作中的较大利益无动于衷。因此，就需要某些原则来指导人们在划分利益的不同社会安排中做出抉择，达成契约。正义环境就是产生这些必要性的背景条件。这些背景条件包括：确定的生活区域、相似的体能与智力、易受到伤害与妨碍、资源的中等匮乏等客观条件；相近的需求与利益、不同的生活规划、有分歧的价值观等主观条件。这些条件的集合，就是所谓的“正义环境”①。

二、“平等主义的分配正义原则”的全球性方案

那么，这一“正义环境”是否可以突破单一社会的界限，在全球范围内适用呢？“初始状态”为什么不能直接设定在全球范围内呢？罗尔斯的“平等主义的分配正义原则”在全球范围内是否能够成立呢？许多全球正义理论家（戴维·理查兹、托马斯·斯坎伦、布莱恩·巴瑞、托马斯·博格、查尔斯·贝茨等）对上述问题的答案是肯定的，当然他们的理由各不相同。如果有证据可以表明的确存在一个全球性的社会合作体系（即“正义环境”），那么，国家的边界与社会合作的范围的外延就不再是一致的。解决这一问题的路径之一，就是将“无知之纱”扩展到全球范围。处于初始状态的不同个体仍然不知晓自己属于诸多自然资源分配不均、贫富程度不同的社会中的哪一个，出于对各自切身问题的考虑，他们所选择的原则仍然会是罗尔斯的两个正义原则。因为，如果罗尔斯对他的两个原则在封闭的、单一的社会条件下的辩护是成立的，那么，我们就没有理由认为，扩展对初始状态的解释以便使这两个原则可以适用于全球范围时，这两个原则的内容会发生改变。尤其是，“差别原则”使我们需要在全球范围内对最不利的个体的生活前景保持持续关注。因此，罗尔斯的两个分配正义原则也可以被称作“全球性平等主义的分配正义原则”。

由此，我们可以发现，关于“全球性平等主义的分配正义原则”的论争就集中在（1）全球性的社会合作体系是否等同于单一社会中的“正义环境”；（2）“全

① Rawls, John, *A Theory of Justice*, revised edition, Cambridge, MA: Harvard University Press, 1999, pp.109-110.

球性平等主义的分配正义原则”在解决国际争端、全球性议题方面是否必要与正当。

1.“全球性社会合作体系”与“正义环境”的不一致性

全球贸易总额由2006年的14.5万亿美元增长至2010年的30.4万亿美元；全球货币交易量从2004年的每日1.9万亿美元增长至2013年的每日4.5万亿美元；全球注册承运航空器离港总数由2003年的2100万架次增长至2011年的3000多万架次；全球互联网使用率由2003年的12.2%增长至2011年的32.6%；全球海外直接投资1.7万亿美元；国际移民总数由2005年的1.9亿增长至2010年的2.1亿……[①]我们有理由相信，在全球范围内，正在形成或者已经存在着一个社会合作体系。但是，全球范围的社会合作体系与单一社会的社会合作体系相似，这是否可以使我们相信，二者的“正义环境”也是相近的，甚至是等同的呢？

事实上，即便存在着全球性的社会合作体系，国际社会与国内社会的所谓“正义环境”还是存在着很大差别的。（1）国际社会缺乏国内社会中明确“强制性约束”的法规以及执行“强制性约束”的权威机构。2008年以来，国际社会展开联合行动打击索马里海盗，但成效并不显著，因为许多国家担心国际合作会损害其主权，许多相邻的沿海国之间尚存在着主权与海洋资源争端，部分有争议海域犯罪管辖权还不明确，相关国家尚未就海盗、恐怖主义等概念达成共识。（2）国际社会缺乏国内社会中服从法规与权威机构的道德动机，即共通的正义感。2009年，非洲联盟各国领导人在第13届首脑会议上通过了一项决议草案，决定成员国对国际刑事法庭下达的逮捕苏丹总统巴希尔的命令不予合作。[②] 在任何一个良序社会中，正义感的力量都不会在不同的社会群体中保持一致，因此，对一个以稳定的社会群体形式生活的成员来说，那种与公平的合作安排一致并发展支持这种安排的情感是极其有利和必要的[③]。因为现实中的国际社会既缺乏法规及权威机构，又缺乏服从法规与权威机构的共通的正义感，所以，为了在全

① 《世界银行全球发展报告》，http://wdi.worldbank.org，浏览时间：2012年6月22日。

② 刘鹏：《浅析打击索马里海盗授权对国际法的冲击》，《现代国际关系》2009年第4期，第9—14页。

③ Rawls, John, *A Theory of Justice*, revised edition, Cambridge, MA: Harvard University Press, 1999, pp.437-440.

球范围内贯彻“平等主义的分配正义原则”，我们似乎无可避免地要将构建一个“世界共和国”作为人类最终的政治理想来加以实现。正如康德所说的，“不可能有任何合理办法让国家与国家的关系摆脱无法可依的状态——除非，国家像个人那样，放弃自己的原始的（无法可依的）自由，让自己服从具有强制性的公共法律，从而建立不断强大的、最终将把所有国家包含进来的世界共和国。”①

我们能够想到的反驳“世界共和国”的理由可能就是，“世界共和国”是不现实的；我们很难想象，“国家/主权”在全球性的社会合作体系中“自愿”被限制、减弱，甚至消解。试图通过“世界共和国”来实现“全球性平等主义的分配正义原则”，可能会因为目标过于遥远而让人失去兴趣。但是，这并没有否定其正当性。如果假设中的、理想的正义社会最终将会达到，那么理想的正义原则就会成为现实世界的改革目标。仅仅指出目前缺乏实现某种理想原则的客观条件，是不能损害这种理想原则实现的可能性的；只有当理想原则的实现条件是不正当的，理想原则才是不值得追求的。目前，没有任何证据可以表明，人类永远都不会拥有服从全球性的正义原则的道德动机，永远都不会设计并建立起全球性地执行“强制性约束”的权威机构。“一些迄今还没有成功的东西将永远不会成功，这个观念并不能向任何人证明放弃即便实用的或技术的目标是合理的……这甚至适用于道德目标，也就是责任，只要还没有表明实现它们是不可能的。”②但是，即便“世界共和国”是值得追求的，也不表明，它是实现“全球性平等主义的分配正义原则”的唯一路径。只要我们能够证明，“全球性平等主义的分配正义原则”在解决国际争端、全球性议题方面是必要的、正当的，那么，全球性社会合作体系与“正义环境”的外延就是一致的。

可以预见到的是，“国家/主权”的权威性将日益受到挑战与弱化，但也不至于消解。也就是说，全球范围内的分配正义应该优先于单一社会范围内的分配正义，或者，单一社会范围内的分配正义应该根据全球范围内的分配正义进行相

---

① Kant, Immanuel, “Perpetual Peace”, in *Kant's Political Writings*, ed. Hans Reiss and trans. H. B. Nisbet, Cambridge: Cambridge University Press, 1970, p.105.

② Kant, Immanuel, “On the Common Saying: ‘This May be True in Theory, but it does not Apply in Practice’”, Kant's Political Writings, ed. Hans Reiss and trans. H. B. Nisbet, Cambridge: Cambridge University Press, 1971, pp.61-92.

应的修正。然而,相对于“世界共和国”的最终政治理想,这在一定程度上承认了“国家/主权”在全球性社会合作体系中的作用。接下来的问题就是,我们如何证明,在不同的主权国家之间,对全球范围内的个人福祉、最不利个人的福祉进行普遍、持续的道德关切①,比如,运用“全球性平等主义的分配正义原则”解决全球极端贫困问题,是正当、有效的?

2. 解决“极端贫困”问题的必要性与正当性

造成全球极端贫困状况的根本原因在于,西方发达国家推行的国际经济、政治秩序。就该秩序的直接影响而言,西方发达国家为保护自己的市场,长期凭借配额、关税、反倾销责任、质量检测和补助国内厂商等措施,对广大发展中国家实行贸易壁垒;而这些措施,要么根据国际政治、经济秩序,不允许发展中国家使用,要么由于发展中国家自身的实力薄弱而无法使用。2013 年,西方发达国家取消了所有形式的农产品出口补贴。但在此之前,全世界使用“农产品出口补贴”的国家只有欧盟、瑞士、美国、南非等 25 个国家,而欧盟所占的比例一直保持在 85%以上②;非洲棉花质量好、成本低、竞争力强,约占世界棉花出口总量的 17%。然而,1999—2003 年,美国政府为国内的棉花产业提供 148 亿美元补贴,导致全球棉花价格暴跌,使得维系非洲 33 个国家、2000 多万人生计的产业几近消亡。③ 技术性贸易壁垒(Technical barriers to trade,简称 TBTs),一类非关税的贸易壁垒,是国家规范市场、保护消费者、维护自然资源的广泛、不同的措施,但是,为了保护国内工业,技术性贸易壁垒也能够为外国使用以便歧视进口商品。自 1999 年以来,发展中国家的 TBT 通报量已然超过发达国家。2012 年,发达国家与发展中国家 TBT 通报量分别占全年通报总量的 19.8%与 80.2%。发展中国家彼此的 TBT 限制甚至比发达国家还要严苛。④ 就该秩序的间接影响而言,国际政治、经济秩序还纵容专制国家的统治集团滥用“国际借贷特权”(以国家的名义向外国借款)与“国际资源特权”(自由处置该国的自然资源),统治集团凭借西方发达国家的借款和出售本国自然资源获得的收益购买武器、组建军队,

① Rawls, John, *The Law of Peoples*, with “The Idea of Public Reason Revisited”, Cambridge, MA: Harvard University Press, 1999, pp.119-120.

② 程国强:《WTO 农产品出口补贴规则执行评价》,《调查研究报告》2006 年第 105 期,第 5—6 页。

③ 陈顺:《希拉克批评美国农业补贴政策》,《人民日报海外版》2005 年 12 月 5 日。

④ 夏怡:《2012 年 TBT 通报统计》,http://www.tbtmap.cn,浏览时间:2013 年 5 月 7 日。

以便维系自身的强权,而几乎不会考虑改善贫困同胞的生活。① 像印度尼西亚的苏哈托政权、伊拉克的萨达姆政权、利比亚的卡扎菲政权……这些独裁政权在被推翻之前都曾经与西方发达国家有过密切的能源合作。上述两方面事实表明,只有西方发达国家及其公民、发展中国家的独裁者从现行的全球秩序中获益,而广大发展中国家的贫困人口的利益则持续受到忽视与损害。西方发达国家及其公民由于是现行的国际经济、政治秩序的最大受益者,理应承担阻止和减轻现行国际秩序对广大发展中国家的贫困人口的持续伤害的主要责任。

目前,国际经济、政治秩序的改革旨在构建自由、开放、平等、互利的全球化市场,这一点与在单一、封闭的社会中构建自由市场非常相似,二者本质上都是在贯彻、实现"平等自由原则"、"公平机会原则";既然"差别原则"对于单一、封闭的正义社会总是必需的,那么,对于实现了全球化市场的国际社会而言,我们有什么理由拒斥它呢? 因此,在构建自由、开放、平等、互利的全球化市场的同时,国际社会应该根据"全球性平等主义的分配正义原则",构建旨在持续援助全球最贫困人口、改善其生活福祉的财富分配制度。根据"全球性平等主义的分配正义原则",西方发达国家及其公民有义务对广大发展中国家的极端贫困人口提供援助,以便其彻底摆脱饥饿、疾病、愚昧、无知的生存状况。

3. 对"全球性平等主义的分配正义原则"的质疑

几乎没有人怀疑运用"全球性平等主义的分配正义原则"处理国际间不同社会难题的善良意图;令人困惑的地方仅仅在于,在全球范围内应用罗尔斯的两个分配正义原则,尤其是差别原则,以消除上述问题的合理性。罗尔斯本人就认为,在某些情况下,上述持续援助全球最贫困人口、改善其生活福祉的财富分配制度是无法接受的。他列举出两个在全球范围内适用"平等主义的分配正义原则"的例外情况,以此证明其不合理性。

案例一:

假设两个在内部实现了罗尔斯的正义原则的国家 A 与 B,其民众都是自主且负责任的,财富水平与人口数量一致。A 国实行工业化,并积极地积累财富;B 国则安于现状,耽于享乐。长此以往,A 国的财富是 B 国的两倍。根据"全球

① Pogge, Thomas W., "Recognized and Violated by International Law: The Human Rights of the Global Poor", *Leiden Journal of International Law*, 18, 2005, pp.734-736.

性平等主义的分配正义原则”,A 国需要征税给 B 国提供资金。我们不禁要问,A 国的审慎、勤劳为什么要为 B 国的草率、慵懒承担责任?

案例二:

假设两个在内部实现了罗尔斯的正义原则的国家 A 与 B,其民众都是自主且负责任的,财富水平与人口数量一致。两个国家都同时为女性提供平等正义的社会环境;但是,在 A 国,随着女性的政治、经济地位的提高,该国的人口增长率相对于财富增长率逐年降低,在 B 国,由于其特有的主流价值观(比如“人生的最大财富是拥有兄弟姐妹”)为女性所自由接受,该国的人口增长率不减反增。长此以往,A 国的财富是 B 国的两倍。根据“全球性平等主义的分配正义原则”,A 国需要征税给 B 国提供资金。我们不禁要问,A 国为什么要为维持 B 国的特有价值观承担责任?①

更为关键的是,单一社会内的正义结构与全球范围内的正义结构的确都具有的“乌托邦”性质,但是,我们是否可以因此得出,如果承认了前者的可实现性,就必须承认后者的可实现性呢?我们知道,在前者的“初始状态”中,相关各方是明确知道他们将生活在一个有“边界”的单一社会内的,如果在后者的“初始状态”中,情况还是一样的,那么,正如前文所述,全球范围内的正义结构的实现就必须诉诸康德的“世界共和国”。但我们必须要证明的并不是这一点,而是在不诉诸“世界共和国”的条件下,“全球性平等主义的分配正义原则”仍然可以起作用。因此,在设计全球正义的“初始状态”中,“相关各方是否生活在一个有‘边界’的单一社会内”的信息将被“无知之纱”屏蔽,也就是说,相关各方并不能确认是否存在着足以将他们区分在不同社会中的“边界”。因此,即便存在着一个全球范围内的社会合作体系,如果“边界”足以将相关各方区分到不同的社会中,那么,他们就不能确定,在撤去“无知之纱”后,不同社会之间是否可以达成罗尔斯的两个分配正义原则;因为不同社会之间可能缺乏共通的政治权威与正义感。由此可见,“边界”在初始状态中并不是所谓“自然边界”,而是与“共通的政治权威、正义感”相关的“规范边界”;全球性社会合作体系的边界并不是由“共通的政治权威、正义感”决定的,而是由大气层所决定的“自然边界”,这也是

---

① Rawls, John, *The Law of Peoples*, with “The Idea of Public Reason Revisited”, Cambridge, MA: Harvard University Press, 1999, pp.117-118.

"全球性社会合作体系"与"正义环境"不一致的原因所在。在不确知"不同社会之间是否可以达成罗尔斯的两个分配正义原则"这一信息的情况下，相关各方只能确保在可能的、诸多"单一社会"中分别达成罗尔斯的两个分配正义原则。只有当"不同社会之间存在共通的政治权威与正义感"被"初始状态"中的相关各方所知晓时，相关各方才能确证并达成"全球性平等主义的分配正义原则"。但是，根据奥卡姆的剃刀原则："切勿浪费较多东西，去做'用较少的东西，同样可以做好的事情'"（*Pluralitas non est ponenda sine necessitate.*），这一方案由于比前一方案多了一个条件，在两个方案同样有效的情况下，该方案必将被前一方案取代。而前一方案正是罗尔斯所设想、建构的"全球正义"路径。

三、另一种"全球正义"观：罗尔斯的"万民法"

虽然罗尔斯对自己为一个暂时被理解为隔绝、封闭的社会基本结构提出一种合理的正义观念感到满意，但是他还是设想了将其分配正义理论应用于国际环境的可能性："我们可以扩展对初始状态的解释，把各方看成是不同国家的代表，这些代表必须一起来选择一些用来裁决各国之间的冲突要求的基本原则。为了遵循初始状态的观念，我假设这些代表被剥夺了各种各样的信息。虽然他们知道自己代表着不同的国家，每个国家都生活在人类生活的正常环境中，但是他们不知道他们所处的社会的特殊环境、与其他国家相比较的权威和势力以及他们在自己社会中的地位。缔约各方在这种情况下即国家的代表人，也再一次只允许有足够的知识来做出一个保护其利益的合理选择，而不能得到能使他们中的较幸运者利用其特殊情况谋利的那种具体知识。这个初始状态在各国之间是公平的；它取消了历史命运造成的偶然性和偏见。"①

那么，罗尔斯是如何在其著作《万民法》（*The Law of Peoples*）中设想和推演他的"全球正义"理念的呢？首先，他明确指出，全球正义的道德主体不是个人，但也不是国家，而是有边界的个人集合体——人民（peoples），包括"自由的人民"（liberal peoples）与"有尊严的人民"（decent peoples）。"自由的人民"具有三

① Rawls, John, *A Theory of Justice*, revised edition, Cambridge, MA: Harvard University Press, 1999, pp.331–332.

个基本特征:(1)“自由的人民”所实行的制度是一种理性、正义的民主制度,其政府服务于人民的根本利益;(2)“自由的人民”是通过共通的文化意愿联合在一起的;(3)“自由的人民”的道德本质维系在一种正当、正义的政治(道德)观念上①。也可以说,“自由的人民”是符合罗尔斯的“平等主义的分配正义原则”的社会。“有尊严的人民”与“自由的人民”一样,对外没有侵略目的,对内不侵犯公民的生命权、自由权、财产权等公民权利,只是有时并不承认公民的政治权利。为了说明“有尊严的人民”,罗尔斯想象了一个“有尊严的、等级制的穆斯林社会”,命名为“卡赞尼斯坦”(Kazanistan):在“卡赞尼斯坦”中,伊斯兰教具有核心地位,主导着政府的政策与事务,政府中的较高职位也仅由穆斯林担任,但其他宗教依然受到包容,作为穆斯林的最高统治者特别关注不同社会集团的需求、重视与他们的协商与合作。② 谨以土耳其为例,2002 年,带有伊斯兰教色彩的“正义与发展党”赢得土耳其议会大选。该党执政至今,虽然全面改组各级政府机关,大量任命本党党员出任公职,但是,该党一直淡化自身的宗教色彩(穆斯林在土耳其人中的比例高达 98%),积极关注贫困、弱势群体,改革社会保障制度,得到军队、世俗团体的认可与合作。③ 目前,土耳其境内出现大规模反政府游行,恰恰是因为该党领导人埃尔多安由于长期执政,态度傲慢,家长制作风严重,推动“禁酒”法案,反对言论自由,实施大规模清真寺兴建计划,④这些政令都违背了“卡赞尼斯坦”的基本精神:统治者要关注不同社会集团的需求、重视与他们的协商与合作。是因为“自由的人民”与“有尊严的人民”都尊重人权,罗尔斯才以此作为标准,将二者归为“良序社会”(well-ordered society)。相应地,对外抱有侵略目的的国家,被称作“法外国家”(outlaw states);缺乏成为良序社会所需的政治、文化传统,以及自然、人力、技术资源的社会,被称作“负担社会”(societies burdened by unfavorable conditions);虽然尊重绝大多数人权,却完全否定其成员的政治参与,这样的社会被称作“开明专制”(benevolent absolutism),以

① Rawls, John, *The Law of Peoples*, with “The Idea of Public Reason Revisited”, Cambridge, MA: Harvard University Press, 1999, pp.23-24.

② Rawls, John, *The Law of Peoples*, with “The Idea of Public Reason Revisited”, Cambridge, MA: Harvard University Press, 1999, pp.75-76.

③ 朱水飞:《在宗教与世俗间寻求平衡:土耳其正义与发展党执政经验》,《当代世界》2005 年第 11 期,第 21—24 页。

④ 张志鹏:《土耳其的权利及宗教之争》,《中国民族报》,2013 年 6 月 18 日。

上三种社会形态都属于“非良序社会”①。

其次，正如罗尔斯在《正义论》中所构想的那样，他在《万民法》中重申了他对国际社会的第二次“初始状态”的设计。需要注意的是，参与第二次“初始状态”的并不是“自由的人民”中的每一个个体，而是其少许代表，他们只知道自己处于某个“边界”内，但并不知道自己所属的“边界”内的相关情况。因为，在第二次“初始状态”中，“无知之纱”屏蔽了不同“自由的人民”社会的自然资源、经济水平、人口规模等信息。而且，不同人民之间还缺乏共享的公共理性。因此，相关“自由的人民”的代表不可能在全球正义方面达成类似单一社会中的结构性、制度性的契约，而只能达成如下八个原则：

（1）人民是自由和独立的，它们的自由和独立应当受到其他人民的尊重；

（2）人民应当遵守条约和承诺；

（3）人民是平等的，并且协议约束的各方代表也是平等的；

（4）人民应当承担一种“非—干预”的责任；

（5）人民具有自我防卫的权利，但除此外，它们并没有借其他理由发动战争的权利；

（6）人民应当尊重人权；

（7）人民在战争行为中应当遵守某种特殊限制；

（8）人民有责任去援助其他生活在不利条件下的人民，这些不利条件妨碍了他们具有一种正义的或有尊严的政治、社会体制。②

与“差异原则”相对应的，就是上述原则中的第 8 条，即对生活在不利条件下的人民的“援助责任”。罗尔斯认为，国家的不利条件皆“系于其政治文化，系于其宗教、哲学、道德的传统，这些文化和传统支持着其政治、社会体系的基础结构，也系于其成员的勤劳与合作的才能，而所有这些才能都得益于其政治美德的支持……还系于其人口政策”③。印度经济学家阿玛蒂亚 · 森通过对“饥荒”问

① Rawls, John, *The Law of Peoples*, with "The Idea of Public Reason Revisited", Cambridge, MA: Harvard University Press, 1999, pp.63, 90, 106.

② Rawls, John, *The Law of Peoples*, with "The Idea of Public Reason Revisited", Cambridge, MA: Harvard University Press, 1999, p.37.

③ Rawls, John, *The Law of Peoples*, with "The Idea of Public Reason Revisited", Cambridge, MA: Harvard University Press, 1999, p.108.

题的研究,发现“事实上,从来没有任何重大饥荒曾经在一个民主国家中发生,不管它是多么贫困。这是因为如果政府致力于防止饥荒的话,饥荒是极其容易防止的,而在有选举和自由媒体的多党制民主中的政府有强烈的政治激励因素去防止饥荒”。[①] 在 1979—1981、1983—1984 年间,博茨瓦纳与津巴布韦的粮食生产分别下降了 17%和 38%,而同一时期,苏丹和埃塞俄比亚的粮食生产仅仅分别下降了 11%和 12%。但是,粮食产量下降较少的苏丹和埃塞俄比亚却发生了大规模饥荒,而博茨瓦纳和津巴布韦却安然无恙,这在很大程度上要归功于这两个国家的及时和广泛的饥荒防范政策。因为,假若博茨瓦纳和津巴布韦的政府未能及时采取行动,它们就会受到反对党的严厉批评,还会受到舆论的猛烈抨击;然而,苏丹和埃塞俄比亚政府就没有这样的顾忌,民主制度提供的政治激励在这两个国家并不存在。罗尔斯甚至断言:“世界上绝没有这样的社会,资源匮乏到如此程度,以至于,即便组织与管理都合情合理,也无法形成良好秩序。”[②]

“负担社会”恰恰是缺乏政治、文化传统,人力资本和知识,物质和技术资源来实现和维持内部的、正义的或有尊严的政治体制的社会形态。它们需要依靠援助来改变其自身的政治文化。根据“不同人民之间的正义原则”的第 6、8 项,援助责任的目标与限度因此而被明确,即确保“负担社会”仅仅通过获得最少的物质(经济)援助就足以使其能够处理内部事务,足以改变其自身的政治文化,尊重人权,实现国际良序社会的最低要求。如果这一点得以实现,援助就可以终止了,哪怕该社会仍然处于贫困状态。西方发达国家的确有与独裁政权能源合作的不良记录,但是,对这些国家实施经济制裁,迫使其放弃专制统治,就更可取吗? 1979—1990 年,美国与萨达姆独裁政权采取合作态度,伊拉克人均 GDP 年收入至少 8000 美元;1991 年,海湾战争爆发后,直至 2003 年,美国对萨达姆政权实施严厉的经济制裁,伊拉克人均 GDP 年收入至多 900 美元[③]。那么,是否需要考虑“自由的人民”通过军事手段推翻“非良序社会”的路径呢? 根据“不同人民之间的正义原则”的第 5 条,除非出于自卫,否则“自由的人民”(也包括“有尊严的人民”)无权发动战争,也就是说,独裁国家虽然对内实现高压政治,但对

① Sen, Amartya, Development as Freedom, New York: Alfred A.Knopf, Inc., 2000, p.52.

② Rawls, John, *The Law of Peoples*, with“The Idea of Public Reason Revisited”, Cambridge, MA: Harvard University Press, 1999, p.108.

③ 伊拉克数据统计, https://www.iraqbodycount.org, 浏览时间:2014 年 6 月 14 日。

外部的其他国家,并没有蓄意威胁,其他国家也就无权通过战争推翻该政权,武力干涉这一路径也就被完全排除了。2010 年 8 月,伊拉克战争正式结束。根据相关认证,在长达七年的试图推翻萨达姆独裁政权的战争过程中,至少造成 11.4 万伊拉克平民丧命①;但是,“萨达姆政权拥有大规模杀伤性武器”这一开战理由,自 2003 年开战前至今都没有获得证实。也就是说,伊拉克战争是在萨达姆政权并没有对他国构成威胁的情况下发动的,根据“不同人民之间的正义原则”的第 5 条,是不正当的。因此,对“负担社会”的援助,既不能通过经济制裁,也不能通过武力干涉,而只有当“负担社会”的统治者、知识分子及社会各界达成如下共识——既有的政治、文化传统对构建“良序社会”形成阻碍——的时候,援助才是正当、合理的。一位长期从事发展中国家经济开发与援助工作的美国官员在回顾自己经历时,禁不住感叹,“我活得越久,就越发相信,没有人能够救起一个不愿自救的人,同样,没有哪个国家能够救起其他国家,不论他的愿望有多美好,不论他有多么努力。”②援助不是为了改善“负担社会”中不利的个体的福祉,而是为了“负担社会”实现其政治上的自主,使其能够自己建立起自由、民主的社会制度,进而实现罗尔斯的两个分配正义原则。有研究表明,就算发达国家对发展中国家提供持续援助,推动其经济增长,改善其极端贫困状况,这也只有在形成“良序”社会制度的国家里,才能收到上述效果③。

总之,(1)全球性社会合作体系的“边界”与“平等主义的分配正义原则”的“边界”的性质并不一致(前者是“自然的”,后者是“规范的”)。(2)构建在“全球性平等主义的分配正义原则”基础上的持续援助全球最贫困人口、改善其生活福祉的财富分配制度并不总是适用的(罗尔斯所举的两个例外情况)。(3)“不同人民之间的正义原则”第 6、8 项将“援助责任”限制在帮助“负担社会”转型成为“良序社会”,虽然看上去似乎没有“持续援助、改善全球最贫困人口的生活福祉的义务”那样“高尚”、“美好”,但是在道德上仍然是可取的,而且,在推行过程中更加便宜、简洁,因为,从某种程度上说,罗尔斯的“不同人民之间的正义

---

① 伊拉克数据统计,https://www.iraqbodycount.org,浏览时间:2014 年 6 月 14 日。

② Moscoso,*Teodoro*,“The Will to Economic Development”,in *The Alliance for Progress-A Retrospective*,ed.L.Ronald Scheman,New York:Praeger,1988,p.86.

③ Burnside,Craig and David Dollar,“Aid,Policies,and Growth”,*World Bank Policy Research Working Paper*,No.569252,June 1997,http://ssrn.com/abstract=569252.

原则”可以视为对当前业已付诸实践的若干国际法准则的确证与重申。(4)假若“全球性平等主义的分配正义原则”的财富分配制度得以实现,对于全球近13亿极端贫困人群来说,前景当然极其可观(其财富分配总额的上限虽然仅涉及全球生产总值的1%①,却高达近7000亿美元),但这与罗尔斯的“不同人民之间的正义原则”第6、8项的“援助责任”并不构成冲突:如果富裕国家愿意每年承担这笔开支,贫困的“非良序社会”在接受“自由的人民”的援助成功转型后,还能持续获得援助,改善民生,何乐不为? 由此,我们可以发现,解决全球极端贫困状况的核心问题并不是富裕国家对全球极端贫困状况负有怎样的义务,而是富裕国家采取怎样的方式改善全球极端贫困状况是更可取的?

第三节　“分配正义”理念在环境领域的情境实践分析

高科技的运用与社会财富的增长改变了环境难题的实质,这使得我们在解决环境难题时,不得不考虑其中的分配正义要素。笔者试图借由契约主义道德理论的确证机制考察罗尔斯主义、马克思主义、社群主义、功利主义、自由至上主义等分配正义理论彼此的分歧以及在现实情境中运用遭遇到的挑战,进而提出在应对环境难题时,除反思、权衡正义原则在具体情境中的适用性以外,更应该积极、理性地构建符合生态文明目标要求的环境制度与评价体系。

一、高科技的运用与社会财富的增长改变了环境难题的实质

2014年3月25日,世界卫生组织(WHO)发布了一项针对全球空气污染致死情况的调查报告。数据显示,2012年,世界约有700万人因空气污染死去,相当于每8个死亡人口中就有1人死于糟糕的空气质量。而从全球来看,西太平洋中低收入国家为此付出的代价最为惨痛。不幸的是,中国既属于中低收入国

---

① Pogge, Thomas, ‘An Egalitarian Law of People’, *Philosophy and Public Affairs*, Vol.23, No.3, 1994, p.204.

家，又位于西太平洋。

每当我们提到技术革新与财富增长正义实践时，我们都会想当然地相信我们所面临的各种社会问题（包括环境难题）一定会迎刃而解。然而，事与愿违，恰恰是技术革新与财富增长给我们解决环境难题带来了一系列困扰与挑战。技术革新改变了人与环境的利益关系，改变了环境难题的实质。“竞争性”与“排他性”，即某种物品的消费属性。“竞争性”，即某一行动者消费物品 x，就会减少其他行动者消费物品 x 的机会。“非竞争性”，即某一行动者消费物品 x，不会减少其他行动者消费物品 x 的机会。“排他性”，即某一行动者消费物品 x，并且禁止其他行动者消费物品 x 的成本很低。“非排他性”，即某一行动者消费物品 x，但禁止其他行动者消费物品 x 的成本很高，甚或不可能。通常，根据“竞争性”与“排他性”，我们可以将所有物品分成四类：私人利益（private interests）具有排他性与竞争性，比如属于个人的房、车。公共利益（public goods）具有非排他性与非竞争性，比如国家安全。共同利益（common goods）具有非排他性与竞争性，比如医疗、教育。有偿利益（toll goods）具有排他性、非竞争性，比如知识产权。

传统意义上，一般将环境视作“公共利益”，具有非排他性，比如你呼吸新鲜空气的同时，很难阻止其他人呼吸不到；非竞争性，同样，你呼吸新鲜空气的同时，很难减少其他人呼吸新鲜空气的机会。但是，由于气象技术的运用，环境又由“公共利益”转变成“共同利益”。比如，A 地与 B 地是两个干旱地区，一片雨云经 A 地到达 B 地降雨，B 地人获得环境利益，同时他们并没有阻止 A 地人获得降雨，也很难说减少了 A 地人获得降雨的机会；雨云属于公共利益。但是，如果 A 地人采用人工降雨技术使得雨云在经过 A 地时降雨，虽然这并不是在阻止 B 地人获得降雨，但的确是减少了 B 地人获得降雨的机会；雨云变成了共同利益。我们知道，公共利益的分配是不分彼此的，比如警察有义务保护每一个公民的安全，而不是纳税最多的公民的安全；共同利益则不一样，教育、医疗虽然应该力图普及，但是支付费用不等，得到的服务是有区别的。这使得在考虑解决环境难题时，必须考虑社会正义的要素。

环境难题的解决往往需要巨大的社会财富，政府该如何支配这些社会财富成为不同利益集团的聚焦所在。人类社会在现代工业资本主义的刺激下，获得高速财富增长的同时，也带来了严重的环境难题。全球变暖、臭氧层消耗、森林枯竭、野生动物濒临灭绝……请问，哪一个问题是可以依靠公民个人的美德养成能够解决的？哪一个问题是可以依靠几个环保基金会的参与能够解决的？环境难题的解决日益依赖大规模人力、物力的投入，能够有效安排这些社会资源协调应对环境难题的只有政府。因此，环境难题早已不是什么"随手捡起地上的垃圾"、"从我做起节约小能手"的个人美德，在进入公众视野的同时，它就是一个公共政策问题。企业、环境学者、环保团体等都在不约而同地向政府施加影响，试图使政府做出符合他们各自利益的环境决策。比如，欧洲各国的环保团体纷纷组建以"环境优先"为核心理念的政党（绿党），进入议会，甚至成为执政党，比如德国绿党，就强力推动全德无核电政策。福岛核电站泄漏事件后，日本政府在是否重启核电站的问题上受到环保团体的巨大压力，在纠缠了 23 个月之久后才在巨大的反对声中强行重启。以核能政策为例，我们可以看到，不论采取怎样的环境政策，分配正义的因素都越来越无法被忽略。

二、"分配正义"诸理念应对环境难题的分歧及影响

因环境难题与人的共同利益相关、与如何合理分配社会资源相关，所以，学界通常也将其归属于"分配正义"的研究领域。所谓"分配正义"（distributive justice），即要求国家确保财产在全社会范围内得到分配，以便每一个人都能获得一定程度上的物质手段（其最为权威的表述，参见 1948 年《世界人权宣言》的第 22、23、25、26、27 条）。但是，我们究竟该通过怎样的方式进行分配才是符合"正义"的呢？不同的人心中有着不同的"正义"观念："正义"与"公平"（fairness）、"平等"（equality）、"公道"（impartiality）等观念，或针锋相对，或纠缠不清。消除资源分配（包括环境资源）的不正义现象，是通过税收与福利，将财富从富人手中转移到穷人手中，还是清除影响市场配置资源的障碍，充分发挥市场的自发调节机制呢？有人赞成，有人反对。可以说，理论界对分配正义的争议依然没有歇止。但是，即便我们对分配正义还没有共识，对它的持续讨论也是必要的。因为，分配正义有助于我们厘清、协调环境难题中不同利益相关者之间的分歧，在不同价值观之间做出合理的妥协，以实现和谐的社会效果。就环境政策而言，我们通常将其理解为实现"分配正义"的手段，反之，"分配正义"的诸多理论、原则也作为环境政策是否合理的检验标准；同时，环境政策的制定、执行与修正也都是以消除当下社会中的分配不正义为目的的。但是，我们必须注意到，环

境政策的制定者针对以往社会中的分配不正义提出的对策，即便经受了“分配正义”的理论检验，甚或达到了良好的社会实践效果，但也有可能导致出现新的分配不正义，引发新的亟待解决的其他领域的社会问题；甚或出现“好心干坏事”的情况。诸多“分配正义”理论之间的真正分歧所在何处？这些分歧又是如何影响环境政策的制定、执行与修正的？在环境政策的制定、执行与修正过程中，对“分配正义”的目标、理路的考虑是否充分？我们还需要考虑哪些问题？

虽然学界与政界都在不同的场合使用“分配正义”概念，但是对“分配正义”的理论解释却是各有不同的，进而形成诸多不同的理论流派，同时，基于不同流派的理论解释，相应的环境政策也因此而迥异。“分配正义”这一概念虽然最早起源于古希腊哲学家亚里士多德，但其现代意涵却是由法国革命者格拉克斯·巴贝夫在 1796 年完整提出的。而且，这一观念受到思想界严肃对待则是直到美国哲学家约翰·罗尔斯 1971 年出版《正义论》才开始的。当代其他理论流派的衍生、发展无不与对罗尔斯的“分配正义”理论的批判、交锋息息相关。①

罗尔斯在《正义论》中对分配正义原则的论证过程中，使用了“初始状态”这一思想试验。他假设，自利、理性的人们在“初始状态”中选择并达成某些正义原则。初始状态“是一种其间所达到的任何契约都是公平的状态，是一种各方在其中都是作为道德人的平等代表、选择的结果不受任意的偶然因素或社会力量的相对平衡所决定的状态”。② 在“初始状态”的诸多条件中，最为重要的就是“无知之纱”，它从“初始状态”中排除了相关各方的社会地位、阶级出身、自然资质、价值观、生活规划、心理倾向，以及所处的社会环境、时代背景等信息。③ 相关各方唯一知道的，就是他们所在的社会受到“正义环境”的制约，以及所有影响正义原则选择的一般性事实。④ 因此，在“初始状态”中的相关各方会选择如下两个原则作为他们所在社会解决资源分配问题的正义标准：(1) 每个人对

---

① Fleischacker, Samuel, *A Short History of Distributive Justice*, Cambridge: Harvard University Press, 2004, pp.77-82.

② Rawls, John, *A Theory of Justice*, revised edition, Cambridge, MA: Harvard University Press, 1999, p.104.

③ Rawls, John, *A Theory of Justice*, revised edition, Cambridge, MA: Harvard University Press, 1999, p.118.

④ Rawls, John, *A Theory of Justice*, revised edition, Cambridge, MA: Harvard University Press, 1999, p.119.

与所有人所拥有的最广泛平等的基本自由体系相容的类似自由体系都应有一种平等的权利(平等自由原则)。(2)社会和经济的不平等应这样安排,使它们:在与正义的储存原则一致的情况下,适合于最少受惠者的最大利益(差别原则);并且,依系于在机会公平平等的条件下职位和地位向所有人开放(公平机会原则)。① (本章第二节第一目)比如,居民 A 为了防尘在自己家与邻居家附近喷洒一种化学制剂,若干年后,该化学制剂才被政府界定为有剧毒化学成分,而居民 A 家附近地区剧毒化学成分严重超标,居民 A 及其邻居的利益受到严重侵害。由于清理该化学制剂的费用非常巨大,居民 A 与当年的制剂公司都无力承担,那么,该由谁来承担相关费用已解决这一环境难题呢?根据罗尔斯的“初始状态”的构想,巨大的、无法偿付的损失正是处于无知之纱背后的人所担心的。他们会希望使可能发生的最差境况减到最小。技术的确可以带来利益,但同时也会带来风险。无知之纱背后的人们如果想保护自己,以免遭到技术带来的不可预测的糟糕后果;同时,他们也认识到,任何个人偿付可能无法带来对他们的充分保护,因此,他们会同意某种形式的社会保险,在无辜受害者无法因技术风险引起的损害获得赔偿时,它可以替代个人偿付。在现实境况中,政府可以通过授权承担偿付损害与清理环境的责任。

罗尔斯的“分配正义”原则遭到当代马克思主义者(比如美国政治哲学家科恩、佩弗)的严厉批判。其中,“差别原则”更是饱受攻击。因为“差别原则”仅要求社会中最少受惠者的利益应该最大化,换句话说,当满足这一条件时,即便经济领域仍然存在着更多、更大的不平等也将被容许。在马克思主义者看来,经济领域的严重不平等将直接影响民众在其他领域的“自由”,在此意义上,罗尔斯的“平等自由原则”将名存实亡。因为富有的个人与阶级将比贫穷的个人与阶级更多地、更有效地运用自身的公民权利、政治权利。假设在某一地区,汽车尾气排放过多一氧化碳,危及到很多人的健康,尤其是儿童、老人和肺气肿患者;假设我们可以通过公共开支建立公交系统,进而大幅改善空气质量。但是,由于任何一台车的尾气排放都不足以影响到人的身体健康,改善空气质量的成本没有明确的责任承担者。那么,改善空气质量的成本究竟应该指派给谁呢?根据罗

① Rawls, John, *A Theory of Justice*, revised edition, Cambridge, MA: Harvard University Press, 1999, p.266.

尔斯的“差别原则”，应该仅向汽车拥有者或富人征税。但税收的增加，不会影响富人开车的次数，反而会加重那些需要开车糊口的穷人的负担。如果仅向拥有汽车的富人征税，富人是在空气改善过程中获益最少的，却是承担成本最多的，这公平吗？而且，这只会让越来越多的人开车，环境难题根本无法获得改善。

罗尔斯对此做出了回应。他认为，经济领域的不平等与其他领域的“平等自由”在经验上是可以自洽的；马克思主义者混淆了对较少的自由价值的补偿与对不平等自由的补偿。“自由表现为平等公民权的整个自由体系，而个人和团体的自由价值是与他们在自由体系所规定的框架内促进他们目标的能力成比例的。作为平等自由的自由，对所有的人来说都是一样的，在此，不会产生对较小自由的补偿问题。但是，自由的价值对每个人来说却不是一样的，有些人具有较大的权威和财富，因此具有达到他们目的的较多的手段。然而，较少的自由的价值是得到了补偿的，因为，当差别原则被满足时，假如社会成员中较不幸者不接受既定不平等的话，他们达到自己目标的能力甚至会更差。”①这也就是为什么欧美国家普遍实行仅向拥有汽车的富人征税的原因。

然而，即便马克思主义者接受罗尔斯对“自由”与“自由价值”的区分，他们仍然不认为，经济领域的不平等与其他领域的“平等自由”在经验上是可以自洽的。因为，要求平等的自由价值与要求平等的自由在道德上都是正当的。在初始状态中，人们出于“在公共生活中处于从属地位是令人蒙羞甚或损及自尊的”②原因，会选择“平等自由原则”；与此相似，平等的自由价值也是维护自尊的社会基础，增进自尊、将损害自尊的风险最小化也符合人们的理性期待，因此，“无知之纱”下的人们也会选择一种近似平等的自由价值。然而，因为“自由价值对社会基本善指数的相对差异尤为敏感，它不只是一个单调函数”，所以，“自由价值会受到对诸如法院、大众传媒这些资源和制度的相对使用程度的影响”③。如果上述论证是成立的，那么，我们便不能像罗尔斯那样忽略经济领域的严重不平等损及个人运用平等自由的必要条件的可能境况，即使社会中最少

---

① Rawls, John, *A Theory of Justice*, revised edition, Cambridge, MA: Harvard University Press, 1999, p.179.

② Rawls, John, *A Theory of Justice*, revised edition, Cambridge, MA: Harvard University Press, 1999, p.177.

③ Daniels, Norman, “Equal Liberty and Unequal Worth of Liberty”, in *Reading Rawls*, ed. Norman Daniels, Stanford, 1989, p.271.

受惠者的利益最大化的要求已经得到满足。

社群主义者(比如沃尔泽)并不像马克思主义者那样关切“差别原则”的正当性,在他们看来,“差别原则”是无关紧要的。首先,罗尔斯的“分配正义”理念关切的既不是生产者的行为,也不是消费者的行为,而是关切分配的行动者与获益者。社群主义者认为,这就将“分配”过程简化为“人们向(别的)人们分配物品”的过程,而忽略了“人们构思和创造出物品,然后在他们自己当中进行分配”,即构思和创造先于并控制分配。① 因此,依据“构思和创造先于并控制分配”,“人们向(别的)人们分配物品”这种社会关系,取决于人们对社会物品(social goods)的理解、生产出的物品及其社会意义。其次,社群主义者认为,对社会物品进行正义分配的原则、制度、标准从来就不像罗尔斯所构建的那样,即抽象、单一的普适性分配体系。分配正义的原则、制度、标准从来就是随境况改变而改变的。“从来不存在一个适用于所有分配的单一标准或一套相互联系的标准。功绩、资格、出身和血统、友谊、需求、自由交换、政治忠诚、民主决策等,每一个都有它的位置,都与许多别的标准不那么和谐地共存,并为竞争集团所利用,彼此之间混淆在一起。”②第三,如果物品的社会意义是明晰的,那么,对该物品的分配则仅在其所在领域内根据某些特定标准和制度安排才是正义的。如果我们将某一领域的分配正义原则引入到另一领域,就会导致不正义。可见,社群主义者并不像马克思主义者那样,担心经济领域的严重不平等会影响民众在政治、社会领域的自由,他们介意的是,经济领域的“自由交换”原则侵入政治、社会领域。

但社群主义自身在处理环境难题时,也存在着局限;我们以动物实验为例。比如,某化妆品公司为了给眼部化妆的女士提供无刺激性的产品,将相关产品在兔子的眼睛上试验,以检测其刺激程度。任何将用于该产品中的材料均被大剂量地注射在兔子的一只眼睛中,而另外一只眼睛不注射,以便对照观察相关材料对眼睛造成的伤害。该试验会使兔子处于极度痛苦之中,而且未使用麻醉剂。为增加该产品最终应用于人身上时的安全系数,兔子的眼睛要接受频繁的大剂

① 沃尔泽:《正义诸领域:为多元主义与平等一辩》,褚松燕译,译林出版社 2002 年版,第 4—5 页。

② 沃尔泽:《正义诸领域:为多元主义与平等一辩》,褚松燕译,译林出版社 2002 年版,第 12 页。

量试验,因此,对兔子的眼睛造成永久性伤害的情况经常发生。而不利用动物试验的相关研究从未开展过。动物实验的社会意义是明晰的,也是在其所在领域内根据人类利益优先原则安排的,是符合社群主义的正义安排的。如果试验是为了治疗类似青光眼、白内障等眼类疾病的话,是否就会变得正当?当你区别对待你面前的小猫和那为你的某种需求而牺牲的新西兰兔时,请问你区别对待的理由是什么?在不经当事人的同意的情况下,我们不可以对当事人实施医学试验;那么,动物在试验前,也没有被征询其是否同意,难道它没有表达是否同意的能力,就可以被任意对待吗?没有表达能力的病人为什么就不可以被任意施加医学试验呢?我们可以看到,社群主义的制度安排在动物实验这一境况中很难自洽。

功利主义者(比如盛庆琜)认为,大多数人对理想的利益分配都有一个相对模糊的概念。比如说,政府机关、教育机构及私营企业对其雇员的薪资都会进行规定。如果最低薪资过低,或薪资间隔的幅度过小,或最高薪资与最低薪资的差额过大,那么,雇员就会抱怨。只要进行规定,就必须有"标准",哪怕是"模糊"的,也至少是合理的。由此可见,大多数人对收入都有一个相对模糊的"标准"概念。

方案 阶层	D_1	D_2	D_3
A	15	17	23.97
B	10	10	3.02
C	5	3	3.01

谨以"贡献"原则为例,即某人的所得分配应该按照其具体贡献。如表格所示,如果A、B、C三个阶层的贡献比为3∶2∶1。那么,就总的利益30而言,理想的分配方案是D1,即15、10、5。就D2和D3而言,根据罗尔斯的"差别原则",D3优于D2,因为3.01>3;但根据功利主义核算,D2则优于D3。因为,如果D1是人们期待的理想分配方案,那么,在现实选择中,人们就会倾向于最接近D1的方案。显然,D2较D3更接近D1。功利主义者认为,"差别原则"没有为我们提供任何理想的或标准的"分配"概念,"差别原则"的形成并不是基于"理想"或"标准",而是基于"反思均衡"的某种折衷。如表格所示,"差别原则"还可能

会“误导”分配。D3 的贫富差距情况要比 D1、D2 恶劣得多。[①] 功利主义相较于其他“分配正义”理论，其理论优势还在于，它不仅考虑到对社会利益进行正义再分配的机会成本，还考虑到再分配可能会削弱市场激励。在很多情况下，财富在支付转移前后并不等值，其中一部分往往在再分配的过程中就被耗损掉了。设想行动者 A 和 B 在一片沙漠的不同地方旅行，二人都口渴难耐。A 所在地水源充分，B 所在地水源稀少；如果将 A 所在地的水运送到 B 所在地的成本为 0，那么，任何“分配正义”理论都没有异议。但是，如果 A 与 B 用来运水的工具只有一个破木桶，那么，功利主义者会考虑 B 口渴与木桶漏水的程度，以及木桶的其他用途，来判断是否运水。

然而，当环境难题中相关各方在应对功利主义的“成本/效益”分析时，问题反而变得异常复杂。假设政府（狭义上的“行政机关”）正在某条河流上兴建一座水坝，已历时 6 年，投入资金 5 亿元，完工接近 70%。今年，根据新出台的相关环保法律，政府确认生活在该河流中的一种镖鱼（snail darter）属于濒危物种，水坝的兴建水域恰好属于这种镖鱼的关键栖息区。如果水坝继续兴建，将严重威胁镖鱼的生存。虽然政府尝试为镖鱼寻找替代生活区，但是效果都不甚理想。那么，政府是否应该为保护镖鱼的生存而停止兴建水坝呢？既然政府已经确认镖鱼属于濒危物种，根据环保法规，就应该尽其所能保护其免于灭绝，立即停止兴建水坝；但是，政府却迟迟不做决定，“默许”水坝继续兴建。议会出台新的环保法规，旨在保护濒危物种的意图非常明显。当政府已经确认镖鱼属于濒危物种，迁移方案又不甚理想的情况下，议会至少应该为研究替代方案继续提供资金支持；但是，议会并没有这样做，反而接连通过兴建水坝的追加预算案。有环保团体向法院申请立即停建水坝 d 的禁止令，这也令法院处于尴尬境地。一方面，法院颁发禁止令是否侵犯政府公共决策的自由裁量权？法官不是专业的环评人士，法官的判决不应该涉及实质性的环境决策，法官有能力权衡兴建水坝与保护镖鱼之间的利益得失吗？在法官的权限范围内，没有争议的是，确保环境决策过程的信息公开、广泛参与，以及对环境标准、弱势群体利益的考虑（注意：仅仅是考虑，而不是优先考虑；纪录片《穹顶之下》中提到的环保部门“一票否决”是不正确的，因为这将侵犯行政机关的自由裁量权），而这些都属于“程序正义”范

① 盛庆琜：《对罗尔斯理论的若干批评》，《中国社会科学》2000 年第 5 期，第 119 页。

畴。另一方面，议会出台新的环保法规，旨在保护濒危物种的意图非常明显。既然政府已经确认镖鱼属于濒危物种，水坝的兴建水域又属于这种镖鱼的关键栖息区，法院就应该颁发禁止令，停建水坝以保护镖鱼的生存（法官的判决并未涉及实质性的环境决策，仅仅在捍卫相关环保法律的实施），而这些都属于“实质正义”范畴，不在法官的专业范畴内。

自由至上主义者（比如霍斯珀斯）认为，仅依靠明晰的产权与自由的市场足可以应对环境难题，罗尔斯的差别原则不仅不能解决环境难题，还干扰了产权的明晰性与市场的自由度，对解决环境难题造成困扰。“财产权是绝对根本的。没有财产权，其他任何权利都无从实现。”①在特定时间，如果公民合法拥有某些物品，在此之后，他们有权享有他们此间所获得的，不管它是赠品还是交易品。②只有当财产权遭到实质性侵犯时，才会受到法律制裁。除了实质性以外，这种侵犯还必须要么是有意且不合理，要么是无意但源自疏忽或未预料到后果的行为或包含异常危险的情况或活动。比如，A 拥有一栋房屋，毗邻 B 的果园，B 在果园里修了一个猪圈。猪圈遮住了 A 的房屋的窗户，猪散发的臭味飘到了 A 的房屋内，使得 A 及其亲友无法居住，也无法出售、租赁其房屋，利益受到损害。根据产权原理，B 的猪圈遮住了 A 的房屋的窗户，但是看风景的损失不构成对财产权的实质性侵犯；但 B 的猪圈散发的臭味却使 A 的利益受损，属于对财产权的实质性侵犯，虽然 B 是在自己的土地上建的猪圈，B 仍然需要偿付 A 的损害。最好的方法当然是 B 把猪圈修到远处，可以节约成本。但如果养猪是 B 的重要生计，那么，B 也可以不关闭猪圈，持续偿付 A 的损害。这都是 B 的自由。你可能会说，这没有从根本上解决环境难题，万一 B 非常有钱，A 又没有其他房屋可住，A 岂不是要从此一直承受猪圈的臭味？根据差别原则，在此情境下，应该禁止 B 修建猪圈。但是，这样就侵犯了 B 的财产权。尤其是，差别原则忽略了如下情况：A 在拥有该栋房屋前，B 已经在果园里修起了猪圈。这一情况与前者性质截然不同：B 没有对 A 的财产权构成实质性侵犯。差别原则无助于解决环境难题当中的产权冲突。

环境法规、政策在限制公民财产权（土地使用权）的同时，是否承担相关的

① Hospers, John, "What Libertarianism Is", in Tiber R. Machan ed., *The Libertarian Alternative*, Chicago: Nelson Hall, 1975, p.7.

② Nozick, Robert, *Anarchy, State, and Utopia*, New York: Basic Books, 1974, pp.149–182.

治理责任、提供相应的经济补偿？比如，房产商A明知x地存在着一定程度的污染，却购买该地，进行开发。政府要求A必须先清除该地污染，否则不得开发。如果A的确没有能力清除该地污染（比如清除成本过高），那么，清除污染的责任是否应该由政府承担？这与化学制剂的情境不同，前者是对环境污染不知情，而后者是完全知情的。由于x地污染已经构成"公共妨害"，政府对A的土地使用权进行限制是正当的。但是，如果由政府承担x地污染的责任，那么，这是否涉嫌运用公共开支图利特定当事人A呢？再比如，房产商B购买x地，并准备在该地营建豪华别墅区，但是根据政府新出台的环境法规，x地属于海滩近地不得营建豪华别墅区，如果这给B造成了大量经济损失，那么，B是否有权要求政府对其进行经济补偿？购买x地的行为在前，禁止营建别墅的法规在后，由B承受经济损失显然是不正当的。但是，如果政府对B进行赔偿，那么，这是否对政府的警察权（police power）构成侵犯，政府该如何捍卫"私人利益与公共利益冲突时，私人利益必须服从公共利益"的原则呢？此外，此情境是否适用"有偿征用"（condemnation）条款呢？但这是不是又涉嫌运用公共开支图利特定当事人B呢？

综上所述，我们可以看到，解决环境难题是非常复杂的。由于高科技的运用与财富的增长，环境难题的实质发生改变，我们不得不深虑其中的正义因素，我们不得不检验"分配正义"理论的每一条原则的适用性。通过对不同分配正义理论的考察、检验，我们可以发现，任何一种理论在现实情境中并不总是有效的。但这并不是意味着，我们要放弃正义理论的探究；相反，在解决环境难题时，必须考虑当下的具体情境，对基本原则进行反思、权衡。尤其重要的是，要加强和完善环境保护制度的建设，正如党的十八大报告指出的，"要把资源消耗、环境损害、生态效益纳入经济社会发展评价体系，建立体系生态文明要求的目标体系、考核办法、奖惩机制。"此外，我们还需要注意在解决环境难题时，可能存在的非理性倾向。比如，我国许多城市居民以环境保护为由反对在当地营建PX化工厂。事实上，根据《全球化学品统一分类和标签制度》和《危险化学品名录》，在美国、澳大利亚等很多国家，PX都不算危险化学品。资料显示，无论是危险标记、健康危害性、毒理学资料，还是在职业灾害防护等标准下，PX都不属高危高毒产品。在欧盟，PX也仅被列为有害品。据日本芳香族工业会2013年1月出具的报告，PX的致癌性和致生殖细胞变异性均为"区分外"（GHS区分中危害性最低的分类)。根据国际标准,PX 不算危险化学品,与生活中我们喝的咖啡同属“可能致癌物”。韩国、日本、新加坡都是 PX 化工项目的生产大国;中国对 PX 化工项目的需求非常巨大,但自给率低,依赖进口。这不得不说,是个遗憾。所以说,最终解决环境难题的关键,还是要靠更多的人的理性与良知。

结　语

问题一：如果说，道德权利 r 是辩护行为 a 的正当性的好理由（good reason），那么，满足上述要求的道德权利 r 的内在必要条件以及外在适用条件是什么呢？

答：道德权利 r 作为辩护行为 a 的正当性的好理由，有两个原因：(1)道德权利可以强迫他人按照与他自己的利益相反的方式行动（导言第一目）；(2)道德权利可以将道德辩护的责任转嫁给反对的一方（第一章第一节前）。满足上述条件的道德权利 r 的内在要求是，不论道德权利 r 作为特权或自由权，还是要求权（消极要求权或积极要求权），都必须符合辩护责任的逻辑矩阵对道德权利 r 的拥有者或相关的义务 d 承担者的辩护责任指派（第一章第二节、第三节，道德权利不是相对的）；在道德权利的辩护对象与辩护内容方面，选择—辩护模式相对于利益—辩护模式、基本善—辩护模式具有理论优势（第二章第一节第三目，道德权利不是虚无的），但也存在着理论局限，仍然需要进一步地道德辩护（第二章第二节第一目，道德权利不是绝对冲突的）。满足上述条件的道德权利 r 的外在适用条件是，道德权利的辩护内容仅与"个体"概念相关；辩护界限在其自身的边际约束内；消极要求的道德权利一般总是优先于积极要求的道德权利（第二章第二节第二目）。

问题二：如果道德原则 p 是一个有效的道德原则，那么，该原则与道德权利 r 的逻辑关系是怎样的呢？满足上述要求的道德原则 p 是如何通过契约主义道德理论 T 的确认的呢？

答：就契约主义原则辩护作为辩护性理由的道德权利而言，存在如下 5 种情况。

情形Ⅰ："道德原则 p_1 支持道德权利 r_1 作为'行动者 A 采取行动 a 是正当

的'的辩护(支持)性理由 r_1",且"道德原则 p_2 支持道德权利 r_2 作为'行动者 A 采取行动 a 是正当的'的辩护(反对)性理由 r_2"。(第三章第三节第一目)

情形Ⅱ:"道德原则 p_1 支持道德权利 r_1 作为'行动者 A 采取行动 a 是正当的'的辩护(支持)性理由 r_1",且"道德原则 p_2 不支持道德权利 r_2 作为'行动者 A 采取行动 a 是正当的'的辩护(反对)性理由 r_2"。在此情形下,道德原则 p_1 所支持的道德权利 r_1 作为"行动者 A 采取行动 a 是正当的"的辩护性理由 r_1,最终成为该情形下道德争议的解决方案。(第四章第二节)

情形Ⅲ:"道德原则 p_1 否定道德权利 r_1 作为'行动者 A 采取行动 a 是正当的'的辩护(支持)性理由 r_1",且"道德原则 p_2 不否定道德权利 r_2 作为'行动者 A 采取行动 a 是正当的'的辩护(反对)性理由 r_2"。在此情形下,由于道德权利 r_1 作为"行动者 A 采取行动 a 是正当的"的辩护性理由 r_1 的正当性已经被道德原则 p_1 否定,道德权利 r_2 作为"行动者 A 采取行动 a 是正当的"的辩护性理由 r_2 又没有遭到道德原则 p_2 的否定,因此,道德权利 r_2 作为"行动者 A 采取行动 a 是正当的"的辩护性理由 r_2,最终成为该情形下道德争议的解决方案。(第四章第三节)

情形Ⅳ:"道德原则 p_1 否定道德权利 r_1 作为'行动者 A 采取行动 a 是正当的'的辩护(支持)性理由 r_1",且"道德原则 p_2 否定道德权利 r_2 作为'行动者 A 采取行动 a 是正当的'的辩护(反对)性理由 r_2"。在此情形下,道德权利 r_1 作为"行动者 A 采取行动 a 是正当的"的辩护性理由 r_1 是无效的,同时,道德权利 r_2 作为"行动者 A 采取行动 a 是正当的"的辩护性理由 r_2 也是无效的。(导言第一目)

情形Ⅴ:"道德原则 p_1 不支持道德权利 r_1 作为'行动者 A 采取行动 a 是正当的'的辩护(支持)性理由 r_1",且"道德原则 p_2 不支持道德权利 r_2 作为'行动者 A 采取行动 a 是正当的'的辩护(反对)性理由 r_2"。此情形不同于情形Ⅳ,契约主义道德原则并没有否定道德权利作为"行动者 A 采取行动 a 是正当的"的辩护性理由,而仅仅是"不支持"。这说明,道德权利 r_1 与道德权利 r_2 处于契约主义道德原则的有效界限之外。如果需要确认道德权利 r_1 与道德权利 r_2 的正当性,我们就需要就道德权利 r_1 与道德权利 r_2 的内在结构、辩护责任、有效限度做进一步的探究;如果道德权利 r_1 与道德权利 r_2 的正当性得以确认,我们就需要说明这一点并不影响契约主义道德理论的有效性。(第五章第三节)

契约主义道德理论与道德权利在如下三个方面必须保持内在一致性:保护对象、边际约束、判断谓词(第二章第二节第二目);契约主义确认道德原则的两个模式,即"一致同意"模式(第三章第二节)与"合理拒斥"模式(第三章第三节),必须根据"契约/建构"的道德哲学方法构建,而不必根据"笛卡尔主义"与"自然主义"的道德哲学方法(第三章第一节);为应对道德基础性危机,契约主义通过确认"道德领域的核心部分"以规避义务论、功利主义、美德伦理所遭遇到的理论挑战(第五章第一节第三目、第二节第一目)。

问题三:如果契约主义道德理论 T 确认的道德原则 p 与作为辩护行为 a 的正当性的好理由的道德权利 r 是不相关的,那么,这是否会影响契约主义道德理论 T 与道德权利 r 各自的理论有效性呢?

答:契约主义道德理论 T 与作为辩护行为 a 的正当性的好理由的道德权利 r 是不相关的,这一情况是成立的(第五章第三节第二目)。但这一情况既不会影响道德权利 r 的辩护力度(第五章第三节第二目),也不会影响契约主义道德理论 T 的有效性(第五章第三节第三目)。

参 考 文 献

中文文献

甘绍平:《应用伦理学前沿问题研究》,江西人民出版社 2002 年版。

甘绍平:《人权伦理学》,中国发展出版社 2009 年版。

甘绍平:《论契约主义伦理学》,《哲学研究》2010 年第 3 期。

甘绍平:《论道德义务的人权基础》,《哲学动态》2010 年第 6 期。

余涌:《道德权利研究》,中央编译出版社 2001 年版。

龚群:《当代西方道义论与功利主义研究》,中国人民大学出版社 2002 年版。

龚群:《现代伦理学》,中国人民大学出版社 2010 年版。

陈真:《当代西方规范伦理学》,南京师范大学 2006 年版。

陈真:《应用伦理学研究的几个方法论问题》,《哲学动态》2003 年第 12 期。

石元康:《罗尔斯》,广西师范大学出版社 2004 年版。

林国基:《神义论语境中的社会契约论传统》,上海三联书店 2005 年版。

叶锦明:《逻辑分析与名辩哲学》,(台湾)学生书局 2003 年版。

刘文彬:《西洋人权史——从英国大宪章到联合国科索沃决议案》,(台湾)五南图书出版股份有限公司 2005 年版。

茅于轼:《中国人的道德前景》,暨南大学出版社 2008 年版。

王国乡:《自主权利的道德界限——从经济学视角求解伦理学难题》,世界图书出版公司 2011 年版。

张丽珠:《赠卵试管婴儿和代孕试管婴儿工作的回顾,评价和管理》,见《第一届中华医学会生殖医学分会、中国动物学会生殖生物学分会联合年会论文汇编》2007 年第 4 卷第 1 期。

何怀宏:《契约伦理与社会正义——罗尔斯正义论中的历史和理性》,中国人民大学出版社 1993 年版。

何怀宏:《良心论》,上海三联书店 1994 年版。

何怀宏:《良心与正义的探求》,黑龙江人民出版社 2004 年版。

何怀宏:《一种普遍主义的底线伦理学》,《读书》1997 年 4 月。

何怀宏:《底线伦理的概念、含义与方法》,《道德与文明》2010 年第 1 期。

潘绥铭:《中国性革命成功的实证——全国成年人口随机抽样调查结果简报,2000 年与 2006 年的对照研究》,(台湾)万有出版社 2008 年版。

潘绥铭:《当代中国人的性行为与性关系》,社会科学文献出版社 2004 年版。

李银河:《李银河自选集》,内蒙古大学出版社 2006 年版。

高耀洁、尚慧彬:《艾滋病与性病防治》,河南科学技术出版社 2004 年版。

吕岩红、李颖:《人工流产女青年性行为和避孕现状研究》,《中国妇幼保健》2007 年第 22 期。

徐向东:《道德哲学与实践理性》,商务印书馆 2006 年版。

卢风:《应用伦理学——现代生活方式的哲学反思》,中央编译出版社 2004 年版。

谭培文、肖祥:《从底线伦理到终极关怀——社会主义和谐价值观研究》,广西师范大学出版社 2009 年版。

谭培文:《从底线伦理到终极价值的转换和实现——兼以社会主义核心价值认同为视角》,《道德与文明》2010 年第 1 期。

尹振球:《何怀宏“底线伦理”思想刍议》,《道德与文明》2010 年第 2 期。

萧功秦:《儒家文化的困境——中国近代士大夫与西方挑战》,四川人民出版社 1986 年版。

陈泽环:《道德建设的文化根基性》,《上海师范大学学报》2007 年第 5 期。

陈泽环:《道德结构与伦理学——当代实践哲学的思考》,上海世纪出版集团 2009 年版。

杨伯峻:《孟子译注》,中华书局 1960 年版。

杨天宇:《礼记译注》,上海古籍出版社 2004 年版。

刘鹏:《浅析打击索马里海盗授权对国际法的冲击》,《现代国际关系》2009 年第 4 期。

程国强:《WTO 农产品出口补贴规则执行评价》,《调查研究报告》2006 年第 105 期。

陈顺:《希拉克批评美国农业补贴政策》,《人民日报海外版》2005 年 12 月 5 日。

朱水飞:《在宗教与世俗间寻求平衡:土耳其正义与发展党执政经验》,《当代世界》2005 年第 11 期。

张志鹏:《土耳其的权利及宗教之争》,《中国民族报》2013 年 6 月 18 日。

盛庆琜:《对罗尔斯理论的若干批评》,《中国社会科学》2000 年第 5 期。

盛庆琜:《统合效用主义与公平分配》,浙江大学出版社 2006 年版。

何怀宏(编):《西方公民不服从的传统》,吉林人民出版社 2001 年版。

万俊人(编):《20 世纪西方伦理学经典(IV)》,中国人民大学出版社 2005 年版。

包利民(编):《当代社会契约论》,江苏人民出版社 2008 年版。

戴大为(编):《从法律、哲学和政治观点看人权与中国价值观》,邓文正译,牛津大学出版社 1997 年版。

徐向东(编):《后果主义与义务论》,浙江大学出版社 2011 年版。

曹海军(编):《权利与功利之间》,江苏人民出版社 2006 年版。

阿玛蒂亚·森、威廉姆斯(编):《超越功利主义》,梁捷译,复旦大学出版社 2011 年版。

李惠斌、李义天(编):《马克思与正义理论》,中国人民大学出版社 2010 年版。

马克思、恩格斯:《马克思恩格斯选集》第4卷,中共中央马克思恩格斯列宁斯大林著作编译局编译,人民出版社1995年版。

佩弗:《马克思主义、道德与社会正义》,吕梁山、李旸、周洪军译,高等教育出版社2010年版。

科恩:《为什么不要社会主义?》,段忠桥译,人民出版社2011年版。

科恩:《如果你是平等主义者,为何如此富有?》,霍政欣译,北京大学出版社2009年版。

科恩:《自我所有、自由和平等》,李朝晖译,东方出版社2008年版。

亚里士多德:《物理学》,张竹明译,商务印书馆1982年版。

霍布斯:《利维坦》,黎思复、黎廷弼译,商务印书馆1985年版。

洛克:《政府论》(下篇),叶启芳、瞿菊农译,商务印书馆1964年版。

卢梭:《社会契约论》,何兆武译,商务印书馆2003年版。

卢梭:《论人与人之间不平等的起因和基础》,李平沤译,商务印书馆2007年版。

普拉特纳:《卢梭的自然状态》,尚新建、余灵灵译,华夏出版社2008年版。

休谟:《人性论》,关文运译,商务印书馆1982年版。

康德:《道德形而上学》,张荣、李秋零译,见《康德著作全集》第6卷,中国人民大学出版社2007年版。

黑格尔:《法哲学原理》,范扬、张企泰译,商务印书馆1961年版。

边沁:《道德与立法原理导论》,时殷弘译,商务印书馆2000年版。

穆勒:《论自由》,孟凡礼译,广西师范大学出版社2011年版。

穆勒:《功利主义》,徐大建译,上海世纪出版集团2008年版。

布劳德:《五种伦理学理论》,田永胜译,中国社会科学出版社2002年版。

西季威克:《伦理学方法》,廖申白译,中国社会科学出版社1993年版。

西季威克:《伦理学史纲》,熊敏译,江苏人民出版社2008年版。

斯马特、威廉斯:《功利主义:赞成与反对》,牟斌译,中国社会科学出版社1992年版。

莫尔根:《理解功利主义》,谭志福译,山东人民出版社2012年版。

伯林:《自由论》(修订版),胡传胜译,译林出版社2011年版。

罗尔斯:《正义论》(修订版),何怀宏、何包钢、廖申白译,中国社会科学出版社2009年版。

罗尔斯:《道德哲学史讲义》,顾肃、刘雪梅译,中国社会科学出版社2012年版。

罗尔斯:《政治哲学史讲义》,杨通进、李丽丽、林航译,中国社会科学出版社2011年版。

罗尔斯:《政治自由主义》(增订版),万俊人译,译林出版社2011年版。

罗尔斯:《作为公平的正义》,姚大志译,中国社会科学出版社2011年版。

博格:《实现罗尔斯》,陈雅文译,上海译文出版社2015年版。

博格:《罗尔斯:生平与正义理论》,顾肃、刘雪梅译,中国人民大学出版社2010年版。

诺齐克:《无政府、国家和乌托邦》,姚大志译,中国社会科学出版社2008年版。

德沃金:《认真对待权利》,信春鹰、吴玉章译,中国大百科全书出版社1998年版。

米尔恩:《人的权利与人的多样性——人权哲学》,夏勇等译,中国大百科全书出版社1995年版。

莱斯诺夫:《社会契约论》,刘训练等译,江苏人民出版社2006年版。

巴利:《古典自由主义与自由至上主义》,竺乾威译,上海人民出版社1999年版。

布坎南、塔洛克:《同意的计算——立宪民主的逻辑基础》,陈光金译,中国社会科学出版社2000年版。

布坎南、康格尔顿:《原则政治,而非利益政治:通向非歧视性民主》,张定淮、何志平译,社会科学文献出版社2008年版。

布坎南:《宪法秩序的经济学与伦理学》,朱泱、毕洪梅、李广乾译,商务印书馆2008年版。

布坎南:《自由的界限》,董子云译,浙江大学出版社2012年版。

罗斯巴德:《权力与市场》,刘云鹏、戴忠玉、李卫公译,新星出版社2007年版。

罗斯巴德:《自由的伦理》,吕炳斌、周欣、韩永强、朱健飞译,复旦大学出版社2008年版。

富勒:《法律的道德性》,郑戈译,商务印书馆2009年版。

施特劳斯:《自然权利与历史》,彭刚译,三联书店2006年版。

汉密尔顿、麦迪逊、杰伊:《联邦论》,尹宣译,译林出版社2010年版。

盖尔斯敦:《自由多元主义》,佟德志等译,江苏人民出版社2005年版。

雷根、科亨:《动物权利论争》,杨通进、江娅译,中国政法大学出版社2005年版。

陀思妥耶夫斯基:《书信选》,冯增义、徐振亚译,人民文学出版社1980年版。

尼采:《快乐的哲学》,黄明嘉译,漓江出版社2000年版。

尼采:《权力意志》,张念东、凌素心译,商务印书馆1991年版。

华勒斯坦:《自由主义的终结》,郝名玮译,社会科学文献出版社2002年版。

金赛:《金赛性学报告》,潘绥铭译,海南出版社2007年版。

蒂洛、克拉斯曼:《伦理学与生活》,程立显、刘建译,世界图书出版公司2008年版。

迪瓦恩:《婚前性行为的心理后果与性纯洁的价值》,《中国健康教育杂志》,1999年第3期。

德·乔治:《企业伦理学》,王漫天、唐爱军译,机械工业出版社2012年版。

雅斯贝尔斯:《生存哲学》,王玖兴译,上海译文出版社1992年版。

沃尔泽:《正义诸领域:为多元主义与平等一辩》,褚松燕译,译林出版社2002年版。

桑德尔:《公正:该如何做是好?》,朱慧玲译,中信出版社2011年版。

桑德尔:《自由主义与正义的局限》,万俊人、唐文明、张之锋、殷迈译,译林出版社2011年版。

缪哈尔、斯威夫特:《自由主义者与社群主义者》(第2版),孙晓春译,吉林人民出版社2007年版。

塞尔兹尼克:《社群主义的说服力》,马洪、李清伟译,上海人民出版社2009年版。

萨姆纳:《权利的道德基础》,李茂森译,中国人民大学出版社2011年版。

卡尔兰、阿佩尔:《不流于美好愿望:新经济学如何帮助解决全球贫困问题》,傅瑞蓉译,商务印书馆2014年版。

英文文献

Aristotle, *The Nicomachean Ethics*, trans. David Ross, Oxford: Oxford University Press, 2009.

Arthur, John, and William H. Shaw, *Justice and Economic Distribution*, ed. Englewood Cliffs, N. J.: Prentice-Hall, 1978.

Axelrod, Robert, *The Evolution of Cooperation*, New York: Basic Books, 1984.

Barry, Brian, *Theories of Justice*, Berkeley and Los Angeles: University of California Press, 1989.

Barry, Brian, *Justice as Impartiality*, Oxford: Clarendon Press, 1995.

Beauchamp, Tom L., *Philosophical Ethics: an Introduction to Moral Philosophy*, New York: McGraw-Hill Book Company, 1982.

Blackstone, W., *Philosophy and Environmental Crisis*, ed. Athens: University of Georgia Press, 1974.

Boucher, David and Paul Kelly, *The Social Contract from Hobbes to Rawls*, ed. New York: Routledge, 1994.

Braithwaite R.B., *Theory of Games as a Tool for the Moral Philosopher*, Cambridge: Cambridge University Press, 1955.

Brandt, R.B., *Ethical Theory: The Problems of Normative and Critical Ethics*, Englewood Cliffs, NJ: Prentice-Hall, 1959.

Cahn, Steven M. and Joram G. Haber, *Twentieth Century Ethical Theory*, ed. Englewood Cliffs: Prentice-Hall, 1995.

Cassese, Antonio, *Human Rights in a Changing World*, Cambridge: Polity Press, 1994.

Corrigan, W., *Tragedy: Vision and Form*, ed. San Francisco: Chandler Publishing, 1965.

Daniels, Norman, Equal Liberty and Unequal Worth of Liberty, in*Reading Rawls*, ed. Norman Daniels, Stanford, 1989.

Darwall, Stephen, *Contractarianism/Contractualism*, ed. Oxford: Blackwell, 2003.

De Jasay, Anthony, *Before Resorting to Politics*, Cheltenham: Edward Elgar, 1994.

Feinberg, Joel, *Social Philosophy*, Englewood Cliffs, NJ: Prentice Hall, 1973.

Finnis, John, *Natural Law and Natural Rights*, New York: Oxford University Press, 1980.

Finnis, John, Law, Morality, and "Sexual Orientation", *Notre Dame Law Review*, *Vol.*69, 1994.

Flathman, Richard E., *The Practice of Rights*, Cambridge: Cambridge University Press, 1976.

Fleischacker, Samuel, *A Short History of Distributive Justice*, Cambridge: Harvard University Press, 2004.

Frankena, William K., *Ethics*, Englewood Cliffs, NJ: Prentice-Hall, 1963.

Frey, R.G., *Utility and Rights*, ed. Oxford: Basil Blackwell, 1984.

Lyons, David, *Rights*, ed. California: Wadsworth, 1979.

Gauthier, David, *Morals by Agreement*, Oxford: Oxford University Press, 1986.

Gauthier, David, Moral Artifice, *Canadian Journal of Philosophy*, vol.18, 1988.

Gauthier, David, *Moral Dealing: Contract, Ethics, and Reason*, Ithaca: Cornell University Press, 1990.

Gauthier, David, and Robert Sugden, *Rationality, Justification and the Social Contract*, ed. New

York: Harvester Wheatsheaf, 1993.

Gewirth, Alan, *Human Rights: Essays on Justification and Applications*, Chicago: The University of Chicago Press, 1982.

Godwin, William, *Political Justice*, ed. Isaac Kramnick, Middx: Penguin Bookes, 1985.

Green, Thomas Hill., *Lectures on the Principles of Political Obligation and Other Writings*, ed. Harris, Paul, and John Morrow, Cambridge: Cambridge University Press, 1968.

Gunneman, Jon, et al., *The Ethical Investor*, New Haven: Yale University Press, 1972.

Held, Virginia, *Rights and Goods: Justifying Social Action*, New York: The Free Press, 1984.

Henchman, Lewis. P., "The Origins of Human Rights: A Hegelian Perspective", *Western Political Quarterly* 37, March 1984.

Herodotus, *The History of Herodotus*, trans. Geoege Rawlinson, ed. Manuel Komroff, New York: Tudor Publishing Company, 1943.

Hoekema, David A., *Rights and Wrongs: Coercion, Punishment, and the State*, *Selinsgrove*, Pennsylvania: Susquehanna University Press, 1986.

Hohfeld, W.N., "Some Fundamental Legal Conceptions as Applied in Judicial Reasoning", *The Yale Law Journal*, Vol.23, No.1, Nov., 1913.

Holmes, S and C.R.Sunstein, *The Cost of Rights: Why Liberty Depends on Taxes*, New York: Norton & Company, 1999.

Hospers, John, "What Libertarianism Is"' in *The Libertarian Alternative*, Tiber R.Machan ed., Chicago: Nelson Hall, 1975.

Kant, Immanuel, *Groundwork of the Metaphysics of Morals*, trans. Mary J. Gregor, Cambridge: Cambridge University Press, 1998.

Kant, Immanuel, 'Perpetual Peace', in*Kant's Political Writings*, ed. Hans Reiss and trans. H.B. Nisbet, Cambridge: Cambridge University Press, 1970.

Kant, Immanuel, "On the Common Saying: 'This May be True in Theory, but it does not Apply in Practice'", *Kant's Political Writings*, ed. Hans Reiss and trans. H. B. Nisbet, Cambridge: Cambridge University Press, 1971.

LaFollette, Hugh, *The Blackwell Guide to Ethical Theory*, ed. Oxford: Blackwell, 2000.

Lomasky, Loren, *Persons, Rights, and the Moral Community*, New York: Oxford University Press, 1987.

Luper, Steven, *Living Well*, ed. Fort Worth: Harcourt Brace, 2000.

MacIntyre, Alasdair Chalmers., *After Virtue*, University of Notre Dame Press, 1981.

Mackie, John L., *Ethics: Inventing Right and Wrong*, New York: Viking Press, 1977.

McCloskey, H.J., Rights, *Philosophical Quarterly* 15, 1965.

Mead, George Herbert., *George Herbert Mead: Selected Writings*. ed. Andrew J. Reck, Indianapolis: Bobbs-Merrill, 1964.

Moscoso, Teodoro, "The Will to Economic Development", in*The Alliance for Progress-A Retro-*

spective, ed. L. Ronald Scheman, New York: Praeger, 1988.

Murphy, Jeffrie G., *Kant: The Philosophy of Right*, Macon: Mercer University Press, 1994.

Nagel, Thomas, *Mortal Questions*, Cambridge: Cambridge University Press, 1979.

Nagel, Thomas, *The View from Nowhere*, New York: Oxford, 1986.

Nakashi, A. and J. Herdiman, "Surrogacy", in *Journal of Obstetrics and Gynaecology*, Vol. 27, No. 3, 2007.

Narveson, Jan, *The Libertarian Idea*, Philadelphia: Temple University Press, 1988.

Narveson, Jan, Libertarianism, in *The Blackwell Guide to Ethical Theory*, ed. Hugh LaFollette, Oxford: Blackwell, 2000.

Nozick, Robert, *Anarchy, State, and Utopia*, New York: Basic Books, 1974.

O'Neill, Onora, *Towards Justice and Virtue: A Constructive Account of Practical Reasoning*, Cambridge: Cambridge University Press, 1996.

O'Neill, Onora, "Constructivism vs. Contractualism", *Ratio* (new series) XVI 4 December 2003.

Pogge, Thomas, "An Egalitarian Law of People", *Philosophy and Public Affairs*, Vol. 23, No. 3, 1994.

Pogge, Thomas W., "Priorities of Global Justice" in Thomas Pogge ed., *Global Justice*, London: Blackwell Publishers, 2001.

Pogge, Thomas W., "Recognized and Violated by International Law: The Human Rights of the Global Poor", *Leiden Journal of International Law*, 18, 2005.

Rachels, James, *The Elements of Moral Philosophy*, McGraw-Hill Companies, 2007.

Raphael, D. D., *Political Theory and the Rights of Man*, ed. Bloomington: Indiana University Press, 1967.

Raphael, D. D., *Moral Philosophy*, New York: Oxford University Press, 1981.

Rawls, John, "The Basic Structure as Subject", *American Philosophical* Quarterly 14, 1977.

Rawls, John, "Kantian Constructivism in Moral Theory", *Journal of Philosophy* 77, 1980.

Rawls, John, *Political Liberalism*, New York: Columbia University Press, 1993.

Rawls, John, *The Law of Peoples, with "The Idea of Public Reason Revisited"*, Cambridge, MA: Harvard University Press, 1999.

Rawls, John, *A Theory of Justice*, revised edition, Cambridge, MA: Harvard University Press, 1999.

Raz, Joseph, *The Morality of Freedom*, Oxford: Clarendon Press, 1986.

Raz, Joseph, *Practical Reason and Norms*, Oxford: Oxford University Press, 1999.

Regan, Tom, and Peter Singer, *Animal Rights and Human Obligation*, ed. Englewood Cliffs, N.J.: Prentice-Hall, 1976.

Regan, Tom, *The Case for Animal Rights*, Berkeley and Los Angeles: University of California Press, 2004.

Reiman, Jeffrey, *Justice and Modern Moral Philosophy*, New Haven, CT: Yale University Press.1990.

Ridley, Matt, *The Origins of Virtue*, New York: Viking Penguin, 1997.

Scanlon, T.M., *What We Owe to Each Other*, Cambridge, Mass.: Harvard University Press, 1998.

Sen, Amartya, *Development as Freedom*, New York: Alfred A.Knopf, Inc., 2000.

Singer, Beth J., *Operative Rights*, Albany: State University of New York Press, 1993.

Singer, Peter, "Famine, Affluence, and Morality," *Philosophy and Public Affairs*, 1, no. 3, Spring 1972.

Singer, Peter, *How Are We to Live? Ethics in an Age of Self-Interest*, Prometheus Books, 1995.

Steiner, Hillel, *An Essay on Rights*, Oxford: Blackwell, 1994.

Sumner, L.W., *The Moral Foundation of Rights*, Oxford: Oxford University Press, 1987.

Sumner, William G., *Folkways*, Boston, Massachusetts: Ginn & Co., 1906.

Thomson, Judith Jarvis, "Killing, Letting Die and the Trolley Problem", in*The Monist*, Vol. 59. 2, 1976.

Vallentyne, Peter, *Contractarianism and Rational Choice*, ed. Cambridge: Cambridge University Press, 1991.

Waldron, Jeremy, *Theories of Rights*, ed. Oxford: Oxford University Press, 1989.

Williams, Bernard, *Ethics and the Limits of Philosophy*, Cambridge, Mass.: Harvard University Press, 1985.

Wolff, Jonathan, *Robert Nozick: Property, Justice and the Minimal State*, Cambridge: Polity Press, 1996.

后　记

这本论著脱胎于笔者在中国社会科学院哲学研究所读博期间的同名博士论文以及相关的一些学术思考。这次出版基本保持了博士论文的原貌,没有做根本性的改动,只是在局部内容上做了些补充,虽然笔者本人已经不再对消除形而上学预设作为道德理论必要的理论优势持肯定的立场。

笔者博士论文的选题及研究都是在笔者的导师甘绍平研究员的悉心指导下完成的。每次在研究上出现困惑与瓶颈时,甘老师总是给笔者以清晰的点拨、热忱的鼓励;甘老师一丝不苟的治学态度,严谨求真的研究作风,明晰流畅的写作风格,真诚细致的处世之道,都让学生受益无穷。研究室的其他老师对学生学习、生活的关怀同样令学生没齿难忘。余涌老师的宽宏、包容,王延光老师的渊博、厚重,杨通进老师的耐心、认真,孙春晨老师的风趣、幽默,龚颖老师的关怀、呵护,学生都感佩至深,得遇诸位恩师,实乃三生有幸。

与 2009 届的同窗代峰、刘玉贤、徐平、张兴娟、李海涛、马洪锐、白雪松一起交流学术、探讨人生,落笔处,那惬意的画面仿佛刚刚发生;梁立智师姐的博士论文对笔者颇有启发,丁祎小师妹特地从海外寄回斯坎伦的最新论文,还有吴怀义、卢冬霜、陈慧珍、冯庆旭、王希慧、陈张壮等伦理学研究室的诸位同门,谢谢你们的关心与帮助,真心希望在今后的学术道路上与你们继续结伴而行。此外,外文所的程文同学在英文专有名词的翻译方面的提点;语言所的朱庆祥同学在逻辑谓词方面的建议;世界史所的许志强同学在英国人权史方面的看法;宗教所的张宏斌同学在儒家典籍方面的解读;古代史所的侯振兵同学在资料运用方面的心得;社会学所的卢阳旭同学在研究范式方面的启发;法学所的李建江同学在司法解释方面的体会……都使笔者在本书的完成方面大受裨益,在此表示感谢。需要特别提及的是王珀学弟,他非常认真地校读了本书全文,从错字漏字到行文修辞，从观点表述到论证思路，都予以一一修正与建议；作为一个真正的功利主义者，他对笔者的某些结论提出了自己独到的见解与中肯的批评，使笔者获益匪浅，为之动容。

虽然该篇论文获得中国社会科学院 2014 年优秀博士论文奖，但是笔者深知，概念的准确和论证的严密是智力活动或者理论活动的两项基本美德，本书距离这两项美德还很遥远，但笔者愿意在伦理学的研究道路上继续探索下去，不负甘老师及众位恩师的殷切期望。

这次论著的出版得到了南京林业大学马克思主义学院孙建华院长的大力支持，“形势与政策”教研室的诸位同事对笔者也是一如既往的关心与照顾，还有院里的其他教研室、办公室的同事的指教与帮助，笔者一并致以深深的谢意。此外，江苏省教育厅省高校哲学社会科学研究一般项目“中国语境中的分配正义问题研究”（2019SJA0145）对这次出版予以资助，也特此表示感谢。

责任编辑:洪　琼

图书在版编目(CIP)数据

道德权利的契约主义辩护/李广博 著. —北京:人民出版社,2024.6
ISBN 978-7-01-024153-1

Ⅰ.①道…　Ⅱ.①李…　Ⅲ.①道德-权利与义务-研究　Ⅳ.①B82

中国版本图书馆 CIP 数据核字(2021)第 245881 号

道德权利的契约主义辩护

DAODEQUANLI DE QIYUEZHUYI BIANHU

李广博　著

人民出版社 出版发行
(100706　北京市东城区隆福寺街 99 号)

北京汇林印务有限公司印刷　新华书店经销

2024 年 6 月第 1 版　2024 年 6 月北京第 1 次印刷
开本:710 毫米×1000 毫米 1/16　印张:12.5
字数:200 千字

ISBN 978-7-01-024153-1　定价:69.00 元

邮购地址 100706　北京市东城区隆福寺街 99 号
人民东方图书销售中心　电话 (010)65250042　65289539